Rachel Anderson
Nennen wir ihn doch einfach Robert

Rachel Anderson

Nennen wir ihn doch einfach Robert

Roman

Aus dem Englischen von Heike Brandt

Mit einem Nachwort von Gretchen Klotz

Spectrum Verlag

Titel der englischen Originalausgabe:
The War Orphan

Der Humpty-Dumpty-Vers auf Seite 241
stammt aus der Sammlung von Mother Goose;
ausgewählt und ins Deutsche übertragen von Klaus Hofter
Diogenes Verlag, Zürich 1985

2. Auflage 1986

Einbandgestaltung: Frank Ruprecht
Satz: Remsdruck, Schwäbisch Gmünd
Druck und buchb. Verarbeitung: Ebner Ulm
ISBN 3-7976-1420-9

Erster Teil

SIMON

Auf dem Weg nach Hause gab es einen kleinen Zwischenfall. Ich wurde von vier Jungen mit Steinen beworfen und verhielt mich dabei völlig idiotisch. Es war kein Raubüberfall, weil sie mir nichts wegnehmen wollten. Es war auch kein Hinterhalt, denn ich wußte ganz genau, daß die hinter mir her waren. Es war keine Rache, weil ich sie noch nie zuvor gesehen hatte.

Es war ein klarer Fall von Anmache, wie mir später klar wurde. Vier große Jungen nahmen sich einen kleineren vor, der noch dazu allein war.

Ich benutzte die Abkürzung, den schmalen Pfad durch die Obstgärten. An beiden Seiten wuchsen Hecken, die hoch genug waren, um die Bäume vor dem Wind zu schützen, und so dicht, daß man kaum durchkriechen konnte, um Obst zu stehlen. Die Sonne dringt nur selten bis auf den Weg, der spärlich mit gelbgedörrtem, sich nach dem Licht reckendem Unkraut bewachsen ist.

Ich mochte den Weg nicht, aber wenn ich über den Ring ging, brauchte ich zehn Minuten länger.

Die vier Jugendlichen waren hinter mir. Sie stießen und schubsten sich gegenseitig in den stachligen Weißdorn. Sie hatten glattrasierte Köpfe, trugen hohe DM's*, schwarze Jacken und hatten die Augen zu gefährlichen Schlitzen zusammengekniffen. Sie kamen aus der Rosehill Schule und waren auf dem Weg in die Rosehill Siedlung.

Als der erste Stein an meinem Ohr vorbeisauste, wandte ich mich nicht um, aber ich legte doch einen Zahn zu. Der zweite Stein traf mich am Nacken. Sie waren näher, als ich gedacht hatte. Im Grunde hatte ich nur drei Möglichkeiten: Entweder ich sauste wie ein geölter Blitz davon oder ich ignorierte sie einfach oder ich blieb stehen und ließ mich auf sie ein. Die letzte der drei Möglichkeiten war mir eigentlich am liebsten. Diplomatie lag mir.

* Dog Martin's = Schnürstiefel

Darüber hatte ich sogar schon einmal einen Vortrag im Debattierclub gehalten: »Die Rolle der britischen Diplomatie im Ost-West-Verhältnis«. Vier Leute waren gekommen, zwei weitere alberten vorm Fenster, aber gegen Ende kam immerhin noch Mr. Fowler vorbei und meinte, ich hätte gut gearbeitet.
Angenommen, ich würde losrennen, dann wäre das der beste Beweis, daß ich Angst hätte. Angst kann man nicht verbergen, die anderen spüren sie sofort. Und selbst wenn ich ihnen diesmal entkäme, würden sie mir an einem anderen Tag auflauern. Und dann konnte es noch schlimmer werden.
Aber als ich mich schließlich umdrehte, waren sie nicht mehr da. Weit und breit keine Menschenseele.
Dann hörte ich aus dem Obstgelände unterdrücktes Gekicher und eilige Schritte. Sie mußten sich durch die dichte Hecke gekämpft haben. Plötzlich stürzten sie ein ganzes Stück weiter vorne durch eine schmale Lücke in der Hecke auf den Pfad.
Ich sah mich um. Aber es kam niemand. Sogar ein Erstkläßler wäre mir willkommen gewesen. Diese Typen greifen nie an, wenn ein Zeuge dabei ist. Oder ein Lehrer. Aber Lehrer laufen nicht auf öffentlichen Wegen herum. Sie fahren entweder in zerbeulten Autos oder auf nagelneuen Zehngangrädern nach Hause. Oder eine nette alte Dame, die gerade vom Einkauf kommt. Aber nette alte Damen meiden diesen Pfad. Damit sie nicht überfallen werden.
Von einem Baum prasselte ein Hagel spitzer Steine auf mich herunter. Mir war klar, daß ich die falsche Entscheidung getroffen hatte. Jetzt konnte ich weder weglaufen, noch mich auf eine offene Konfrontation einlassen. Ich mußte den schmalen Pfad immer weiter bis zu der Stelle gehen, wo sie mir auflauerten. Ich hätte mit ihnen verhandeln sollen. Mich für meine Existenz entschuldigen. Aber man kann sich nicht bei irgendwelchen schemenhaften, hinter grünen Blättern versteckten Gesichtern entschuldigen.
Ich gelangte bis zum Ende des Pfades, ohne daß irgend etwas passierte. Ich hatte das Sackgassenende der Straße zur Siedlung erreicht. Hier war ich in Sicherheit, wieder unter Menschen, le-

bendigen Menschen, die mich durch ihre Fenster sehen konnten. Genau in dem Augenblick kamen sie hinter einem Fuchsienbusch hervorgestürzt, schubsten mich, stießen mich aufs Pflaster. Meine Brille fiel hinunter. Ich kroch auf dem Boden herum, um Gläser und Rahmen im Werte von 37 Pfund (inklusive Kassenanteil) zu retten, aber zwei packten mich von hinten, zerrten die Ärmel von meinem Jackett herunter, so daß meine Arme festgeklemmt waren. Vielleicht war es doch ein Raubüberfall? Irgend etwas wollten sie. Der dritte warf meine Schultasche über die Hecke in einen Garten, während der vierte mir die glänzende Spitze eines Messers auf die Brust setzte. Blitzschnell ritschte er mit dem Messer über das gelbumstickte Wappen meines Schulabzeichens, so daß nur noch ein zerfledderter Fetzen übrigblieb. Einer angelte meine Brille aus dem Rinnstein und drückte sie mir in die Hand. Dann verschwanden sie.
Ich schämte mich, weil ich auf dem ganzen Nachhauseweg zitterte. Zutiefst gedemütigt. Ich hatte mich falsch verhalten. Ich hätte mich gleich am Anfang entschuldigen sollen.
Hört mal, Jungs, ich weiß doch, ihr könnt nichts dafür, daß ihr anders seid als ich. Ihr wollt mein Schulabzeichen? Aber bitte doch, hier ist es.
Logisch betrachtet, ganz rational, war mir klar, daß ich ihnen überlegen war. Und sie wußten das genauso gut wie ich. Deshalb haben sie mich angegriffen. Sie haben den grauen Wollstoff meines Jacketts erkannt. Es war nicht ihre Schuld. Sie können nicht dafür, daß sie in der städtischen Siedlung Rosehill wohnen und in die Rosehill Schule gehen müssen. Und genauso wenig ist es die Schuld meiner Eltern, daß sie gebildet sind, gut verdienen und für mich das gleiche anstreben. Zweifellos sind diese Knaben genauso intelligent wie ich, aber sie haben leider nicht die gleichen Chancen. Also war niemand schuld. Trotzdem war ganz allein ich dafür verantwortlich, von vornherein die falsche Entscheidung getroffen zu haben.

»Hallo, mein Schatz. Na, wie war's?«
Sobald ich in der Küche war, hörte ich auf zu zittern, und alles

war wieder ganz normal. So ist das immer. Die Sicherheit der ruhigen und perfekten Routine des Alltags.
Ich küßte meine Mutter auf die Wange. Sie küßte mich auch. Den kleinen Zwischenfall erwähnte ich nicht. Sie hatte noch ihren dunkelblauen Mantel an und machte Feuer unter dem Kessel. Es war nicht so wichtig. Am Montag würde ich sie bitten, mir zusätzlich zu meinem Essensgeld noch ein Pfund fünfundzwanzig zu geben, und sie würde es ohne weiteres tun. Ich würde ins Sekretariat gehen und mir ein neues Schulabzeichen für mein Jakkett kaufen. Kein Problem. Keine Frage. Meine Mutter liebt mich und sie vertraut mir. Umständliche Erklärungen sind völlig überflüssig.
»Simon, du blutest ja am Ohr, aber wie!«
»Oh!« Ich fuhr mit der Hand hinter mein Ohr. Es blutete wirklich. »Ach, das ist nicht schlimm. Ich wasche es gleich ab, wenn ich nach oben gehe.«
Sie fragte nicht, warum ich blutete. Wir haben uns schon immer gut verstanden.
»Tony und ich haben nachher was Wichtiges mit dir zu besprechen, mein Schatz.«
Ich schmierte mir zwei Scheiben Brot dick mit Butter und Himbeermarmelade.
»Ja? Worum geht's denn?«
Mit steineschmeißenden Idioten klarzukommen war schwierig, aber mit meinen Eltern hatte ich keine Probleme. Vielleicht ein Konzert im Rathaus? Oder ein Trockenskikurs? Irgendwelche Ideen für Geburtstagsgeschenke? Eine Familienfeier an ihrem Hochzeitstag?
Patti trat nervös von einem Fuß auf den anderen, während sie die Teeblätter in der Kanne schwenkte. Doch dann lächelte sie ihr verträumtes Madonnenlächeln.
»Zum Abendessen gibt es sizilianische Spaghetti. Gegen sieben. Recht so?«
Gott sei Dank. Es ging ums Essen.
»Klar. Prima.«
»Hast du viel auf?«

»Nö, gerade richtig. Englisch, Mathe, Latein.«
Sie fragte immer nach meinen Hausaufgaben, jeden Tag dasselbe. Auch das gehörte zu den vertrauten Regelmäßigkeiten.
»Wir reden dann beim Abendessen darüber. Mit Tony.«
Das Madonnenlächeln verschwand. Sie war wieder Lehrerin, setzte sich an den Küchentisch, um Hefte zu korrigieren. Um Punkt halb sechs würde sie damit aufhören und das Abendessen machen. Um halb sieben kommt mein Vater nach Hause.
Ich nahm den Becher mit dem Tee und die Marmeladenbrote mit nach oben in mein Zimmer. Ich legte eine Vivaldikassette ein und stülpte mir den Kopfhörer über. In der linken Hand hielt ich den warmen Becher, in der rechten den Parker 45 mit der vergoldeten Feder, Stärke »fein«. Es macht sich immer bezahlt, das Beste zu kaufen. Ich ordnete meine Bücher auf dem Schreibtisch in der Reihenfolge, in der ich mich an die Aufgaben machen wollte: Englisch, Mathe, Latein.
Dieser Augenblick des Arbeitsbeginns war für mich der Ausdruck absoluter Vollkommenheit. Vorige Woche hatten wir einen Aufsatz schreiben müssen mit dem dämlichen Thema: »Sollten Hausaufgaben abgeschafft werden?« Warum um Himmels willen? Das ist doch das Beste an der ganzen Sache. Die totale Kontrolle über dich selbst und über deine Arbeit. Dabei lernt man wirklich was.

»Es geht um deinen kleinen Bruder«, sagte Tony.
»Was?« Ich verschluckte mich an meinen Spaghetti. Ich bin ein Einzelkind. Ich sah die beiden an. Meine Mutter schien sich unbehaglich zu fühlen, eine schüchterne Röte überzog ihr Gesicht als sie Vater anlächelte. Ich guckte weg, starrte verschämt auf die Ringelwürmer in meinem Teller. Wollten sie mir mitteilen, daß sie schwanger ist? Dann taten sie das aber auf eine sehr merkwürdige Art. Unsere Beziehung war doch immer vertrauensvoll, offen und ehrlich gewesen.
Aber sie konnten doch gar nicht wissen, ob es ein Bruder sein würde, dachte ich und wickelte Nudeln auf meine Gabel. Aber vielleicht hatte sie ja gerade erst den Test gemacht. Den Frucht-

wassertest? Dadurch erfährt man das Geschlecht des Kindes, ob es einen Wasserkopf bekommt oder mongoloid ist. In der Schule haben sie uns einen Film darüber gezeigt. Ich widmete mich meinen Spaghetti. Ich mochte keinen von beiden ansehen.

»Ihr hättet mir wirklich vorher etwas sagen können«, murmelte ich.

Sie hatten mich hintergangen.

»Aber wir haben es doch auch nicht gewußt – bis heute!« sagte Tony und lächelte. »Sie haben deine Mutter in der Schule angerufen.«

»Oh«, sagte ich. Ich schüttete mir geriebenen Parmesankäse auf den Teller. Er bedeckte die Ringelwürmer wie Schuppen.

»Patti hat gesagt, sie könne keine Entscheidung treffen, bevor sie nicht mit uns beiden gesprochen hat. Denn es ist immerhin eine Sache, die die ganze Familie betrifft. Er geht uns alle an.«

Er. Warum sagte er immer *er*? »Warum sagst du *er*? Das kannst du doch gar nicht wissen«, sagte ich. »Es sei denn, du hast den Test machen lassen.« Ich schämte mich, das auszusprechen.

Sie hörten es nicht.

»Aber das haben wir doch immer gesagt, oder? Bevor wir von diesem Kind überhaupt gehört hatten. Ich nehme an, daß wir einfach immer gedacht haben, es würde ein *er* sein«, sagte Tony.

»Es stehen immer viel mehr Jungen als Mädchen zur Auswahl«, fuhr Patti fort. »Das ist merkwürdig, nicht wahr? Nicht, daß mehr Jungen geboren werden. Wahrscheinlich glauben die Leute, es wäre einfacher, ein Mädchen großzuziehen. Ich weiß zwar nicht, warum, jedenfalls bleiben die Jungen immer übrig.«

Ich aß meine Spaghetti. Eine zentnerschwere Last fiel mir vom Herzen. Der kleine Junge. Es war *das* Kind.

»Sie riefen an und sagten, wir könnten ihn jetzt haben. Es ist soweit. Wir können ihn sofort abholen.«

Sie schwätzten weiter. Ich hörte kaum noch hin. Ich war ja so erleichtert.

»Sie wollen ihn so schnell wie möglich übergeben.«

»Nächste Woche«, fügte Tony hinzu.

Patti war nicht schwanger. Ich hatte das völlig falsch verstanden.

Zwei entscheidende Fehler an einem Tag. Irgendwo zwischen meinen Knien und meinem Hosenbund stieg flammende Hitze auf und brannte in meinem Gesicht. Ich sprach ganz schnell, damit niemand etwas merkte.

»Ach so. Wie interessant.«

Aber es schien ihnen kaum aufgefallen zu sein, daß ich alles falsch verstanden hatte.

»Das wird was werden! Aber es kommt ein bißchen plötzlich, nicht wahr?«

Ab sofort würden wir einer mehr in unserer Familie sein.

»Sie meinen, er sollte jetzt woanders hin«, sagte Tony. »Er ist ein fröhlicher kleiner Bursche, aber er ist ziemlich vernachlässigt worden. Er muß endlich zur Ruhe kommen . . .«

»In eine stabile Umgebung«, fügte Patti hinzu.

Es war, als rezitierten sie einen Text im Duett. Beide versuchten zur gleichen Zeit zu sprechen, fielen sich gegenseitig ins Wort, um mir die Sache zu erklären.

»In dem Heim, in dem er ist, sind einige Veränderungen geplant. Zum Beispiel kommt eine neue Leiterin. Deshalb sollten wir ihn möglichst vorher holen.«

»Weißt du, er hat im Grunde sein ganzes Leben in irgendwelchen öffentlichen Einrichtungen verbracht«, sagte Tony.

»Jedenfalls soweit man das rauskriegen kann«, fügte Patti hinzu. Vor Aufregung und Freude hatte sie rote Wangen und feuchte, strahlende Augen. »Ich freu mich, Simon, daß du dich auch freust. Ich meine, daß wir uns freuen, ist klar, aber wenn es dir auch so geht, ist es um so besser. Und es macht dir wirklich überhaupt nichts aus?« Sie reichte über den Tisch, ergriff meine Hand und drückte sie sachte. »Lieber Simon, wir werden das zusammen meistern, wie ein Team. Aber wie ich schon gesagt habe: Wir werden nichts tun, womit du nicht einverstanden bist.«

»Wieso sollte mir das was ausmachen? Natürlich nicht. Ich freu mich, das wird bestimmt eine spannende Geschichte.«

Tony wurde ernst. Er stützte seine Ellbogen auf den Tisch und rückte seine Brille zurecht. »Simon, das wird kein Experiment oder so etwas. Es wird für immer sein. Deshalb ist es so wichtig,

daß wir uns absolut sicher sind. Es kann sein, daß es eine dreimonatige Probezeit gibt.«
»Sechs«, verbesserte ihn Patti.
»Von mir aus sechs. Aber wenn du dich erstmal auf so eine Sache einläßt, an der ja immerhin ein anderer Mensch beteiligt ist, dann kannst du nicht so einfach einen Rückzieher machen. Patti wird ein oder zwei Wochen lang nicht arbeiten und zu Hause bleiben, bis er sich eingewöhnt hat.«
»Sexist!« sagte ich. Das sollte ein Witz sein. Weil es in unserer Familie zwei männliche und ein weibliches Wesen gibt (es sei denn, die Katze zählte mit, aber die ist sterilisiert), machen wir immer unsere Witzchen darüber, ob irgend etwas sexistisch ist oder nicht. Beim Geschirr in die Spülmaschine räumen oder beim Wäsche aufhängen wechseln wir uns immer ab. Nur ihre Unterwäsche hängt Mutter selber auf.
Sie begriffen meinen Witz wohl nicht.
»Hättest du lieber ein Mädchen?« fragte Tony. »So wie Sophie?«
Sophie ist meine Cousine. Sie ist vier.
»Nein. Ich meine nur, daß wiedermal die Mutter die Arbeit aufgibt, um sich um das neue Baby zu kümmern, und nicht der Vater. Schon gut.« Schon wieder schämte ich mich.
»Er ist kein Baby mehr. Eher ein kleiner Junge.«
»Vielleicht könnte sie ja trotzdem Mutterschutz bekommen«, scherzte Tony. Er versuchte, komisch zu sein. »Aber ich bestimmt nicht.«
In ihrer Freude und Aufregung wirkten sie so selbstbewußt und sicher. Ich spürte Zuneigung und Liebe für meine freundlichen, verletzlichen Eltern. In unserer Familie hat sich nicht viel geändert, seit ich älter geworden bin. Normalerweise wird davon ausgegangen, daß Jungen in meinem Alter ihre Eltern hassen. Das beweisen alle Statistiken. Ein plötzlicher Hormonstoß aus den Keimdrüsen ist dafür verantwortlich, daß alles verabscheut wird, was mit den Eltern zusammenhängt.
»Keine Sorge, Simon, auch wir beide werden etwas kürzer treten müssen. Der kleine Bursche wird eine Menge männlicher Unterstützung brauchen.«

Nach den Spaghetti gab es Crème Brûlée. Nicht gerade mein Lieblingsnachtisch, aber ich sagte lieber nichts. Und Tony mochte die Crème sehr gerne. Außerdem war ich so erleichtert, daß Patti nicht schwanger war, daß ich die weiche, wabblige Masse auf meinem Löffel kaum wahrnahm.
Natürlich hatten sie schon vorher über dieses Kind geredet. Monatelang, vielleicht jahrelang. Ich hatte das nie richtig ernstgenommen. Erwachsene schmieden gern Pläne. Das liegt daran, daß sie weniger Zeit haben als wir. Sie müssen dauernd Pläne machen. Um so zu tun, als hätten sie Zeit. Genau wie das Gerede vom Auswandern nach Australien. Da gab es einen Job, den Tony leicht hätte bekommen können. Er hätte sich dort ein neues Versuchslabor einrichten können. Aber für Patti war keine Arbeit in Aussicht, und deshalb sind wir nicht ausgewandert. In der Beziehung sind sie gerecht. Und dann das neue Haus. Lange Zeit wurde darüber geredet, in ein Haus mit Garten und Apfelbäumen umzuziehen. Genau wie ein neues Auto angeschafft werden sollte, eines, das nicht nach drei Monaten zusammenbrach. Aber auch daraus wurde nichts.
Ich öffnete eine Dose mit Brocken feinster Kaninchenleber in Fleischsauce und fütterte die Katze. Sie schubberte ihre Nase an meinem Bein.
»Morgen abend werden wir ein kleines Fest feiern«, sagte Patti. Essen, schon wieder Essen, immer wurde gegessen.
»Überlegt euch, was ihr gerne bei unserer letzten Mahlzeit zu dritt essen wollt.«

Am Sonnabend hatte ich ein Spiel. Eigentlich gehöre ich nicht zur Mannschaft, aber die beiden Ersatzspieler waren krank. Wir haben drei zu null gewonnen.
Als ich nach Hause kam, war eine Frau in der Küche und unterhielt sich mit Patti. Sie saß auf der Tischkante und trank Kaffee. Langes Haar hing ihr locker über die Schultern, sie trug enge Jeans und einen roten Pullover.
Sie redete mit Patti, als wären sie uralte Freundinnen, aber ich hatte sie noch nie zuvor gesehen. Sie zappelte mit den Beinen

herum wie ein kleines Kind. Aber sie war nicht mehr jung. Sie hatte rotlackierte Fingernägel und glitschige rote Lippen.
»Miss Spaark, das ist unser Sohn Simon«, sagte Patti. Sie hat eine ausgesprochen altmodische Art, mich anderen vorzustellen. »Simon, das ist Miss Spaark vom D.H.S.S.« Sie sah überhaupt nicht wie eine Sozialarbeiterin aus.
»Guten Tag.« Ich streckte ihr meine Hand entgegen. Sie war dreckig und verschwitzt. Für die drei Tore hatten wir uns mächtig ins Zeug legen müssen. Sie nahm meine Hand nicht, schwenkte nur lässig ihren Kaffeebecher in meine Richtung und sagte: »Hallo, Simon, ich hab schon viel von dir gehört.«
Ich beschloß, sie nicht zu mögen. Ich ging nach oben in mein Zimmer und fing an, mich vorsichtig aus meinen Sportsachen zu schälen, damit ich nicht den ganzen Dreck in meinem Zimmer verstreute. Sie mußte mir hinterhergekommen sein.
Ich zuckte zusammen, als sie plötzlich in der Tür stand, genau in dem Moment, als ich mich ausziehen wollte.
»Deine Mutter meinte, ich könnte dich hier oben antreffen.«
Normalerweise ermunterte Patti Fremde nicht, so einfach durchs Haus zu spazieren, und ganz sicher nicht bis zu mir nach oben.
»Und das ist also dein Zimmer, Simon?«
Da ich mitten im Raum stand, die Hälfte meiner verdreckten Sachen sich zu meinen Füßen türmte, war es sehr unwahrscheinlich, daß es das Zimmer von irgend jemand anderem wäre.
»Ja.«
»Schöne Aussicht.« Vom Fenster aus konnte man den Fluß und die grünen Kronen der Bäume und die Uferpromenade sehen.
»Ich will mich nur gerade umziehen«, sagte ich, »und baden. Hab gerade ein Spiel gehabt.«
Ich mochte nicht, daß sie hier war und mich anstarrte. Mein Zimmer ist meine Privatsache. Ich dachte, das wäre allgemein so üblich.
Sie quetschte ihren Hintern auf die Kante meines Schreibtisches.
»Ist das dein Bett?«
Sie stellte ihre Handtasche ab und zerstörte damit die perfekte, symmetrische Anordnung meiner Bücher.

»Ja«, sagte ich. Ich hätte sagen sollen: Nein, ich hänge nachts immer wie eine Fledermaus von der Decke.
Sie fummelte gedankenlos mit meinen Stiften herum. Ich habe es gerne, wenn meine Sachen ordentlich aufgeräumt sind. Dann findet man sie leichter.
»Könnten Sie die Stifte so lassen wie sie waren? Ich arbeite damit.«
»Sie sind ganz neu, stimmt's?« fragte sie.
»Ich entwerfe gerade ein Geschenk für meine Eltern.«
»Ich meine, die Etagenbetten.«
»Nein, die hatten wir schon immer.« Für Freunde, die über Nacht bleiben, und mein Onkel hat auch schon mal hier geschlafen.
»Ach so. Ich dachte, ihr habt die extra für den kleinen Jungen angeschafft. Macht es dir denn gar nichts aus, dein Zimmer mit ihm zu teilen?«
»Nein. Warum sollte es denn? Er schläft unten, und ich bleibe oben.«
»Also, dann bist du von der ganzen Sache genauso begeistert wie deine Eltern?«
»Hören Sie mal, ich weiß wirklich nicht, was Sie das angeht.«
»Da irrst du dich.« Sie verzog ihre üppigen Himbeerlippen zu einem Lächeln. »Ich bin nicht nur zum Spaß hier, Simon. Ich muß einen Bericht über eure Familie anfertigen. Nicht, daß mich das persönlich was anginge. Doch bei der Vermittlung von Pflegekindern ist das so üblich.«
»Er ist kein Pflegekind. Er wird adoptiert.«
»Sicher, aber erst später. Erstmal ist er ein Pflegekind. Man kann nicht so einfach mir nichts dir nichts ein Kind adoptieren. Es gibt immer eine gewisse Probezeit. Um zu sehen, ob auch alles klappt.«
Es paßte mir nicht, daß sie Patti unterstellte, sie könnte mit der Situation nicht zurechtkommen.
»Meine Mutter ist Lehrerin. Für Hauswirtschaft. Schon seit fünfzehn Jahren. Sie hat sich inzwischen an Kinder gewöhnt.«
Ich hob mein Trikot auf und zog es wieder an. Es war feucht.

Aber mir behagte nicht, wie sie meine bloße Brust betrachtete. Ich bin nicht sehr kräftig. Ich bin noch nicht so richtig entwikkelt. Ein Junge aus der 9 M hat schon Haare auf der Brust.
»Ich nehme an, du bist überrascht, wie plötzlich das alles kommt.« Sie grinste mich mit ihren dicken, süßen Lippen an, als wäre ich sechs Jahre alt.
»Eigentlich nicht. Meine Eltern haben schon seit Ewigkeiten darüber gesprochen.«
»Ich weiß nicht, wieviel sie dir bis jetzt erzählt haben.«
Sie hielt mir einen Vortrag über die Bedürfnisse von Heimkindern, erzählte mir von den vielen armen kleinen Mädchen und Jungen, die ohne die Liebe und Geborgenheit einer Familie aufwachsen mußten.
Im letzten Jahr waren unsere Schulwohltätigkeitsveranstaltungen zugunsten der N.C.C.H. durchgeführt worden. Da hatte ich ähnliche Vorträge dutzendweise zu hören bekommen. Mir war klar, daß diese Kinder ein Zuhause brauchten. Aber warum eines davon ausgerechnet zu uns kommen sollte, war mir nicht so richtig klar.
»Und außerdem ist er ja, wie du weißt, kein Weißer.«
»Klar. Von der Sorte gibt's viele an meiner Schule«, sagte ich sofort. Jedenfalls gab es einen aus der Karibik, der sich selbst allerdings als Brite bezeichnete. Er hieß Winston Pelham und war adoptiert. Er ging in die letzte Klasse. Hat in neun Fächern die Zwischenprüfung gemacht, alle Preise gewonnen, überall glatte Einsen. Wahrscheinlich wird er in Cambridge Medizin studieren. Sein Bruder ist jünger, in meinem Jahrgang, allerdings ist er weiß. Er ist auch ganz schön schlau. Also würde das Kind so braun oder schwarz sein wie Winston Pelham.
»Das ist mir egal. Ich bin kein Rassist, falls Sie darauf hinauswollen. Ich wollte schon immer einen Bruder.« Das stimmte allerdings nicht ganz. Ich meinte nur, daß ich Winston Pelham schon immer bewundert hatte.
»Du hast dir offensichtlich schon darüber Gedanken gemacht, das freut mich wirklich. Aber da es nicht sehr sinnvoll ist, die Probleme eines Jungen zu lösen, wenn man dadurch einem ande-

ren Jungen Probleme schafft, möchte ich dich fragen, ob es irgend etwas gibt, was dich beunruhigt.«
»Nein.« Außer, daß Sie hier sind. »Überhaupt nichts.« Dann überlegte ich's mir noch einmal. »Naja, wenn ich ehrlich sein soll ... Ich habe feuchte Träume.« Das stimmte zwar nicht, aber die Jungen in der Schule redeten darüber. »Völlig unkontrollierbar«, sagte ich, »und dazu Hitzewallungen.«
»Gut«, sagte sie sachlich wie der Arzt bei der Schuluntersuchung in der ersten Klasse. »Hauptsache, du hast deinen Spaß dabei.«
Ich versuchte es noch einmal.
»Und ich habe Phantasien über meine Mutter. Manchmal stehe ich auf dem Treppenabsatz und linse durchs Schlüsselloch wenn sie miteinander schlafen.«
Sie nickte. »Das beschäftigt die meisten Kinder in deinem Alter. Das ist völlig normal.«
»Und während des Unterrichts spiele ich mit mir selbst.«
Sie nickte verständnisvoll, als wäre das die natürlichste Sache der Welt. Sie strich sich die lockigen Haare aus dem Gesicht, nahm ihre Handtasche und stand auf.
»Alles in allem scheinst du ein sensibler junger Mann zu sein. Du wirst mit den bevorstehenden Veränderungen hervorragend zurechtkommen. Aber die Aufnahme von älteren Kindern kann sich zu einer sehr vertrackten Sache entwickeln, mit unerwarteten Schwierigkeiten muß man immer rechnen. Wenn also irgendwelche Probleme entstehen sollten, wenn es irgend etwas gibt, was du nicht unbedingt mit deinen Eltern besprechen willst ...«
»Ich bespreche immer alles mit meinen Eltern.«
»Natürlich. Aber hier ist für alle Fälle meine Telefonnummer.« Sie schob eine bedruckte Karte auf eine Ecke meines Schreibtisches, so daß zwei Bleistifte herunterkullerten. »Und wenn du jemals das Bedürfnis haben solltest, dir mal alles von der Seele reden zu wollen, wie man so schön sagt, dann kannst du dich immer vertrauensvoll an mich wenden. Da steht die Nummer. War nett, dich kennengelernt zu haben, Simon. Einstweilen Tschüß.«
Und dann ging sie aus dem Zimmer und überprüfte unser Klo, das Badezimmer und die Abflußrohre.

Ich nahm ihre Karte. »J. M. Spaark, Sozialarbeiterin. Pflegekinder- und Adoptionsabteilung.« Dazu eine Telefonnummer und die Anschrift ihres Büros.
Ich warf die Karte in den Papierkorb. Ich konnte mir nicht vorstellen, was mich jemals – und sei es der jüngste Tag – veranlassen könnte, meine Probleme mit dieser Frau zu besprechen.

»Tut mir leid, daß ich dir die Sozialarbeiterin auf den Hals gehetzt habe«, sagte Patti. »Aber sie müssen sich davon überzeugen, daß die Kinder in ordentliche Familien kommen.«
»Ist schon gut.« Jetzt fand ich es gar nicht mehr so schlimm. Ich war sogar ausgesprochen zufrieden mit mir, weil ich sehr geschickt mit ihr umgegangen war. Ich hatte sie auf Distanz gehalten. Ich hatte sie in ihre Schranken verwiesen.
Den ganzen Nachmittag über arbeitete ich an dem Geschenk für Pattis und Tonys Hochzeitstag. Ich mache ihnen jedesmal etwas. Diesmal war es eine handgedruckte Tapete für ihr Schlafzimmer. Sie ahnten noch nichts. Ich hatte genügend Tapetenrollen gekauft und wollte sie jetzt bedrucken. Ich mußte herausfinden, welche Farbe ich am besten für den hölzernen Druckstock verwenden konnte, sie durfte nicht verlaufen und nicht verschmieren. Und ich mußte das Ganze geheimhalten.
Patti begann in meinem Zimmer herumzufuhrwerken, sie hatte allerhand neuen Kram mitgebracht. Einen blauen Plastiknachttopf und mit kleinen Häschen bedruckte Bettwäsche. Sie brachte eine ganze Weile damit zu, das untere Bett zu beziehen. Sie legte eine Gummiunterlage auf die Matratze und darüber das Bettzeug mit den Häschen. Jedesmal, wenn sie ins Zimmer kam, tat ich so, als wäre ich in eine Hausaufgabe für Kunst vertieft. Sie holte Bilderbücher vom Boden und legte sie auf einen Stuhl neben das Bett. Und sie stopfte ein weiches blaues Stoffkaninchen ins Bett. Wie ein kleines Mädchen, das mit Puppen spielt.
»Soll ich ein paar Schubladen freimachen?« fragte ich. In mein Zimmer paßt nur eine Kommode. »Ich brauche nicht alle sechs.« In der unteren Schublade bewahrte ich die Tapetenrollen auf. Aber ich konnte sie in einen Karton packen und unters Bett stel-

len. »Ich kann die Socken und die Unterhemden zusammenpakken, dann können wir uns die Kommode teilen.«
»Eine Schublade reicht. Er hat nicht viel.«
Sie schob den Nachttopf unters Bett.
»Was soll denn das? Ich denke, er ist kein Baby mehr?«
»Ist er auch nicht. Ich will ja nur, daß er sich geborgen fühlt.«
»Also ich würde jedenfalls nicht gerne einen Nachttopf benutzen, wenn ich in ein neues Zuhause käme.«
»Deine Großmutter hat auch einen Topf unterm Bett. Und sie ist kein Baby.«
»Aber das könnte ihn einschüchtern.«
»Sicher ist sicher!« sagte sie und strich noch einmal über das Häschenbettzeug. Plötzlich nahm sie mich in die Arme und drückte mich. »Du bist wirklich ein lieber Junge, Simon. Wirklich toll, wie du dich auf die neue Situation einstellst.«
»Ich freue mich drauf!« sagte ich und legte vorsichtig den Ellbogen über meine Entwürfe. »Ehrlich.« Aber ich wußte, daß ich mit der ganzen Sache nicht besonders viel zu tun haben würde. Das war Pattis Angelegenheit. Sicher war auch Tony beteiligt, aber hauptsächlich sie.

Am Sonntag wollten sie ihn holen. Ich konnte mich entscheiden, ob ich mitwollte oder nicht. Ich war noch nie in einem Kinderheim gewesen, deshalb bin ich schließlich doch mitgegangen.
Patti war ganz aufgeregt. Sie sagte andauernd: »Du brauchst aber nicht mitzukommen, Simon.«
»Doch, ich möchte aber.«
Unterwegs hielten wir an und aßen. Wir wollten Patti die Arbeit mit dem Kochen ersparen. Sie haben mich immer überallhin mitgenommen, so daß ich es gewöhnt war, in Kneipen oder Hotels zu gehen. Tony wählte das richtige Lokal mit der richtigen Atmosphäre und ging vor, um mit dem Wirt zu klären, daß er einen Minderjährigen dabei hatte. Normalerweise wurden wir dann in den Nebenraum gesetzt.
Der Nebenraum des »Goldenen Löwen« war nicht besonders ge-

mütlich, obwohl der Wirt extra für uns zwei Lampen und das elektrische Kaminfeuer angeschaltet hatte. Es gab aufgewärmte Lammpastete, dazu Karotten aus der Dose. Lammpastete ist eines der ersten Rezepte, das Patti ihren Siebtkläßlern beibringt, und ich weiß, daß sie das sehr gut kann.

Es lag aber nicht nur am »Goldenen Löwen«. Wir waren alle drei in etwas gedämpfter Stimmung.

Patti war in Gedanken versunken. Wahrscheinlich dachte sie darüber nach, wie es sein würde, dieses Kind zum erstenmal zu sehen, und sie überlegte sicher, ob sie es mögen würde.

Sie sagte mir, daß er Ha hieße.

Ein merkwürdiger Name. »Vielleicht ist das sein Spitzname?« sagte ich. Ich versuchte mir vorzustellen, wofür Ha die Abkürzung sein könnte. »Vielleicht haben sie ihn bei sich zu Hause so genannt«, meinte ich.

»Er hat nie ein Zuhause gehabt«, sagte Tony. »Er ist ein Waisenkind.«

»Oh«, sagte ich, »der arme Kerl.« Und trank meine Ingwerlimonade aus.

Meistens wechseln sie sich beim Fahren ab. Auch das hängt mit unserem Gleichberechtigungsprogramm zusammen. Aber Tony fuhr die ganze Strecke. Patti war nach wie vor kribbelig.

»Wir sind gleich da.« Als ob sie schon einmal dagewesen wären.

Wir fuhren durch eine Allee mit dicken Rhododendronbüschen. Das Haus war aus dunkelroten Ziegelsteinen gemauert und hatte hohe gotische Fenster. Fehlten nur noch die Fledermäuse.

»Was?« fragte Tony.

»Ich sagte, Fledermäuse. Du weißt schon, diese Blutsauger«, fügte ich hinzu. »Die um die Schornsteine fliegen. Hier ist es so gespenstisch.« Als ich es gesagt hatte, fand ich, daß es albern und kindisch klang.

Patti sagte nichts. Tony meinte: »Oh nein, du wirst schon sehen, es ist ein gemütliches altes Haus. Wirklich.«

Es hieß »Kastanienheim«, aber es gab weit und breit keine einzige Kastanie, nur jede Menge Rhododendronbüsche. Im Geschichtsunterricht haben wir gelernt, daß zur Zeit der Dinosaurier alles mit Rhododendronbüschen bewachsen war. Mit ihren dicken ledrigen Blättern, den riesigen, leuchtenden Blüten und den dunklen, krummen Ästen paßten sie sehr gut in das gleichbleibende warme Klima. Sie wuchsen am Rand von hochgelegenen tropischen Regenwäldern.

Es war merkwürdig, sich vorzustellen, daß England einst mit tropischen Regenwäldern bedeckt war und Dinosaurier unter den Rhododendren herumstapften.

In der hohen Eingangshalle des Kastanienheims war es ganz still. Ich hatte das Gefühl, ich wäre schon einmal dagewesen, weil alles ganz genau so war, wie ich mir eine solche Institution vorgestellt hatte. Schon beim Betreten des Gebäudes spürte ich Heimweh. Es roch wie in der Schulkantine, nach abgestandenem, gekochtem Gemüse. Der Fußboden war auf Hochglanz poliert. Ich rückte näher an meine Eltern heran.

»Was für ein trostloser Ort«, sagte ich.

Patti drückte meine Hand und lächelte mir aufmunternd zu.

Schrille Kinderstimmen schallten durch einen der langen Flure vor uns. Mir zog sich der Magen zusammen. Vielleicht war das das Kind? Aber es waren drei Mädchen, alle drei älter als ich, die kichernd an uns vorbei trippelten und scheue Blicke auf uns warfen. Ich überlegte, wie wir wohl unser Kind erkennen würden, wenn es käme.

»Wir sollten versuchen, die Oberin zu finden«, sagte Patti. Sie führte uns einen Flur entlang. Als ob sie den Weg schon kannte. Am Ende des Flures stießen wir auf eine Frau, die sich aber nicht sonderlich für uns interessierte. Sie wußte noch nicht einmal, warum wir da waren.

»Vielleicht sollten wir dann in die Kinderstube gehen?« schlug Patti vor.

»Das heißt jetzt nicht mehr Kinderstube«, sagte die Frau, »sondern Spielzimmer. Die Älteren haben sich beschwert.«

Die Kinderstube oder das Spielzimmer oder was immer es auch sein mochte, erinnerte mich an die Kinderstunde in dem zugigen Kirchengebäude, die ich als Vierjähriger besucht hatte. Da hatte

es unzähliges, pädagogisch wertvolles Spielzeug gegeben, mit dem wir spielen mußten. Wer es nicht von allein tat, wurde von einer Frau dazu angeleitet.
Auch in diesem Raum sah es so ähnlich aus: Stapel von Puzzlespielen in Kartons mit eingeknickten Ecken, knallbunte Plastikbausteine in Keksbüchsen und reichlich abgenutzte Brettspiele. Ungefähr fünfzehn Kinder verschiedenen Alters spielten in dem Raum. Einige sahen recht seltsam aus. Ein kleines Mädchen kullerte auf dem Boden herum und schlug mit dem Kopf gegen ein Stuhlbein. Ein anderes Kind, ein großer Junge, polterte auf mich zu und bleckte seine Zähne zu einem lahmen, idiotischen Grinsen. Ich hoffte, daß er nicht unser Kind war, aber Patti und Tony hätten mich sicher darauf vorbereitet, wenn mein künftiger Bruder so ein schwerfälliger jugendlicher Riese gewesen wäre.
»Vielleicht könnten Sie ein bißchen mit den Kleinen spielen«, sagte die Frau. Das kam mir doch reichlich unverfroren vor. Immerhin waren Patti und Tony gekommen, um einem ungewollten Kind ein Zuhause anzubieten. Und statt daß man sich bei ihnen bedankte oder die Sache zumindest unverzüglich abwickelte, wurde von ihnen erwartet, daß sie sich mit allen Kindern beschäftigten. Aber es schien ihnen überhaupt nichts auszumachen. Patti setzte sich auf einen Kinderstuhl neben ein kleines Mädchen, das gerade ein unmögliches Puzzle mit Bäumen im Herbstkleid zusammensetzte, und Tony hockte sich an einen anderen Spieltisch, wo ein paar Kinder konzentriert Schwarzweißvorlagen ausmalten und sich dabei artig sechs Wachsmalstifte teilten. Die Stifte waren schon alt, von außen braun und verschmiert, so daß sie nicht mehr richtig malten. Wäre ich doch bloß nicht mitgegangen. Ich könnte zu Hause sitzen, Vivaldi hören und die ersten Tapetenbögen bedrucken.
Ein schmächtiger Junge kauerte ganz allein auf dem Boden, spielte mit kleinen Autos und gab Motorgeräusche von sich. Die Frau strich ihm über den Kopf.
»Sieh mal, Schätzchen, wer da gekommen ist!« sagte sie. Der kleine Junge sah Patti an und lächelte. Ihm fehlten fast alle Vorderzähne.

»Mama«, sagte er wie eine sprechende Puppe, die auf den Rücken gelegt worden war. Dann wandte er sich wieder den Autos zu. Wegen Winston aus der Oberstufe hatte ich einen schwarzen Bruder erwartet. Aber dieser Kleine sah aus wie ein Chinese, obwohl er nicht richtig gelb war. Seine Wangen hatten eher eine rosige Farbe. Seine Augen waren zwar mandelförmig, aber er war bei weitem nicht so schlitzäugig wie die Chinesen in Comics. Seine Augen waren sogar ziemlich groß. Er hatte ein kleines, spitzes Kinn und sehr schmale Hände.
Der schwachköpfige Junge kam auf mich zu und packte mich am Arm. Zumindest konnte ich froh sein, daß er nicht mein Bruder sein würde. Ich gab ihm einen der Malstifte, aber er schien damit nichts anfangen zu können. Stattdessen watschelte er los und begab sich auf eine kleine Rundreise durchs Zimmer, wobei er die Wände mit den Fingerspitzen berührte. Dann blieb er vor dem Kamin stehen. Es war ein großer, altmodischer, mit hölzernen Schnitzarbeiten verzierter Kamin. Die Feuerstelle war durch ein davorgestelltes Brett gesichert. Der Kaminsims wurde als Bücherregal benutzt. Jahrbücher und Bilderbücher waren ordentlich der Größe nach aufgestellt. Der Junge starrte sie intensiv an, dann berührte er eines nach dem anderen mit seinem Finger, aber er nahm keines herunter.
Plötzlich spürte ich einen stechenden Schmerz im Magen und hatte das Gefühl, als ob sich alles drehte.
»He, Simon, was ist mir dir? Ist dir nicht gut?« fragte Tony. »Du bist ja weiß wie die Wand.«
»Ich habe Bauchschmerzen. Ich glaube, ich muß mal aufs Klo.« Ich machte, daß ich aus dem Zimmer kam.
Tony folgte mir. »Ich geh mit«, sagte er. Er brachte mich zu den Toiletten. Er schien sich fast so gut wie Patti zurechtzufinden. Im Vorraum der Toilette hingen Mäntel von Kindern und standen zusammengeklappte Rollstühle. An einem Haken hingen Tastzirkel und Tragegurte. Tony lehnte sich an einen Heizkörper und wartete auf mich. »Besser?« fragte er, während ich mir die Hände wusch.
»Ja, danke.«

»Das war bestimmt die Lammpastete. Vielleicht war die ja schon ein bißchen hinüber, was?«
Aber ich glaube nicht, daß mir wegen der Lammpastete schlecht geworden war. Tony hatte ja auch davon gegessen, und sie war ihm gut bekommen.
Als wir zurück ins Spielzimmer kamen, war die Frau gerade dabei, einen Ausflug in den Garten vorzubereiten, den Patti mit den Kindern machen sollte.
»Und Melissa können Sie doch auch mitnehmen, nicht wahr? Sie hat schon wochenlang keinen Besuch mehr bekommen, und sie freut sich so über ein bißchen Abwechslung.«
Melissa war die, die an dem Tausendteile-Puzzle gearbeitet hatte. Sie konnte allerdings nicht sprechen.
Es dauerte ungefähr zehn Minuten, bis wir das Riesenbaby in seinen Anorak und Melissa in ihren Rollstuhl bugsiert hatten. Patti schob den Rollstuhl. Der unglaubliche Koloß wollte mit mir gehen. Er hängte sich an meinen Arm und stolperte neben mir her. Tony nahm den kleinen Jungen, der bald bei uns leben würde, huckepack auf die Schultern. Seine Beine waren klapperdürr und im Vergleich dazu schienen seine Füße riesig. Die Schuhbänder waren offen und hingen lose herunter. Das erleichterte ihm das Laufen bestimmt nicht.
Tony ließ den Kleinen auf seiner Schulter auf- und abhüpfen, der Junge kicherte vor Freude. Patti erzählte dem stummen Mädchen im Rollstuhl, wie sich die fetten grünen Knospen an den Rhododendronbüschen bald in wunderhübsche Blüten verwandeln würden.
Patti und Tony versuchten vergnügt zu wirken, aber es war ein schrecklicher Garten, genauso schrecklich wie der ganze Spaziergang. Die Wege waren schnurgerade und betoniert, auch die Pfosten des Klettergerüstes waren einbetoniert. Aber man konnte sowieso nicht darauf herumklettern, denn es war mit einem hohen Maschendrahtzaun umgeben. Das Tor war mit einem Vorhängeschloß verschlossen. Ich nehme an, das entsprach irgendwelchen Sicherheitsvorschriften. Die Feuerstelle am Kamin war ja auch abgedeckt worden.

Als wir wieder ins Haus kamen, wartete die Frau schon ungeduldig, als wären wir zu lange über die betonierten Wege spaziert. »Die Oberin wird Sie jetzt empfangen«, sagte sie und führte uns zu deren Büro in einem anderen Trakt des Hauses.
Die Oberin thronte wie ein Oberlehrer hinter ihrem Schreibtisch. Uns dreien wurden Stühle auf der anderen Seite ihres Schreibtisches angeboten. Ha blieb an der Tür.
»Ist schon gut, Robert, mein Lieber«, sagte die Oberin. »Du kannst ruhig mit deiner neuen Familie hereinkommen.« Ha kam zögernd ein paar Schritte näher. »Ich nenne ihn einfach Robert«, sagte die Heimleiterin zu Patti. »Ich hielt es für besser, ihm einen etwas natürlicher klingenden Namen zu geben. Aber Sie können das natürlich halten wie Sie wollen.«
Uns wurde starker, bitterer Tee serviert, auf jeder Untertasse lagen zwei trockene Kekse. Der kleine Junge bekam nichts.
Es war keine gemütliche Teestunde, eher so etwas wie der Austausch von unvermeidlichen Förmlichkeiten.
Die Oberin schob Tony ein paar Papiere zu: »Das ist seine Registriernummer beim Innenministerium, das sein Gesundheitspaß. Er hat alle notwendigen Impfungen bekommen, Polio, Diphterie. Das ist hier alles verzeichnet, von Anfang an. Ich hoffe, Sie haben es schon bei den örtlichen Behörden gemeldet, daß Sie ein Pflegekind aufnehmen wollen. Es muß vierzehn Tage vorher erfolgt sein, so lautet die gesetzliche Vorschrift . . .« Und so leierte sie weiter. Es schien nicht das mindeste mit mir oder mit dem kleinen Jungen, der sich an der Tür herumdrückte, zu tun zu haben. Ich fing seinen Blick auf und zwinkerte ihm zu, aber er guckte weg, auf den gebohnerten Fußboden. Ich zog eine Grimasse. Das gefiel ihm. Auf seinem Gesicht erschien der Anflug eines Lächelns, aber dann drehte er sich um und starrte aus dem Fenster.
»Falls er eine Narkose brauchen sollte, müßten Sie sich an mich wenden, damit ich die Einwilligung unterschreiben kann«, sagte die Oberin.
»Meine Güte«, sagte Patti ärgerlich, »und was ist, wenn er mitten in der Nacht operiert werden muß? Müssen wir dann auch bis hierherfahren, um Ihre Unterschrift zu holen?«

»So sind nun einmal die gesetzlichen Vorschriften, die zum Schutz der Kinder erlassen worden sind«, sagte die Heimleiterin kühl. »Falls die Einwilligung zur Narkose nach meinem Ausscheiden benötigt werden sollte, können Sie sich an meine Stellvertreterin wenden, die ebenfalls unterschriftsberechtigt ist. Oder natürlich auch an meine Nachfolgerin.«
Der kleine Junge wickelte sich in die langen Vorhänge und starrte in den dunklen Garten.
»Unterschreiben Sie bitte hier? Ja, Sie beide. Das ist die übliche Formalität. Das hat keinerlei Einfluß auf die Abmachungen, die Sie mit der zuständigen Sozialarbeiterin in Ihrem Bezirk getroffen haben.«
Sobald sie unterschrieben hatten, stand die Heimleiterin auf und schüttelte den beiden über den Schreibtisch hinweg die Hände. »Auf Wiedersehen«, sagte sie, ohne zu lächeln. »Wir werden uns mit Sicherheit noch einmal beim Gerichtstermin sehen. Wenn alles gutgeht.« Sie hätte ebensogut ein Auto übergeben können.
Wir gingen mit der anderen Frau, um Has Sachen zu holen. In jedem Flur gab es schwere Feuerschutztüren, deren schmale Fenstereinsätze so hoch angebracht waren, daß man nicht hindurchgucken konnte. Irgend jemand mußte panische Angst vor Feuer haben.
In den Schlafräumen standen die Betten in einer Reihe an der Wand entlang. Sie waren alle mit den gleichen Baumwolldecken bezogen und keine davon hatte auch nur eine Falte. Weder Spielzeug noch Bücher verrieten, welches Kind in welchem Bett schlief. Aber der Kleine schlidderte zielstrebig über den blankpolierten Boden auf ein ganz bestimmtes Bett zu. Darunter hatte er ein winziges Stückchen Seife und einen halben Keks versteckt. Beides stopfte er in seine Hosentasche.
Patti half der Frau, Has Sachen in eine Reisetasche zu packen. Plötzlich griff der Kleine nach meiner Hand und zog mich zu einem Schrank im Korridor. Er sagte nichts, zeigte nur, wo ich hingucken sollte. Ganz unten lagen ein Tannenzapfen, ein kaputtes Spielzeugauto und zwei zerfledderte Comic-Hefte, ein »Commando« und ein »Warlord«. Das »Commando« war zusammen-

gerollt, doch das Titelbild vom »Warlord« war deutlich zu erkennen: Ein Infanteriesoldat mit stechenden Augen und kräftig behaarten Armen, die zu einer aggressiven Geste ausholten, sprang einem ins Gesicht. »Mir nach, Bud!« stand in der Sprechblase über seinen grimmigen Lippen. Aus dem Buschwerk um ihn herum hämmerte es mit spitzen Buchstaben »Zack! Zack!«

Ich ließ die Comics liegen und griff nach dem Spielzeugauto. Es sah genauso aus wie ein kleiner Laster, den ich früher gehabt hatte. Ich nahm es hoch, um nach der Marke zu gucken. »Toll«, sagte ich, »tatsächlich ein Alvis Stewart. So einen hatte ich auch mal. Schade, daß die Räder kaputt sind.« Zerkratzt war es auch. Ich dachte, daß er die Sachen mitnehmen wollte. Aber sobald ich sie angesehen hatte, schob er sie nach ganz hinten in den Schrank und schloß die Tür.

»Willst du das denn nicht mitnehmen?« Warum wollte er die Sachen dalassen?

Eine Glocke ertönte. Meine Magenschmerzen waren zwar vorbei, aber im Grunde fühlte ich mich noch miserabler als vorher. Es muß schrecklich sein, den ganzen Tag lang von den Frauen und von dieser Glocke herumkommandiert zu werden. Wir mußten den kleinen Jungen da herausholen und zu uns nach Hause nehmen. Und doch hatte ich Angst, ihn bloß zu berühren, weil ihn das vielleicht erschrecken mochte. Ich wollte seine Sachen tragen. Aber er riß mir gleich die Tasche aus der Hand und gab sie der Heimangestellten zu tragen.

Tony legte seine Hand sachte aber eindringlich auf meine Schulter. »Laß ihm Zeit, Simon«, sagte er ruhig, »laß ihn entscheiden.«

Als wir ins Auto stiegen, rutschte der kleine Junge zu mir auf die Rückbank und setzte sich auf meine Knie. Ich kann mich nicht daran erinnern, jemals einen Jungen auf dem Schoß gehabt zu haben. Er lächelte, dann steckte er zwei Finger in die klaffende Zahnlücke in seinem Mund, ließ den Kopf an meine Schulter fallen und schlief ein.

Ich glaube nicht, daß ich besonders attraktiv bin. Meine Nase ist zu groß, meine Haut zu bleich, und hinter den Brillengläsern wirken meine Augen glubschig. Aber dieser kleine Bursche war

ohne Zweifel trotz fehlender Zähne und spindeldürrer Beine ein wunderhübsches Kind.
Patti drehte sich um und sah den schlafenden Ha auf meinem Schoß. Sie lächelte mir aufmunternd zu. So gefiel ich ihr. Und mir gefiel Ha. Ich fühlte mich wie neugeboren. Ich hatte einen kleinen Bruder, der mich liebte. Ich spürte, daß auch ich ihn würde lieben können, wenn ich es nur ernsthaft wollte.
Auf dem Nachhauseweg war es dunkel, so daß ich nicht aus dem Fenster sehen konnte. Aber mit dem schlummernden Jungen auf dem Schoß kam mir die Rückfahrt sehr kurz vor. Ich war ganz zufrieden mit dieser kleinen Last. Es war wirklich überhaupt kein Problem. Von wegen schwierig, Miss Spaark!

Ich ging früh zu Bett, weil ich am nächsten Morgen zur Schule mußte.
Ich sagte Patti gute Nacht, als sie die Treppe herunterkam. Sie hatte ihn gerade ins Bett gebracht.
»Ich mag ihn wirklich, Patti«, sagte ich. »Schön, daß er hier ist.«
»Ja, Simon. Gute Nacht.« Offensichtlich hatte sie keine Lust auf ein längeres Gespräch. Sie gab mir einen Kuß, aber hielt sich dabei im Schatten der Lampe, so daß ich ihr Gesicht nicht sehen konnte. Ihre Wange war ganz naß.
Ich ging ins Wohnzimmer und gab Tony einen Gutenachtkuß.
»Heute war ein ziemlich aufregender Tag«, sagte er lächelnd. »Und vergiß nicht, Simon«, fügte er hinzu, »wir lieben dich nach wie vor.«
Verrückt. Das hatte ich doch nie bezweifelt.

»Gute Nacht, Ha«, sagte ich, sobald ich oben in meinem Bett lag. Ich gab ihm keinen Kuß. Meine Eltern und Großeltern habe ich immer geküßt, aber ich wußte nicht, ob das unter Geschwistern auch üblich war. Deshalb lehnte ich mich nur über die Kante meines Bettes und strich ihm freundlich über seine schwarzen, glatten Haare. Guter Junge.
Ha lag still. Er war hellwach, aber er rührte sich nicht. Wie eine goldhäutige, orientalische Puppe lag er da, das kleine blaue Ka-

ninchen, das Patti ihm ins Bett gelegt hatte, fest im Arm. Es war ganz offensichtlich, daß er sich bei uns wohlfühlte, sich freute, endlich ein schönes Bett, ein richtiges Zuhause – unser Zuhause – und endlich eine Familie zu haben.

»Stimmt's, du bist froh, daß du hier bist?« fragte ich.

Er starrte mich mit seinen braunen Augen an, und es sah fast so aus, als lächelte er.

»Na, gute Nacht, Ha. Ich mache jetzt das Licht aus. Schlaf schön.« Ich knipste den Schalter der kleinen Leselampe an meinem Bett aus.

Vor dem Einschlafen kamen mir Bilder aus dem Kinderheim in den Sinn, Eindrücke, die ich dort gar nicht bewußt wahrgenommen hatte. Ich sah ein vergilbtes Plakat mit einem Kindervers, das mit ein paar Klebestreifen an der Wand befestigt war. Die untere Ecke war abgerissen, so daß Humpty Dumptys Fuß fehlte. Ich sah die Bilderbücher auf dem Sims über dem abgesicherten Kamin, die so hoch standen, daß kein Kind herankommen konnte. Ich sah die drahtverstärkten, gläsernen Lichtdurchlässe an den Feuerschutztüren. Vielleicht erinnerte sich Ha ebenfalls an diese Dinge.

Nachts wachte ich auf. Mir war schlecht, als ob ich seekrank wäre. Der flüssige Teil der Erdoberfläche schwappte hin und her, auf und ab, und ich schaukelte rhythmisch von einer Seite auf die andere. Ich lag in einem kleinen Boot, das hin- und hergestoßen wurde.

Mir war hundeelend. Ich versank unaufhaltsam in einem Meer von Übelkeit und Hoffnungslosigkeit. Doch dann wiegte mich seltsamerweise dieselbe schaukelnde Bewegung, die die Übelkeit verursacht hatte, wieder in eine Art Halbschlaf.

Als ich das nächste Mal aufwachte, hatte die Bewegung aufgehört, im Zimmer war es dunkel. Ich wollte das Licht anknipsen, doch ich fand den Schalter nicht. So blieb ich stocksteif liegen. Mein Herz klopfte bis zum Hals. Ich war naßgeschwitzt und verspürte eine unerklärliche Angst.

Ich träume nie. Jedenfalls nie so, daß ich mich am nächsten Morgen daran erinnere. Aber ich erinnerte mich an etwas, das meine

Großmutter mir einmal gesagt hatte. »Manchmal schmerzt das, was anderen Leuten zugestoßen ist, am allermeisten. Das, wovon man nur gehört hat.« Das hatte ich nicht begreifen können, genausowenig wie ich die seltsamen Gefühle in dieser Nacht begreifen konnte.

Wochentags verläuft unser Frühstück immer zügig und reibungslos. Jeder weiß, was er zu tun hat. Wir stehen uns nicht gegenseitig im Weg, und es wird nie hektisch. Alles ist sinnvoll durchorganisiert: vom Toasten, Teekochen und Anrichten der Haferflokken bis zum Abschneiden der Ecke des Obstsaftkartons. Wir reden nicht viel. Wir hören die Nachrichten im Radio.

Montagmorgen wurde durch den kleinen Kerl alles auf den Kopf gestellt. Er war erstaunlich ungeschickt. Er konnte fast überhaupt nichts alleine machen – weder sich anziehen noch sich waschen. Er stand erst auf, als Patti kam und ihm hochhalf. Er hatte Angst vor der Treppe. Er kam nicht allein hinunter. Patti mußte ihn an der Hand nehmen und ihn führen. Mit der anderen Hand klammerte er sich ans Geländer.

Er wollte nicht allein essen. Patti mußte sich um ihn kümmern, konnte daher nicht den Tisch decken. Sie hob ihn auf den Stuhl und stellte ihm ein Schüsselchen mit Haferflocken hin. Er guckte es sich interessiert an, schien damit aber nichts anfangen zu können. Sie setzte sich neben ihn und zeigte ihm, wie er essen sollte. Sie füllte einen Löffel voll Haferflocken und drückte ihm den in die Hand, damit er ihn selbst in den Mund stecken sollte. Ungeschickt griff er nach dem Löffel. Er bekam ihn nicht zum Mund. Die aufgeweichten Haferflocken kleckerten auf den Boden. Die Katze kam und schnupperte unter dem Tisch herum. Eigentlich mag sie Haferflocken, aber an dem Tag rührte sie nichts an.

Nach der halben Schüssel mochte Ha nicht mehr selber essen, und Patti mußte ihn füttern. Er öffnete sein rosiges Mündchen wie ein Drosselküken im Nest, das auf Würmer wartet. Dann machte Tony Spiegeleier mit Speck.

»Warmes Frühstück?« fragte ich erfreut. Das gibt's bei uns nur an Feiertagen.

»Ha muß ein bißchen zulegen. Er braucht kräftige, eiweißhaltige Kost«, sagte Patti.
»Prima, kann ich die auch kriegen?«
Auch den Toast konnte Ha nicht allein durchschneiden, geschweige denn, mit Butter und Marmelade beschmieren. Patti mußte ihm alles machen, bis Tony in ziemlich scharfem Ton sagte: »Jetzt reicht's aber, Liebling, du mußt auch frühstücken. Dein Tee wird kalt.« Und sie tauschten die Plätze, so daß Patti ihre Haferflocken essen konnte, während Tony Ha kleine Häppchen Toastbrot in den Mund steckte.
»Man muß ihn einfach ein bißchen mehr anspornen«, meinte Tony, »und ihm nicht jeden Handgriff abnehmen.« Er goß Milch in einen Becher und hielt ihn Ha hin. »Na los, Ha, alter Knabe, hier hast du was zu trinken.«
Ha warf einen Blick auf den Becher. Er wußte offenbar nicht, wie er ihn hochheben sollte. Stattdessen beugte er sich vor und schlürfte die Milch aus dem randvollen Becher. Und Tony meinte, man brauchte ihn bloß anzuspornen!
»Siehst du, Liebling«, sagte Patti, »ich hab's doch gesagt! Wir müssen ihm schon helfen!«
»Hört bloß auf, euch zu streiten«, sagte ich. »Das versteht er erst recht nicht. Meckern hilft auch nicht weiter.«
Wenn sie sich gegenseitig anschrieen, würde er sich bei uns trotz seiner schrecklichen Heimerfahrungen nicht eingewöhnen oder wohlfühlen können.
Ich sauste los zur Schule. Die Verzögerungen beim Frühstück hatten mich zehn Minuten gekostet. Ich hatte immerhin einen drei Kilometer langen Fußweg vor mir.
Ich kam gerade noch rechtzeitig zur täglichen Morgenversammlung. Aber als ich danach aus der Aula kam, wurde mir eine Verwarnung verpaßt, weil ich kein Abzeichen am Jackett trug. Ich hatte zwar die zerfetzten Reste abgemacht, aber vergessen, Geld für ein neues mitzubringen. Der alte Unwin, der Verwarnungen austeilt als wären es Smarties, ist stocktaub. Deshalb sparte ich mir die Mühe, ihm die Sache mit dem Überfall zu erklären.
Ich erzählte auch nichts von Ha. Das würde sowieso niemanden

interessieren. Es ist eine riesige, anonyme Schule. Die Lehrer haben überhaupt keine Zeit, sich die Gesichter der einzelnen Schüler einzuprägen, geschweige denn, sich darum zu kümmern, was sie außerhalb des Unterrichts beschäftigt.

Die Grundschulzeiten, wo jede Einzelheit des Familienlebens zur wichtigen Nachricht für die ganze Klasse wurde, waren vorbei: »Justins Mutter hat heute ein Baby bekommen, nicht wahr, Justin?« Und dann nickte Justin und kletterte auf seinen Stuhl, damit wir alle Beifall klatschen konnten, obwohl den ja viel eher seine Mutter verdient hätte. Dann wurde die Neuigkeit an die Kindernachrichtentafel geschrieben: »Heute hat Justin einen Bruder bekommen.« Das wiederum veranlaßte Miss Golden, über unseren Klassenhamster zu sprechen, warum der allein keine Babys bekommen könnte.

Wie hatte ich Justin damals beneidet. Sein Ruhm währte den ganzen Tag über, denn nach Schulschluß wurde er nicht wie sonst von seiner dickbäuchigen Mutter, sondern von einem älteren Bruder mit dem Moped abgeholt.

Während des Unterrichts dachte ich immer wieder daran, daß Ha zu Hause war und daß nur ich davon wußte. Der Gedanke an ihn löste in mir eine seltsame Heiterkeit aus, die ich bis in die Magengrube hinein spürte. Ich hätte am liebsten allen Leuten, ganz besonders Winston aus der Oberstufe, der auch adoptiert war, von Ha erzählt. Aber ich hatte das Gefühl, daß der Zauber vorbei sein würde, sobald ich das täte.

Nach der Schule rannte ich fast den ganzen Weg nach Hause. Bio, Mathe und Latein holperten in meinem Ranzen und schlugen mir gegen den Rücken. Ich raste durch die Obstgärten, aber nicht vor Angst, sondern weil ich so schnell wie möglich zu Hause sein wollte.

Jungen in meinem Alter mögen ihre Eltern nicht – wird jedenfalls gemeinhin angenommen. Angeblich spüren sie mit Verdruß die Abhängigkeit von ihren Müttern und lehnen ihre Väter als lästige Konkurrenten ab. Bei uns war das nicht so. Ich hing an Patti und Tony, genau wie sie an mir. Wir drei vertrauten einander. Aber dieses neue Gefühl für Ha war ganz anders.

Es war verrückt. Ich kannte ihn noch nicht einmal einen Tag lang, es sei denn, man rechnete ab Freitag, als ich zum erstenmal von seiner Existenz gehört hatte. Aber auch dann wären es nur drei Tage. Nach dieser kurzen Zeit war ich mir schon ganz sicher, daß ich ihm irgendwie helfen könnte. Ich verspürte einen starken Drang, ihn zu beschützen und zu behüten, so, wie kleine Kinder das eben brauchen. Solange, bis er genügend Selbstbewußtsein und Selbständigkeit entwickelt haben würde.
Er hockte zusammengekauert in einem Sessel, lutschte an den beiden Fingern, die er durch die Zahnlücke gesteckt hatte, und drückte ein kleines Kissen wie ein Kuscheltier an sich.
»Tag, Ha.« Er sah auf, warf mir einen schnellen Blick zu, der vielleicht sogar ein Grinsen war. Ich betrachtete dies als Bestätigung. Hallo, kleiner Bruder, der große Bruder ist nach Hause gekommen. Wenn ich etwas sorgfältiger geguckt hätte, wäre mir aufgefallen, daß es weder Grinsen noch Bestätigung war, was in seinem Gesicht stand. Es war eine Mischung aus Schrecken und Zorn.
Patti war in der Küche. Sie brauchte keine Hefte zu korrigieren, denn sie war ja nicht mehr in der Schule. Sie bereitete das Abendessen vor, aber recht halbherzig, wie mir schien.
Sie machte mir ein Honigbrot, aber ich ging nicht gleich nach oben, um mir Bio, Mathe und Latein vorzunehmen. Ich setzte mich zu Ha vor den Fernseher. Dort wurde gerade berichtet, wie während des Zweiten Weltkrieges ein heimwehkrankes Sikh-Regiment im Spielkasino von Brighton einquartiert wurde. Ob Ha verstand, worum es in dieser Dokumentation ging? Ich beobachtete ihn verstohlen von der Seite. Sein hübsches Gesicht war der Mattscheibe zugewandt, enorm konzentriert. Seine Augen reflektierten das flimmernde Licht. Er schien von dem Apparat genauso gefesselt zu sein, wie ich es in dem Alter war. Auf eine Art würde er bestimmt so werden wie wir, da war ich mir ganz sicher. Natürlich nicht äußerlich, aber er würde ein ruhiger, nachdenklicher Mensch werden. Aber weil er überhaupt nicht sprach, war es schwierig zu wissen, worüber er nachdachte. Der Film war zu Ende. Es folgte ein amerikanischer Zeichentrickfilm.

»Das war interessant, nicht wahr?« sagte ich.
Er nickte begeistert. »Vielleicht können wir ja mal nach Brighton fahren.« Ich schnappte meine Schultasche. »Jetzt muß ich nach oben und meine Schularbeiten machen, Ha.« Ich glaube, ich habe sehr laut gesprochen, beinahe geschrieen, so wie Patti immer mit Großmutter schreit, wenn sie ganz sicher sein will, daß die sie auch hört. »Ich komme bald wieder runter.« Erstmal ging ich in die Küche und holte mir noch ein Honigbrot.
»Noch eins?« fragte Patti. »Dann ißt du ja nachher nichts mehr.«
»Ich brauche Honig«, sagte ich, »zum Denken. Glucose wird gleich am Anfang des Verdauungskanals verdaut, also noch bevor sie den Darm erreicht, wird dann innerhalb von nur zwei Mikrosekunden durch den Blutkreislauf in alle Teile des Körpers inklusive des Gehirns befördert und stellt somit meine volle intellektuelle Arbeitsfähigkeit her.«
»So, so. Geht's Ha gut?«
»Er guckt Micky Maus.«
»Schön, daß er sich einzugewöhnen scheint, nicht wahr? Aber ich glaube, daß ihm die ganze Aufregung ziemlich zugesetzt hat. Er ist so ungewöhnlich still.«
Meiner Ansicht nach war das noch untertrieben. Soweit ich das beurteilen konnte, war er nicht nur ungewöhnlich still, sondern seit seiner Ankunft total schweigsam gewesen.
»Warum spricht er nicht? Es wird schwierig mit der Verständigung werden, wenn einer in der Familie nicht spricht.«
»Das ist schwierig, ich weiß, mein Schatz. Miss Spaark wird sich darum kümmern. Bis dahin werden wir schon zurechtkommen, mach dir keine Sorgen.«
»Liegt das daran, daß er Chinese ist?«
»Er ist kein Chinese, er ist einer von uns.«
»Und warum spricht er dann nicht vernünftig?«
»Er leidet unter einem schweren Trauma.«
»Was ist denn das?«
»Eine Menge Erlebnisse haben ihn sehr unglücklich gemacht.«
Ich konnte nicht verstehen, warum er immer noch unglücklich sein mußte, wo er doch jetzt bei uns war. Ich an seiner Stelle

würde denken, daß das neue Zuhause bei uns überhaupt das Beste war, was einem passieren konnte. Vielleicht würde er ja schnell begreifen, daß er hier wirklich gut aufgehoben war.
»Die meisten Heimkinder sind so. Das einzelne Kind bekommt nicht genügend Aufmerksamkeit. Sie fühlen sich nie geliebt. Deshalb können sie sich nicht richtig entwickeln.«
»Aber das wird sich doch jetzt ändern, oder?«
»Ja, vor allem, wenn er erstmal in die Schule geht.«
»Tony sagt, wir sollen ihm Zeit lassen. Vielleicht ist es noch zu früh für die Schule?« Ich konnte mich sehr gut daran erinnern, was für eine Angst ich hatte, als ich aus der Eingangsstufe in die Grundschule kam. Ich war bestimmt schon acht und weinte immer noch.
»Meinst du, er kann das schaffen? Wie alt ist er denn?«
Sie antwortete nicht, fragte nur, ob ich noch eine Tasse Tee haben wollte, bevor ich hochging, und widmete sich dann wieder dem Zerkleinern einer Zwiebel, die sie für eine der diversen Varianten der Zubereitung von Cordon bleu brauchte. Es gibt acht verschiedene Arten, eine Zwiebel kleinzuschneiden, hatte sie mir einmal erklärt: für Hühnerauflauf zum Beispiel schält man sie nur und läßt sie am Stück; für Salat schneidet man sie in dünne Scheiben und fürs Frittieren in Ringe. Die Zwiebel, die sie sich gerade vornahm, schnitt sie für ihr Cordon bleu in hauchdünne Scheiben. Das Großartige an Patti ist, daß sie, auch wenn es nichts mit ihrer Arbeit zu tun hat, immer wieder neue Techniken ausprobiert und dazulernt.
»Ungefähr sieben, nehme ich an«, meinte sie ausweichend. Sie schüttete die Zwiebelscheibchen in die Pfanne mit der brutzelnden Butter.
»Ungefähr? Das ist aber komisch.«
»Wir wissen es nicht so genau. Wir haben noch nicht alle seine Papiere. Deshalb wissen wir nicht besonders viel über ihn.« Es schien mir aber sehr ungewöhnlich, daß meine sonst so umsichtigen Eltern jemanden adoptieren wollten, von dem sie kaum etwas wußten.
»Niemand hat ein ungefähres Alter«, sagte ich. »Höchstens,

wenn man so alt wird wie Oma. Oder aber die Leute tun so, als hätten sie's vergessen. Sind nicht die Geburtsdaten von allen Leuten bei einer Regierungsbehörde gespeichert, irgendwo in Somerset?«

»Nicht in Somerset, im Somerset House in London. Aber die von Ha nicht. Möchtest du noch ein Honigbrot? Und dann mach dich mal an deine Hausaufgaben, sonst wirst du vor dem Essen nicht mehr fertig.« Sie machte sich jetzt mit der gleichen Fingerfertigkeit an das Zerschneiden der Pilze.

»Sie müssen aber dort sein, wie die von allen Leuten. Das hast du jedenfalls gesagt, als Großvater starb.«

»Ja, von jedem, der hier geboren wurde. Aber Ha ist nicht hier geboren. Er wurde in einem Krieg geboren.«

Das sagte sie, als wäre es das Normalste der Welt. Im Krieg geboren. Im Krieg. Im Krieg im Krieg im KriegKriegKrieg im KriegKriegKrieg. Das Wort hallte wie ein Echo durch die Küche, brach sich an der Neonleuchte und dröhnte in meinen Ohren, als fiele ich durch den Weltraum.

Ich riß mich zusammen.

»Ich sagte, du mußt dich jetzt aber wirklich an deine Hausaufgaben machen, Simon.«

»In welchem Krieg? Warum habt ihr mir nichts davon gesagt?«

»Weil es nicht wichtig ist.«

Jetzt nahm sie nach der gleichen grausamen Hack- und Schlachtmethode, mit der sie schon die Zwiebeln traktiert hatte, einen Haufen Karotten unters Messer. Nicht wichtig? Wie kam sie denn darauf? Krieg ist ungeheuer wichtig. Das weiß doch jeder.

»Na, jedenfalls hast du nicht danach gefragt.«

Das stimmte. Da hatte sie recht. Ich hatte überhaupt nicht daran gedacht, zu fragen. Ich war mit meiner neuen Rolle als großer Bruder so beschäftigt gewesen, daß ich mir überhaupt keine Gedanken über seine Herkunft gemacht hatte.

»Weiß er es denn? Und in welchem Krieg war das?«

Sie erklärte es mir in knappen, sinnlos klingenden Sätzen. Ein Bürgerkrieg. Ein komplizierter, schmutziger Krieg, der sich lange hinzog. In einem kleinen schmalen Land. In Südostasien. Erst gegen die Chinesen, dann gegen die Japaner, die Franzosen und schließlich gegen die Amerikaner.

»Warum?« fragte ich.

Aber sie sagte nichts. Vielleicht wußte sie es nicht.

»Und was war mit uns?«

»Es betraf hauptsächlich die Amerikaner«, sagte sie. »Wir waren nie richtig daran beteiligt, bis auf die Hilfe, die wir geschickt haben.«

Armer Ha. Er hatte Dinge erlebt, die ich mir noch nicht einmal vorstellen konnte. Er hatte in seinem kurzen Leben immerhin wirklich gelebt, während ich lediglich meinen Kopf mit Zeichnungen des Verdauungstraktes, chemischen Formeln für Gase und Verbkonjugationen einer toten Sprache vollgestopft hatte. Jeder hatte seinen Krieg gehabt, nur ich nicht. Und alle Kriege mündeten in ein prächtiges Ganzes. Da gab es Großvaters Krieg, der alle Kriege beenden sollte, als sie sich Streifen aus Khakistoff um die Beine wickelten; und den Krieg des Schulleiters, als er nachts im Pyjama in Andersons Bunker laufen mußte; und den Trojanischen Krieg; und den Rosenkrieg. Sogar Patti hatte ihren Krieg, sie wurde am Tag ihrer Geburt nach Devon evakuiert. Aber durch Ha konnte auch ich mich im Glanze der Geschichte baden. Die zärtliche Zuneigung, die ich bis dahin für Ha empfunden hatte, wandelte sich jetzt in eine totale Verbundenheit. Er war mein eigenes Kriegswaisenkind! Für ihn würde ich alles tun, was in meinen Kräften stand. Ich würde ihm mein ganzes Leben lang zu Diensten sein.

»Weiß er das?«

»Was denn?«

»Na, das mit dem Krieg.«

»Er war sehr jung und hat lange Zeit im Kastanienheim gelebt.«

»Er sollte es aber wissen.«

»Vielleicht später. Wenn er soweit ist. Er war ja noch sehr klein.«

Miss Spaark kam uns besuchen. Ich ging ihr aus dem Weg. Sie brauchte mein Zimmer nicht ein zweites Mal zu inspizieren. Ich wußte, daß sie nur kam, um sich an den Schwierigkeiten eines

pubertierenden Knaben zu weiden. Sie würde enttäuscht sein. Nichts war für mich je erfrischender gewesen als Ha.
Als ich ihr Begrüßungsgekreische aus der Küche hörte, machte ich, daß ich wegkam. Ich ging in die Stadtbücherei. Die Abteilung, die ich aufsuchte, war vollgestopft mit Büchern. Den Titeln der Bücher konnte ich entnehmen, daß ich hier finden würde, was ich suchte: »Als Augenzeuge in Ostasien«, »Nicht nur mit dem Gewehr«, »Die ungehörten Stimmen«, »So war es im Guerillakrieg – ein authentischer Bericht«, »Das flammende Herz – Siebzehn Monate Einsatz im bittersten Krieg aller Zeiten: Fünf tapfere Männer lebten, kämpften und starben gemeinsam«.
Das beste Buch hieß »Dschungelkrieg – Eine Darstellung des Südostasienkonfliktes 1954–1975«. Ich blätterte in dem Buch. Hier, in einem einzigen Band, stand alles, was ich brauchte, um Ha all das beibringen zu können, was er wissen mußte. Es war ein dickes, auf Glanzpapier gedrucktes Buch mit vielen Karten, graphischen Darstellungen, Statistiken und Bildern über Taktiken, Truppen und Waffen. Es gab Fotos von Flammenwerfern in Aktion, von schweren Geschützen, aus deren Trommeln blitzende Funken leckten, von Sturmgewehren, Panzern und Flugzeugen – die ganze funkelnde Technologie des modernen Krieges war abgebildet.
Einige Begriffe würde ich erst entschlüsseln müssen: M-16, M-14, SKS und M-48, 60-mm, 130-mm, C-119 und C-53 waren Ausdrücke einer fremden Sprache. Was war der Unterschied zwischen CH-47 und B-52, zwischen LZ und DMZ? Die guten Flugeigenschaften der Bell AH-1 Cobra wurden hervorgehoben, aber wie waren sie im Vergleich zu der UH-1 auf der nächsten Seite? Wer oder was waren ASSID, NID, CIDG oder MACV? Aber dafür hatte ich ja meine Schulbildung. Das Buch brauchte nur entschlüsselt zu werden, dann würde es seine Informationen preisgeben. Ich würde übersetzen, und Has Leben würde durchsichtiger sein. Das war so klar und eindeutig wie eine chemische Formel. Die Bedeutung stand bereits da. Ich brauchte nur eine Weile daran zu arbeiten, und alle Antworten würden vor mir liegen.

Ich ordnete die anderen Bücher wieder ins Regal und beeilte mich, den »Dschungelkrieg« zum Ausleihpult zu bringen, bevor irgend jemand anders auf die Idee kam, sich dieses Buch ausleihen zu wollen.
Die Frau vor mir hatte einen Stapel von sechs dicken Liebesromanen, deren Ecken vom vielen Gebrauch schon ganz abgenützt waren. Während ich wartete, blätterte ich durch mein Buch. Da wurde eine ganz andere Welt gezeigt. Mir war klar, daß einige der Bilder ziemlich schockierend waren. Nackte Kinder rannten mit brennender Haut die Straße entlang und schrieen – natürlich unhörbar, denn Bilder können nicht sprechen. Lächelnde Kinder standen vor einem umgekippten Panzer. Menschen aßen Reis aus Schälchen, sie schrien nicht, sie lächelten nicht, sie aßen bloß. Verwundete Soldaten und brennende Häuser. Ein Pilot, der mit seinem Fallschirm in einem Baum hängengeblieben war und kopfüber mitten im Urwald hing. Und ein Mann, dem eine schußbereite Pistole an den Kopf gehalten wurde – er verdrehte die Augen, als warte er wie beim Feuerwerk auf den Knall.
Ich überlegte, ob die schockierende Wirkung beabsichtigt war, damit man möglichst schnell weiterblätterte, so wie bei Abbildungen von Geschlechtsakten in allen möglichen Verrenkungen. Aber mich schockierten sie nicht. Sie faszinierten mich. Es war ein Teil der Geschichte. Diese Dinge mußten wirklich geschehen sein. Da mußte jemand mit der Kamera dabeigewesen sein. Wenn das passiert ist, müssen wir es alle wissen. Trotzdem würde ich Ha die ganz grausamen Bilder erst zeigen, wenn er genügend darauf vorbereitet sein würde.
Es war Has Krieg, denn die Leute auf den Bildern sahen genauso aus wie er. Hohe flache Wangen, glattes schwarzes Haar mit leichtem Glanz. Aufgrund dieser Bilder war es leicht festzustellen, daß Ha kein Chinese war. Er war einer von denen auf den Bildern, geboren in einem wirklichen Krieg.
Dann kam ich an die Reihe. Es warteten so viele Leute in der Schlange, daß die Bibliothekarin die Bücher automatisch, ohne die Bücher oder die Ausleihenden anzusehen, stempelte. Sie drückte den Datumsstempel so schnell in »Dschungelkrieg« wie

vorher in die Liebesromane, dann schlug sie das Buch mit einem lustlosen Schnaufen zu und griff so schnell nach dem nächsten Buch, daß sie mit der Hand, in der sie den Stempel hielt, in »Dschungelkrieg« hängenblieb und das Buch aufschlug. Auf der offenen Seite waren fünf Menschen abgebildet, die so aussahen, als wären sie bei lebendigem Leib verbrannt. Ich las die auf dem Kopf stehende Bildunterschrift: »Die meisten der Opfer waren Bauern«. Das Foto zeigte verkohlte Leichen, zwei große und drei kleine, die zwecks Identifikation ordentlich aufgereiht worden waren. Aber eigentlich sahen sie wie Waren aus, die an einem Marktstand zum Verkauf feilgeboten wurden. Ihre Köpfe waren nach hinten gedreht, als schnappten sie nach Luft. Noch vor dem Verbrennen erstickt. Ihre Augen liefen nicht mehr spitz wie asiatische Oliven zu, sondern waren tiefe Höhlen, mit denen sie noch einmal einen letzten Blick auf die Welt geworfen hatten, bevor sie sich dem Tod durchs Feuer und der ewigen Dunkelheit unterwarfen. Fünf tote Menschen. Ich reckte den Hals.
Auch die Bibliothekarin war von dem schrecklichen Bild gebannt und starrte es eine ganze Weile an. Dann knallte sie das Buch heftig zu, was die respektvolle Stille in der Bücherei wie ein Schuß zerschnitt. Sie schob das Buch an die Seite.
»Einen kleinen Moment bitte«, sagte sie. Sie wühlte in der Benutzerkartei, bis sie meine Karte fand. Sie hatte eine andere Farbe als die übrigen. »Das ist doch ein Kinderausweis. Warte bitte einen Moment.« Sie verschwand mit dem Buch und meiner Karte in einem der Büroräume und ließ die anstehenden Leute warten. Ich konnte durch die Tür sehen, wie sie mit jemandem sprach.
Als sie lächelnd zurückkam, hatte sie das Buch nicht mehr dabei. Sie gab mir meine grüne Karte.
»Tut mir leid, da ist etwas schiefgegangen. Das Buch gehört eigentlich ins Lager.«
»Wie bitte?«
»In die Lagerabteilung.«
»Kann ich es vorbestellen?«
»Nein, leider nicht. Es wird nicht ausgeliehen. Es gehört zu einer besonderen Abteilung.«

»Ich hab's aber aus dem Regal da drüben.«
»Ja, ich weiß. Aber es gibt bestimmte Bücher, die du mit deiner Kinderkarte nicht ausleihen darfst. Das ist zu deinem eigenen Schutz.« Sie hatte eine laute, durchdringende Stimme. Alle konnten hören, daß sie meine Lektüre zensierte. Ich wollte schreien, sie anbrüllen.
»Ich wollte das Buch für jemanden zu Hause ausleihen«, sagte ich sehr leise.
»Dann muß derjenige es sich selbst holen. Wenn er einen Benutzerausweis für Erwachsene hat. Der ist blau.« Sie deutete gewissenhaft auf einen Stapel blauer Karten. Als ob ich zu blöd wäre, blaue von grünen Karten zu unterscheiden.
Der Mann hinter mir fing an, ungeduldig zu drängeln. Die Bibliothekarin griff nach seinen Büchern. Er hatte zwei Comics und eine Biographie von Nelson.
»Tut mir wirklich leid«, sagte die Bibliothekarin zu mir, während sie die Bücher des Mannes abstempelte, »du mußt das schon verstehen. Einige Bücher sind nicht so gut, weißt du.«
Ich wußte es. Schmutzige Bücher, blaue Bücher. Alles, was wir nicht erfahren sollten. Sie dachte, ich wäre ein Kind. Ich bin ein Kind. Aber kein unschuldiges Kind.
Meine Größe hatte mich verraten. Ich bin ziemlich kurz geraten. Tony auch. Die Kelten waren klein, die Schotten auch. Wie die Chinesen. Und die Pygmäen. Wenn du klein bist und noch dazu ein Kind, dann wirst du behandelt, als wärst du ein infantiler Trottel.
Unstead aus meiner Klasse ist über einsachtzig. Er kommt in alle Filme. Er kauft Zigaretten, geht in Kneipen, kein Problem. Dabei ist er genauso alt wie ich. Ich wette, Unstead hätte »Dschungelkrieg« ausleihen dürfen.
Ich blieb stehen. Als sie merkte, daß ich keine Anstalten machte zu gehen, rief sie nach einer jungen Bibliothekarin. »Unsere Kinderbücherei ist sehr gut. Bestimmt wird Janet dir helfen können, etwas Passendes für dich zu finden.«
Die Frau führte mich durch den Saal, fast an der Hand, als ob ich nicht genau wüßte, wo die Kinderbücherei war. Ich wollte kein

Kinderwissen. Ha hatte keinen Kinderkrieg erlebt, einen besonders für Kinder zensierten Krieg. Er hatte einen wirklichen Krieg erlebt.

»Wofür interessierst du dich denn besonders?« fragte sie.

Für das, was in dem Buch stand, das ich mir ausleihen wollte. Sie war jung und ziemlich pickelig, aber ganz nett. Sie suchte ein paar Bilderbücher heraus, zum Beispiel »Kinder aus anderen Ländern« oder »So leben wir heute« mit Fotos von primitiven Hütten auf Stelzen, die in flache, schlammige Flüsse gebaut worden waren, von buddhistischen Tempeln und von Märkten unter freiem Himmel, wo grellbunte, exotische Früchte auslagen. Aber kein Bild vom Krieg. Was sie mir zeigte, waren nicht die Themen, für die ich mich interessierte, aber wenn ich nichts Besseres fand, mußte ich mich damit begnügen.

»Ist es für ein Referat in der Schule?« fragte sie.

»Nein, das hat mit Schule überhaupt nichts zu tun.«

»Das andere Buch, das du ausgesucht hattest . . . Die Abteilungsleiterin kann ganz schön grantig sein. Aber du kannst das Buch bestimmt im Lesesaal lesen, wenn du willst. Wie hieß es noch gleich?«

»Ich hab's vergessen. Ist auch egal.« Mißmutig nahm ich die beiden Bücher, die sie mir herausgesucht hatte. »Sie sind für einen kleinen Jungen, den ich kenne«, sagte ich. Ich wollte nicht als Dussel dastehen, wenn ich mit zwei Büchern für Siebenjährige aus der Bücherei kam.

Auf dem Nachhauseweg verfolgte mich das Bild von den fünf verbrannten Körpern.

Ha hockte inmitten von bunten Legosteinen auf dem Fußboden. Als ich kleiner war, hatte ich auch damit gespielt und kleine Autos, Lastwagen und Dörfer gebaut.

»Tag, Ha. Ich habe dir was mitgebracht.«

Er starrte mich befremdet, beinahe abschätzend an, was ich mir nicht recht erklären konnte. Ich war doch einfach nur ins Zimmer gekommen.

»Ich habe diese Bücher in der Bücherei extra für dich ausgesucht.« Ich setzte mich in den Sessel, und er lehnte sich an mich, als wollte er auf meinen Schoß krabbeln. Er war schwer, aber ich ließ ihn gewähren. Ich hielt das Buch so, daß er die Bilder sehen konnte, während ich vorlas.

Reis, das Hauptnahrungsmittel der Hälfte der Weltbevölkerung, wächst besonders gut in feuchtem, warmem Klima. Der Mekong, der zehntgrößte Fluß der Welt, ist viertausend Kilometer lang und fließt in das chinesische Meer.

Hörst du zu, Ha? Dort hast du nämlich vor vielen Jahren, als du noch ein Baby warst, gelebt. Und ich zeige dir jetzt, wie es dort aussieht.

Das Delta ist zwar fruchtbar, wird aber häufig vom Meerwasser überspült und eignet sich daher nicht für den Reisanbau. Es sei denn, es würde ein vernünftiges Bewässerungssystem angelegt. Undurchdringliche, dicht mit Mangroven bewachsene Sümpfe bedecken den größten Teil des Deltas, obwohl durch die chemische Kriegsführung in den siebziger Jahren viel von der Vegetation zerstört wurde.

Plötzlich fuhr mir durch den Kopf, daß Ha in einem Krieg geboren wurde, der Mitte der siebziger Jahre zu Ende gewesen war. Wieso war er dann erst sieben Jahre alt? Das war doch unsinnig. War er vielleicht überhaupt kein Kriegskind? Vielleicht hatte Patti sich geirrt?

Bambus ist ein Gras, das größte, das es gibt. Die Sprossen sind dick und fleischig. Jung gepflückt werden sie in vielen Teilen Südostasiens gegessen. Die Menschen, die an den Ufern des Mekongs leben, essen am liebsten Laap, das ist in Streifen geschnittenes Entenfleisch mit vielen Gewürzen, und in einem Korb gedämpften Reis.

Die ganze Zeit über nickte Ha mit dem Kopf, aber ich glaube, das Buch hat ihn nicht sonderlich interessiert. Mich auch nicht. Deshalb las ich ihm nicht mehr die langweiligen Sachinformationen vor, sondern erzählte eine Geschichte zu einem der Bilder. Im Hintergrund war ein Wasserbüffel zu sehen, der von einem Mann mit einem kegelförmigen Strohhut auf dem Kopf durch ein überschwemmtes Feld getrieben wurde. Die Landschaft war grün, in der Ferne waren schemenhaft blau schimmernde Hügel zu erkennen. In meiner Geschichte pflanzte der Mann Reis, aber da ich nicht genau wußte, wie man das macht, ließ ich diesen Teil aus und kam schnell zum Schluß.

»Und dann ging der Bauer mit seinem Büffel nach Hause, und sie lebten glücklich bis an das Ende ihrer Tage. Ende.«

Offensichtlich war es viel schwieriger, Ha über seine Herkunft aufzuklären, als ich mir vorgestellt hatte.

»Na Ha, war das nicht eine schöne Geschichte?« Ich schlug das Buch zu, damit er von meinem Schoß rutschen konnte. Aber er blieb sitzen. Plötzlich, ohne irgendeinen sichtbaren Anlaß, griff er meine Hand, packte den kleinen Finger und bog ihn, so weit er konnte, nach hinten.

Der plötzliche Schmerz ließ knallrote Funken vor meinen Augen tanzen. Has Hand umschloß eisern meinen Finger.

»Laß los!« schrie ich. »Ha, was machst du? Hör auf!« Er zog noch kräftiger, drehte den Finger, so daß ich spürte, wie die Bänder sich dehnten. Es tat so weh, daß ich gar nicht mehr schreien konnte, aber mir stiegen Tränen in die Augen. Plötzlich ließ Ha los, machte sich auf seinen dünnen Beinen davon und hockte sich zwischen die vielen Legosteine.

Ich wußte nicht, was ich sagen sollte. Ich wollte ihn verprügeln, ihn treten, ihm ins Gesicht schlagen, seine Finger so weit zurückbiegen, daß sie ausrenkten. Aber ich konnte es nicht. Irgend etwas hielt mich davon ab, vielleicht die Art, wie er dasaß und teilnahmslos einen Legostein auf den anderen setzte. Ich hatte das merkwürdige Gefühl, daß ihm überhaupt nicht klar war, was er getan hatte.

Ich preßte die Hand zwischen meine Schenkel, um den Schmerz zu dämpfen. »Ha, warum hast du das gemacht? Du dußliger kleiner Kerl«, murmelte ich. »Verstehst du denn nicht, daß ich dir helfen will?«

Er schien mich nicht zu hören. Er fing an, seinen Kopf hin und her zu schwingen, von links nach rechts, von rechts nach links, hin und her, her und hin. Dann nahmen seine Schultern die gleiche Bewegung auf, und schließlich schaukelte sein ganzer Körper wie ein Pendel oder wie eine automatische Puppe hin und her. Das schwachsinnige Mädchen im Kastanienheim hatte auch so auf dem Fußboden gesessen und geschaukelt. Was steckte doch für eine gewalttätige Energie in so einem kleinen Kind! Sein Mund verzog sich zu einem Grinsen, und er krähte in den höchsten Tönen wie ein unheimlicher Nachtvogel. Seine Augen waren weit aufgerissen und wie irr. Wenn ich ihn besser verstanden hätte, dann hätte ich gesehen, daß die blanke Angst in seinem Gesicht stand.

Ich ging nach oben, stülpte mir die Kopfhörer auf und drehte Vivaldi auf volle Lautstärke. Das blies jeden Gedanken aus meinem Kopf.

Die Katze schlief wie ein Lakritzekringel zusammengerollt auf meinem Bett. Sie öffnete ein Auge, blinzelte mich an, und schloß es wieder. Obwohl sie nur ein sterilisiertes Haustier war, strahlte ihre Nähe doch eine beruhigende Wirkung aus. Ich legte mich neben sie und streichelte ihr über den Rücken.

Ich wurde nachts wieder von der Seekrankheit wach. Ich setzte mich auf und guckte auf meine Uhr. Fünf nach drei zeigten die Leuchtziffern. Es war mitten in der Nacht, aber die Etagenbetten schaukelten gefährlich und mit einer beunruhigenden Regelmäßigkeit hin und her.

Es mußte Ha sein. Aber was machte er bloß? Bei jeder Bewegung knarrte das Bett, wie bei meinen Eltern, wenn sie sich lieben. Ob Ha mitten in der Nacht onanierte?

»Ha«, rief ich ihm zu, »hör mal, wichst du gerade oder wie? Bitte, bitte – ich habe ja nichts dagegen! Was du mit dir treibst, ist ganz allein deine Sache. Aber laß mich doch bitte dabei aus dem Spiel.«

Aber er war doch noch viel zu jung. Er konnte doch noch gar nicht wissen, wie das geht. Es war eine heftige Bewegung, viel stärker, als wenn es zwei Erwachsene gewesen wären. Und auch die machen das nicht ununterbrochen.

»Ha, du bist ein Vieh! Hör auf!«

Hamster brauchen nicht länger als dreißig Sekunden. Eine kurze, heftige Anstrengung und dann ist alles vorbei. Weiterschlafen. Große Säugetiere brauchen länger. Löwen paaren sich über mehrere Tage hinweg etwa zweihundertmal, immer wieder. Ich knipste das Licht an und linste über den Rand des Bettes. Er onanierte nicht. Er warf seinen Körper von einer Seite zur anderen, so wie er am Tag auf dem Boden hin- und hergeschaukelt hatte. Aber jetzt lag er in tiefem Schlaf. Ich kletterte hinunter und schüttelte ihn. »Wach auf, Ha! Was machst du denn um Himmels willen?« Er schlug die Augen auf, sah mich an und schlief sofort wieder ein. Das Schaukeln hatte aufgehört. Ich krabbelte wieder in mein Bett und rollte mich zusammen. Doch im nächsten Moment fing das Schaukeln wieder an.

»Ha«, rief ich, »was machst du bloß? Bitte, bitte, hör doch auf. Ich raste sonst aus.« Aber so laut ich auch schrie, er wachte nicht wieder auf und hörte auch nicht auf zu wackeln. Schließlich döste ich trotz der Schaukelei wieder ein.

»Sieh mal einer an! Da ist ja eins von Charlies hübschen kleinen Spielzeugen! Unterm Busch versteckt!«

»Was ist es denn?«

»Eine AK-47 und eine hübsche kleine Runde Munition. Und wo eine AK-47 ist, da ist auch Charlie nicht weit.«

»Und wir haben gedacht, das wäre ein gemütliches, kleines Dorf. Diese hinterlistigen Kanaken.«

»Jede Wette, der ist hier ganz in der Nähe. Und seine Freunde hat er auch dabei.«

»Seit drei Nächten suchen wir ihn schon. Wie kommst du darauf, daß wir ihn gerade jetzt finden?«

»Wir fangen mal mit dem Verhören an. Wir bringen einen von denen zum Quatschen, und dann werden wir schon wissen, wo Charlie steckt.«

Es gibt so viele Arten, einen Menschen zum Sprechen zu bringen. Mit Wasser und mit Feuer, mit Stricken und mit Angst. Ertränken, Aufhängen, Verbrennen. Und immer hörst du sie nach Luft schnappen. Und immer weißt du, daß sie ersticken werden.

»So geht das nicht, Sir. Schließlich gibt's doch die Genfer Konvention.«
»Ich scheiß auf diesen Genfer Mist. Wir sind im Krieg, mein Herzchen.«
»Ist doch dämlich, diese Trottel baumeln zu lassen. Die sagen doch sowieso nichts.«
»O. k. Schneid sie runter.«
Es ist schlimmer, andere schreien zu hören, als selber zu schreien. Aber wenn sie nicht schreien, ist es noch schlimmer.

»Schimo! Schimo!« Ein singender Tonfall vom unteren Bett weckte mich. Er versuchte, meinen Namen zu sagen. »Schimo, Schimo!«
»Prima«, sagte ich. »Aber ich heiße nicht ›Schimo‹, sondern Simon. Kannst du ›Si‹ sagen und dann ›mon‹?«
»Schimo«, wiederholte er immer wieder. Er lag im Bett und sah zu, wie ich mich anzog. Graue Trevirahosen, graues Hemd, gestreifter, grüner Schlips, grauer Pullover mit V-Ausschnitt, graues Jackett mit einem neuen Abzeichen. Ich mag Schuluniformen. Das ist rationeller. Da braucht man morgens nicht so viel nachzudenken. Auf den Fotos der Alten Herren in der Eingangshalle vor der Aula sieht man, daß sie früher sogar noch Mützen trugen. Das ist inzwischen abgeschafft worden. Ob sie wohl immer noch Uniformen tragen würden, wenn Ha in die Oberschule kam? Dann würde auch mein Bild in der Halle hängen. Er könnte es angucken und sich freuen, mich dort zu entdecken.
Als ich fertig war und hinuntergehen wollte, hörte er mit dem Singsang auf und fing an zu wimmern.
»Ist ja gut, Ha. Patti kommt gleich.«
Er mußte jeden Morgen gebadet werden, um den Urin abzuwaschen.
Beim Frühstück erzählte ich, daß er meinen Namen gesagt hatte. »Na, jedenfalls war es fast mein Name.«
Tony glaubte mir nicht, und Patti war noch zu verschlafen, um zu reagieren. Sie saß im Morgenrock am Tisch und fütterte Ha.

»Na los, Ha! Oben hast du es doch auch gesagt. Si-mon. Sag: Simon, Si, Si und dann mon.« Aber so viel ich auch auf ihn einredete, er blieb stumm. Vielleicht wollte er mich ärgern. Er starrte bloß mit seinen fremden, schrägen Augen über den Tisch, seine makellos glatte, braune Gesichtshaut war gespannt.

»Laß gut sein, Simon«, sagte Tony. »Setz ihn nicht unter Druck. Iß jetzt.«

Dann, als ich gerade meine Schüssel und meinen Becher in die Geschirrspülmaschine stellte, rief Ha plötzlich mit seiner singenden, hohen Stimme: »Schimo! Schimo!«

»Siehst du, Tony!« triumphierte ich.

Patti hielt Has Löffel einen Moment lang still in der Luft und lächelte. »Du scheinst ja wirklich gut mit ihm auszukommen, Simon«, sagte sie.

Als ich losgehen wollte, folgte mir Ha bis zur Haustür und rief mir hinterher: »Schimo! Schimo!« Und vor Freude tanzte ich die Straße entlang.

Mein Name war das erste Wort, das er gelernt hatte. Weder Patti noch Tony und auch nicht Dido – so hieß unsere Katze, aber wir nannten sie immer Pussy – sondern mein Name. Meinen Namen sagte er zuerst. Ich vergab ihm das Verrenken meines Fingers. Er war ja noch klein.

Am Nachmittag saß er am Fenster und hielt nach mir Ausschau. Ich sah, daß er wie ein kleiner, aufgeregter Terrier auf- und abhüpfte. Seine Lippen bewegten sich, als ob er meinen Namen rief. Ich öffnete die Tür und schon hörte ich seinen Singsang: »Schimo. Schimo. Schimo.« Es klang wie der Gebetsruf eines Mullas. Mir war klar, daß ich ihm noch mehr Wörter würde beibringen müssen.

Meine Tante war mit Sophie und ihrem neuen Baby zu Besuch gekommen. Sie mußte natürlich Has Ankunft gebührend feiern. Das war auch zu erwarten gewesen, denn Ha war ja jetzt schließlich ihr Neffe. Und Ostern hatten wir bei der Geburt von Ben genauso ein Theater veranstaltet.

Tante Claire hatte Ha einen Karton mit Legosteinen, dazu einen

blauweißgestreiften Pullover und die alte Kinderkarre von Sophie mitgebracht.
»Ich hab ihn bei Marks und Sparks gekauft, Pat. Du kannst ihn umtauschen, wenn er nicht paßt, ich meine natürlich den Pulli und nicht den Wagen. Du hast gesagt, er wäre klein für sein Alter, aber du weißt ja, wie man sich bei den Größen vertun kann. Und die Karre ist leider schon ganz schön hinüber. Wir wollen sie auch nicht wieder zurück haben. Mike hat für Ben schon eine neue gekauft. Naja, der erste Sohn und so . . .«
Claire ist jünger als Patti, sie ist auch hübscher und vor allem wesentlich gesprächiger. Sie sagt immer: »Und wie geht's denn meinem liebsten und besten Neffen?« Das ist ein besonderer Witz von ihr, weil ich bislang ihr einziger Neffe war.
Sie plapperte weiter über die ramponierte Karre. »Ich dachte, nach dem, was du erzählt hast, Patti, wäre sie vielleicht ganz praktisch. Wenn er nicht mehr laufen mag. Mit seinen komischen kleinen Beinchen. Meinst du, das wird mal besser? Kann er nicht eine Physiotherapie bekommen? Wie läuft es sonst? So im großen und ganzen, meine ich? Benehmt ihr Männer euch auch ordentlich? Meine Güte, Pat, du siehst abgespannt aus. Schläfst du auch genug? Ich hoffe, daß Tony dir auch ordentlich hilft und . . .«
Dann wechselte sie plötzlich das Thema und erzählte von Sophies Tanzunterricht.
Sophie ist vier und lispelt ganz schrecklich.
»Tag, ßimon«, sagte sie, den Kopf zur Seite gebeugt. »Wo warßt du? Waß haßt du gemacht? Waß ßönes?« Patti sagt, daß Claire das Lispeln sogar noch unterstützt.
»Hausaufgaben. Für die Schule.«
»Iß daß ßwer?«
»Ja«, sagte ich. Aber dann dachte ich, man sollte ihr besser nicht von vornherein die Schule vergraulen, bevor sie überhaupt damit angefangen hatte. »Ach nein, eigentlich nicht.« Ich war gerade dabei, eine neue Methode zu entwickeln, wie ich die Hausaufgaben noch schneller und rationeller erledigen konnte.
Sophie saß auf dem Boden vor der Schachtel mit den neuen Legosteinen und baute ein kompliziertes Gebilde.

»Daß iß ein Märßenßloß«, sagte sie.
»Was?« fragte ich.
»Für die Märßenkönigin.«
»Ach so!« Ihr Märchenschloß war mit seinen Zinnen und Türmen und einer freitragenden Treppe sehr durchdacht konstruiert. Ha setzte sich neben sie und stellte zwei Legosteine aufeinander. Ich hatte ihm gezeigt, wie man die Legos zusammenstecken konnte, aber bis jetzt hatte er das Prinzip noch nicht begriffen. Sophies Märchenschloß wuchs zu einem großen, phantastischen Gebäude. Ich dachte, daß Ha es vielleicht umstoßen würde, aber er starrte es nur an.
»Hast du Lust, was zu spielen, Sophie?« fragte ich. »Wenn du magst, bringe ich dir ›Dame‹ bei.«
»Waß iß daß?«
»Ein Spiel.« Wir hoben das Märchenschloß aufs Regal, und ich stellte das schwarzweiße Spielbrett auf den Boden. Sophie begriff sehr schnell, wie die Steine gesetzt werden mußten. Die beiden ersten Spiele ließ ich sie gewinnen. Beim dritten Spiel machte ich Ernst, aber sie schlug sich immer noch recht gut, wenn man bedenkt, daß sie vorher noch nie Dame gespielt hatte. Und sie machte auch kein Theater, als sie verlor.
Ha sah zu. Ich erklärte auch ihm das Spiel, aber es war sinnlos. Er schien weder verstehen zu können, daß die Steine diagonal über das Brett bewegt werden mußten, noch was Springen und Dame machen bedeutete. Er schob die Steine einfach hin und her oder er türmte sie aufeinander.
Deshalb spielte ich noch ein paar Partien mit Sophie. Ha schien in eine Art Trance verfallen zu sein. Er glotzte auf das Brett, als gäbe es nichts Faszinierenderes auf der Welt, als dieses schwarzweiße Muster.
Dann, als Sophie und ich gerade ein neues Spiel begonnen hatten, schob Ha die Steine mit einer schnellen Handbewegung beiseite, grabschte sich das Brett und hielt es sich vors Gesicht.
Und da wurde mir plötzlich klar, was mit Ha los war. Er war nicht ganz richtig im Kopf. Ich fühlte mich entsetzlich, und mir wurde fast übel.

Als Ha die Steine vom Brett stieß, schien Sophie in Tränen ausbrechen zu wollen. Doch da fing glücklicherweise das Baby im Kinderwagen an zu greinen, und Tante Claire meinte, es wäre Zeit zu gehen. Sie sagte mir, was für ein gutmütiger Kerl ich sei, und was für ein Glück Ha habe, daß ich sein Bruder geworden sei, und wie großartig ich mit kleinen Kindern umgehen könne, ob ich nicht einen Job bei ihr haben wolle?
Ihre Lobhudeleien nützten mir auch nichts.
Als sie gegangen waren, setzte Patti Ha vor den Fernseher und ging in die Küche, um Brot zu backen. Ich ging mit ihr. »Mit dem Jungen stimmt was nicht«, sagte ich. Es sollte eher wie eine Frage klingen. Ich wollte wissen, was es war. Sie sollte es mir sagen.
Patti sah auf. »Was soll das heißen, mein Schatz?« Sie knetete den Teig. Sie schlug mit den Fäusten auf die weiche Masse, drückte ihre Knöchel hinein, bum, bum. Normalerweise hat sie während der Woche nie Zeit, um Brot zu backen.
»Sei so gut und deck den Tisch fürs Abendessen, Simon. Denk an Has Lätzchen. In der Schublade ist ein sauberes. Ich hab ihm heute einen neuen Teller gekauft. Im Flur.«
Ich holte ihren Einkaufskorb. Einkäufe auspacken macht Spaß, das erinnert mich ein bißchen an das Auswickeln von Weihnachtsgeschenken. Aber diesmal war nichts Besonderes dabei. Ein Bund Lauch. Ein Paar orangefarbene Gummihandschuhe. Ein Paket mit Wegwerfwindeln, von der größten Sorte. Ein neuer, unzerbrechlicher Plastikteller. Mit Kaninchen am Rand, die getüpfelte Krawatten trugen. Unten drunter war ein Gummirand, so daß der Teller auf glattem Untergrund haftete. Ich zerrte ihn aus der Zellophanverpackung und probierte ihn auf dem blankgeputzten Tisch aus. Wenn man ihn erstmal mit ein bißchen Spucke und viel Kraft angedrückt hatte, saß er unverrückbar fest. Erstaunlich. Diesen Teller würde er jedenfalls nicht mehr quer durch die Küche schmeißen können.
»Spül ihn lieber nochmal ab«, sagte Patti.
»Wie soll denn der schmutzig sein? War doch luftdicht verpackt. Da konnten doch überhaupt keine Bakterien eindringen.«

Aber da sie darauf bestand, wischte ich mit dem Lappen einmal drüber und deckte dann den Tisch. Das Übliche, dazu zwei Weingläser für die Eltern. Seit neuestem trinken sie ab und zu ein Glas Wein. Dann zwei Löffel und eine Gabel für Ha, obwohl er das Besteck nie anrührte.
»Irgendwas hat der doch«, sagte ich und stellte Salz und Pfeffer auf den Tisch. »Stimmt's?«
»Sicher«, fuhr mich Patti an. Normalerweise meckerte sie nie mit mir, vor allem nicht beim Kochen. Sie sagte immer, beim Kochen würde sie sich von der Arbeit entspannen. Aber sie brauchte sich ja gar nicht zu entspannen. Seit Ha da war, war sie nicht mehr arbeiten gegangen. »Du weißt ganz genau, Simon, daß er nicht vollkommen normal ist. Wenn er ein gewöhnlicher kleiner Junge wäre, der bei seinen Eltern in einer ordentlichen Familie aufgewachsen ist, dann würde er doch wohl nicht hier sein, oder? Durch den Heimaufenthalt ist er in seiner Entwicklung zurückgeblieben, Hospitalismus nennt man das. Was er braucht, ist Liebe, ganz viel Liebe.«
Sie hörte sich genauso an wie Miss Spaark.
»Das weiß ich doch alles. Du hast mir von seiner schrecklichen, traurigen Vergangenheit erzählt. Ich meine aber was anderes. Zum Beispiel das Damespiel, das ich mit Sophie gespielt habe. Er hat überhaupt nicht kapiert, worum es da ging.«
Sophie war ein aufgewecktes Kind, sie hörte immer zu, machte alles nach, probierte Dinge aus. Ha war ganz anders. Wie abgeschaltet.
»Sogar wenn man ihm das hundertmal erklärt, begreift er's nicht.«
»Sophie ist sehr weit für ihr Alter«, sagte Patti. »Das liegt daran, daß Claire sie wie eine Mini-Erwachsene behandelt.«
Sie war mit dem Teigkneten fertig. Aus dem Klumpen rollte sie drei gleichgroße Stränge, bestäubte sie mit Mehl und formte sie zu einem Zopf, den sie mit Milch bestrich und mit schwarzem Mohn bestreute.
»Der ist nicht ganz richtig im Kopf, stimmt's? Bei dem ist doch 'ne Schraube locker!«

»Ich weiß nicht, was du meinst.« Sie schien ärgerlich zu sein.
»Hör doch auf, Mutter, du weißt ganz genau, was ich sagen will.« Ich mochte es nicht sagen, aber ich mußte es, weil sie es nicht tat. »In der Schule würden wir sagen, er ist plem-plem. Er ist doch plem-plem, oder?«
»Bitte Simon, benutz dieses schreckliche Wort nicht in diesem Haus«, sagte sie scharf und knallte mit der Faust auf den hübschen Zopf, so daß ihre ganze Arbeit vergeblich war. Das mohnbesprenkelte Brot wurde zu einer formlosen Masse.
Ihr Zorn machte auch mich wütend. Ich schlug mit beiden Händen auf den Teig und brüllte sie an. »Ist er nun schwachsinnig oder nicht? Mehr will ich ja gar nicht wissen. Und wenn er es ist, was willst du dann machen?«
Sie schüttelte den Kopf, ihre Tränen fielen auf den zerquetschten Brotlaib.
»Du wußtest es schon, als wir ihn abgeholt haben, stimmt's? Und warum mußte es dann gerade er sein? Warum nicht irgendein anderes Kind?«
»Simon, hör auf. Es ist schwierig zu erklären. Verstehst du nicht, wir müssen ihn nur lieben! Was bleibt uns sonst?« Sie warf ihre mehlbestäubten Arme um meinen Hals und drückte mich so heftig, daß ich kaum Luft bekam. Ich wünschte, sie würde immer so weiter drücken, bis ich erstickte.
Abrupt ließ sie von mir ab, fischte den Mülleimer unter dem Tisch hervor und kratzte den zermanschten Teig zusammen, wohl um ihn wegzuwerfen, obwohl sie eigentlich jede Art von Verschwendung ablehnt. Sie hebt sogar Gemüseschalen auf, um daraus Suppe zu kochen.
»Nicht wegschmeißen«, sagte ich. Ich schämte mich, an diesem Werk der Zerstörung beteiligt gewesen zu sein. »Du kriegst es bestimmt wieder hin.«
Folgsam formte sie den Teig noch einmal.

Schon um einen einzigen, normalen Alltag zu überstehen, brauchte Ha unglaublich viel Hilfe. Wir mußten dafür sorgen, daß er nicht verhungerte, weil er nicht selber aß. Daß er nicht ertrank, weil er nicht alleine baden konnte. Daß er sich nicht das Genick brach, weil er nicht alleine die Treppe herunterkam. Daß er sich nicht mit seinem Hemd erwürgte, weil er sich nicht selber anziehen konnte. Und daß er nicht vor purer Langeweile starb, weil er von alleine auf überhaupt nichts kam.

Seine Hosen hatten vorne immer einen dunklen, nassen Fleck. Seine Unterhosen waren vollgeschmiert. Im Bad stand ein Plastikbehälter, der stets randvoll mit seinen schmutzigen Kleidern war. Die Katze liebte es, daran herumzuschnuppern.

Der blaue Plastiknachttopf unter seinem Bett war völlig überflüssig: Ha hatte nicht den geringsten Schimmer, wofür man den benutzte.

Ich wollte Antworten auf meine Fragen: Was sollte aus ihm werden? Warum war er so? Warum hatten sie ihn haben wollen?

»Schuldgefühle vielleicht. Wegen des Krieges«, sagte Tony.

»Aber ihr hattet doch überhaupt nichts damit zu tun. Ihr braucht euch doch nicht schuldig zu fühlen.«

»Natürlich nicht. Trotzdem. Kollektive Schuld. Wir sind vielleicht nicht im wirklichen Sinne schuldig. Aber verantwortlich sind wir alle.«

Das war nicht die Antwort, die ich hatte hören wollen.

Pattis Antworten waren genauso ausweichend.

»Wir sind doch erst ganz am Anfang. Es wird schon gut werden. Das braucht eben seine Zeit. Miss Spaark sagt, es sei erstaunlich, wie gut er sich entwickelt.«

Was wußte Miss Spaark denn schon? Sie mußte nicht mit ihm leben, brauchte sein Nässen und Sabbern nicht zu ertragen, genauso wenig wie sie seine blöden, sinnlosen Spielereien mit irgendwelchen Schnüren, sein ewiges mit weit offenem Mund in die Gegend Starren oder seine kleinen gemeinen Kniffe mit seinen gräßlichen gelben Fingernägeln aushalten mußte.

Er wurde von Patti gefüttert, Patti las ihm vor, Patti wusch ihn, Patti brachte ihn ins Bett. Ich und Tony kümmerten uns um den übrigen Haushalt. Schon lange funktionierte nichts mehr wie

sonst. Das Abendessen wurde immer sehr spät fertig, meist war es angebrannt.
»Ein bißchen karamellisiert«, sagte Tony zu unserem mit Käse überbackenen Blumenkohl. »Aber fürs erste Mal ganz passabel.«
Ich gewöhnte mich daran. Ich brachte die Mahlzeiten so schnell wie möglich hinter mich und sauste nach oben, noch bevor sie wieder anfingen, Ha den Gebrauch von Löffel und Gabel beizubringen. Haben sie, als ich klein war, auch so viel über meine Erziehung gestritten? Wohl kaum. Ich war ein ganz gewöhnliches Kind, wie aus dem Bilderbuch. Ich war kein schwachsinniges Kriegswaisenkind.
Aber eigentlich war das überhaupt nicht mein Problem. In unsere Familie war ein Kind gekommen, das nicht ganz dicht war. Pech. Ich würde es schon überleben. Aber was mich ernsthaft irritierte war, daß die Katze sich angewöhnt hatte, auf seinem Bett zu schlafen.
Unsere Katze. Meine Katze. Seit ich ein Jahr alt war, gehörte sie zur Familie. Im Fotoalbum gibt es ein Bild von mir, da sitze ich in einem gekräuselten Strampelanzug mit dem kleinen wolligen Kätzchen auf einer karierten Decke im Garten auf dem Rasen. Das Kätzchen hat niedliche Augen, ein winziges Näschen und weiße Schnurrhaare. Als ich drei oder vier war, zog ich ihr Puppenkleider an, trug sie in einem Korb herum und nannte sie meine Schwester. Sie ist schon immer ein Teil unseres Lebens gewesen. Je älter sie wurde, um so mehr schlief sie. Nachmittags, wenn ich aus der Schule kam, lag sie gewöhnlich auf meinem Bett und schlief.
Und dann, von einem Tag auf den anderen, wurde sie mir untreu. Nicht mehr mein Bett, sondern seins. Sie war zwar nur eine Katze, aber es schmerzte mächtig. Mein schwarzes Wollknäuel in seinem Bett, kuschelte sich in sein Häschenbettzeug. Ich wußte, warum sie das Lager gewechselt hatte. Der Katze gefiel der Gestank in Has Bett. Der animalische Uringeruch, der selbst dann noch in seinem Bett hing, wenn es frisch bezogen war. Ich haßte nicht die Katze für ihren Verrat. Ich haßte Ha. Ich hatte ihn nie wirklich geliebt. Ich hatte nur meinen Eltern gefallen wollen.

Mein ganzes Leben lang habe ich Tony zu imponieren versucht. Wirklich geschafft habe ich es nie.

»Patti, was ist, wenn es nun nicht klappt? Wenn es uns nicht mehr gefällt?«
»Was meinst du?«
»Wenn wir entscheiden, daß Ha doch nicht zu uns paßt?«
»Es muß klappen. Was gibt's denn sonst für Alternativen?«
»Na, was würde zum Beispiel sein, wenn seine richtigen Eltern noch irgendwo lebten und versuchten, ihn zu finden?«
»Das ist äußerst unwahrscheinlich. Es würde sehr schwierig werden, denke ich.«
»Ich weiß. Aber wäre es möglich? Wenn sie wirklich wollten?«
Tony blickte über den Rand seiner Zeitung. »Geh deiner Mutter nicht auf die Nerven, Simon.«
»Ist schon gut, Tony. Er hat ein Recht zu fragen.«
Tony legte die Zeitung zur Seite. »Na gut, Simon. Es könnte vielleicht sein. Manchmal kann das Rote Kreuz helfen. Und man hört immer wieder, daß Leute wiedergefunden werden, obwohl die Chancen tausend zu eins gestanden haben. Manche der Boat-People sind wieder zusammengekommen. Aber Miss Spaark hat uns versichert, daß in unserem Fall keinerlei derartige Komplikationen zu erwarten sind.«

Schließlich kam Ha in die Schule. Sie lag am anderen Ende der Stadt.
»Eine besondere Schule für einen besonderen Jungen«, sagte Patti, zwängte seine Arme in den Anorak und machte den Reißverschluß zu. Sie hängte ihm sachte die Tasche mit den Turnschuhen und dem Essensgeld über die Schulter. Patti steckte noch ein Heft und zwei Filzstifte dazu, damit er das Gefühl hatte, er hätte richtige Schulsachen. So wie ich.
»Ich komme zu spät. Tschüß, Patti!« sagte ich.
»Ist doch erst zwanzig vor. Du gehst doch sonst nie früher als zehn nach!«
Also mußte ich mit Ha an der Haustür warten, bis sein Bus kam.

Er versuchte, sich genauso hinzustellen wie ich. Ich stellte meine Tasche an die Füße. Er auch. Ich pfiff vor mich hin. Er spitzte die Lippen.
»Tasch«, sagte er und zeigte auf unsere Taschen. Ich nickte. Willst du tauschen, du armer, kleiner Schwachkopf? Du kriegst meine Latein- und Chemiesachen und meinen Taschenrechner. Ich nehme deine beiden Filzstifte.
Der Minibus hielt vor unserem Haus, und der Fahrer hupte laut. An den Fenstern lugten Kinder mit heraushängender Zunge, mit wackelnden Köpfen, und mit tatschigen, zitternden Händen. Ein Junge neben der Tür sah aus wie Ha, schlitzäugig und stubsnäsig. Er war mongoloid. Ich hoffte, daß die Leute nebenan nicht aus dem Fenster sahen.
Ha winkte mir zu, als Patti ihm half, die Stufen hochzustolpern. »Schimo, schüß«, sagte er.

»Pier, Pier, Pier«, jammerte er. »Will Pier.«
Er meinte mein Zeichenpapier. Eines Tages hatte ich ihm eine Seite meines Notizblockes gegeben. Von da ab war er ganz verrückt aufs Malen. Tony brachte eine Kiste voll mit Computerpapier nach Hause. Auf der einen Seite war es bedruckt, aber die andere war normalerweise leer und konnte bemalt werden. Manchmal war das Papier auf beiden Seiten bedruckt, dann stand am Rand der Rückseite eine Reihe von Zahlen. Diese Blätter benutzte er nie. Wenn ihm ein Blatt angeboten wurde, von dem er annahm, daß es leer war, und er entdeckte auch nur ein Wort darauf, dann zerriß er es ärgerlich, warf es in den Papierkorb und verlangte ein neues.
»Gut, ich hol's dir.«
Das Computerpapier kam immer in einem zusammenhängenden Stapel, jeder Bogen war perforiert. Ha war noch nicht einmal in der Lage, ein einzelnes Blatt selber abzureißen. Dabei mußte ihm jemand helfen.
Ha malte immer dasselbe Bild: ein großes, rechteckiges Fahrzeug mit acht Rädern. Er benutzte einen schwarzen Filzstift, so daß die Linien sehr kräftig wurden. Ich versuchte ihm zu zeigen, daß

man einen weichen 3-B-Stift verwenden konnte, um zum Beispiel verschiedene Schattierungen zu bewirken. Aber es interessierte ihn nicht. Er blieb bei seinen soliden schwarzen Strichen. Und wenn er den achträdrigen Laster fertig hatte, überzog er das Papier mit einem Gewitterregen aus schwarzen Strichen, so daß von der Zeichnung nichts mehr zu erkennen war.

Dann malte er etwas Neues. Ein Flugzeug. Ein riesiges Flugzeug. Es füllte ein ganzes Blatt aus, von einer Seite zur anderen, von oben bis unten. Darunter erschien eine kleine spinnenartige Figur, die nach oben guckte. Er zeigte auf den kleinen Mann.

»To'«, sagte er.

»Was?«

»Sie to'. Ihm to'.«

»Sag's langsamer.«

»Ihm to'. To' macht. Ihm weint. Er ihm weint to'.«

»Oh, du meinst, er ist tot. Er sieht aber nicht sehr tot aus«, sagte ich. »Er steht doch auf seinen Beinen. Wenn er tot wäre, dann würde er liegen.«

Er schüttelte den Kopf. »Nein. Nein. Nein. Nein.« Er sagte immer viermal nein. Es verging viel Zeit, bis er endlich seine vier Neins gesagt hatte. Willst du Sahne auf deinem Kuchen, Ha? Nein, nein, nein, nein.

»Töten ihm. Nein. Nein. Nein. Nein. To' ihm groß, ihm macht to'. Der Mann ihm ich. Groß Krach bumm.«

Es konnte Stunden dauern, bis man seine sinnlosen Wörter begriff. Manchmal schaltete ich einfach ab. Manchmal riet ich.

»Weißt du, Patti, man müßte Ha mal richtig sprechen beibringen«, sagte ich. »Dann bräuchtest du nicht immer alles für ihn zu machen und ich könnte verstehen, was er sagt.« Ich hatte gesehen, daß der Mongoloide im Bus sprechen konnte, zwar langsam und undeutlich, aber er konnte sich verständigen. »Sogar Schwachköpfe lernen das.«

»Simon, bitte laß diesen schrecklichen Ausdruck.«

»Was soll ich denn sagen? Hirni? Blödmann? Oder Depp?«

»Zurückgeblieben ist er, wegen eines Gehirnschadens. Und er bekommt so bald wie möglich eine Sprachtherapie.«

»Gut, das freut mich.«
Er zerrte an meinem Ärmel, um mir sein Meisterwerk zu zeigen. »Ihm to'. Töten. Ja. Ich ihm sehen. Sie ihm to' macht.«
Im großen und ganzen begriff ich, was er wollte. Das große Flugzeug tötete den Spinnenmann, der Ha sein sollte.
Ich erklärte ihm, daß sein Bild völlig unlogisch war. Das Flugzeug konnte Ha gar nicht getötet haben, weil Ha immer noch sehr lebendig war. So ein Pech.
Sein Flugzeug hatte eine scharfe nadelspitze Nase, die wie der Rüssel eines Insekts nach vorne ragte, und breite, enganliegende Flügel. Ha grabschte einen roten Filzstift und kritzelte rote Lichter an die Unterseite des Flugzeuges und an die Spitzen der Flügel. Dann malte er das ganze Flugzeug schwarz aus, so daß es sich wie eine schwarze Silhouette vom Himmel abhob.
Has Bild war mir unheimlich. Ich wollte es nicht mehr ansehen. Ich machte ihm den Fernseher an. Er sah gerne fern, am liebsten brutale Szenen. Jedesmal, wenn er vor dem Apparat saß, geriet er außer sich. Er lachte, wenn der Detektiv mit Kugeln vollgepumpt gegen die Wand geschmettert wurde. Er kippte schier um vor Vergnügen, wenn ein Auto in Flammen aufging und die Klippen hinunterstürzte. Widerlich.
»Übrigens, mein Schatz«, meinte Patti. »Tony sagte, er wollte heute abend ins Kino gehen. Nach dem Essen. Magst du mit ihm gehen?« Sie versuchte, ihre Stimme fröhlich klingen zu lassen.
»Und du?«
»Ich bleibe hier. Ich muß noch eine Menge nacharbeiten. Nächste Woche gehe ich wieder in die Schule.«
Ich weiß nicht, ob es wirklich Tonys Idee gewesen war, mit mir ins Kino zu gehen. Denn er schlief immer an den aufregendsten Stellen ein, wachte dann mit einem Ruck auf und beeilte sich zu beteuern, wie gut ihm der Film gefiele. Aber dieses Mal bescherte er mir einen richtig schönen Abend mit allem Drum und Dran, so wie sonst nur zum Geburtstag oder bei den Halbjahreszeugnissen. Er gab mir Geld für Popcorn, Pepsi und Schokolade. All das ungesunde Zeug durfte ich mir kaufen. Und in der Pause noch ein aufgewärmtes Gummiwürstchen.

Ich hatte das Gefühl, daß sie mich wirklich liebten, auch wenn wir niemals wieder wie eine normale Familie zusammenleben würden.
Es war ein sehr langer Film. Wir waren erst gegen elf zu Hause. Ha war längst im Bett und schlief, so daß ich leise sein mußte. Er wimmerte im Schlaf wie ein Hund, der träumt, in ein erdiges Kaninchenloch zu krabbeln. Die warme, dumpfe Luft roch nach modernden Blättern und faulendem Fleisch, Feuer prasselte. Die kräftigen Stimmen überfielen mich aus der Dunkelheit.

»Warum müssen wir das tun, Sir? Dieser Dschungel hier hat doch keinem was getan.«

Vier Männer waren in meinem Zimmer und unterhielten sich. Oder war ich gar nicht in meinem Zimmer?

»Wir müssen dafür sorgen, daß sie in der ganzen Gegend keine Nahrung und keine Unterkunft mehr finden. Du fragst zuviel, mein Kleiner. Charlie darf sich überhaupt nicht mehr bewegen können. Wir evakuieren die Zivilisten und alles, was sich dann noch bewegt, ist der Feind.«
»Auch die Affen, Sir?«
»Klar. Ich sag euch, sogar die Hunde und die Katzen in dieser Gegend sind VC!«*

Ihre Stimmen verloren sich im Gelächter. Und das Schaukeln fing an. Ich lag in der Hängematte und schwang sanft hin und her. Die Hängematte von meiner Großmutter hatte zwischen zwei Maulbeerbäumen in ihrem Garten gehangen. Die Luft war voller Blütenduft, und ich sah einen Schwarm Silberreiher am Himmel. Dann zerschnitt Has Schrei die Bilder, er schrie in ganz hohen Tönen, als würde er gewürgt. Er hörte überhaupt nicht auf. Im Flur ging Licht an. Die Eltern hatten es auch gehört. Noch benommen vom Schlaf, erschienen sie wie Nachtgespenster im Türrahmen. Mein Vater hatte nichts an. Er verschwand wieder im

* Bezeichnung für die Mitglieder der Befreiungsfront FNL und darüber hinaus für alle, die die Amerikaner nicht unterstützten. Im Funkalphabet ist V = Victor, C = Charlie, deshalb nannten die Amerikaner den Feind VC oder Charlie.

Schatten, und Patti kam zu mir, sprach mit leiser Stimme auf mich ein, sanfter mütterlicher Trost. Das Schreien hielt an.
Sie hielt mich im Arm, mein Kopf lehnte an ihrem, und sie summte leise. »Ist ja gut, mein Schatz. Ist ja gut«, hauchte sie in mein Ohr. Und langsam verebbte das Schreien. Es war aus meiner Kehle gekommen und nicht aus seiner.

Beim Frühstück (Tee, Toast, Haferflocken, aber kein Saft und keine Eier, weil Tony und ich beim Einkaufen nicht daran gedacht hatten), hoffte ich, sie würden etwas sagen. Ich wollte, daß sie etwas über die vergangene Nacht sagten. Sie erwähnten es nicht einmal. Es drehte sich alles um Ha. Haben sie vergessen, daß ich auch noch da bin?

Ich wurde wieder überfallen, von denselben Jungen. Es müssen dieselben Jungen gewesen sein, obwohl diese Typen alle gleich aussehen. Ich wollte so schnell wie möglich nach Hause. Nicht aus Liebe. Ich wollte wissen, was er heute wieder angestellt hatte.
»Haut ab, ihr Idioten«, schrie ich den Jungen an, der mir den Arm um den Hals gelegt hatte. »Bescheuerte Glatzköpfe!« Ich glaube, ich trat ihn, und dann rannte ich so schnell ich konnte.
Die Atmosphäre im Haus wirkte wie geladen. Ich spürte es sofort, es war, als ob mir Stacheln in die Haut piekten. Irgend etwas war passiert. Ha hockte auf seine verquere orientalische Art vor dem Fernseher und huldigte seinem neuen Gott. Aber um Viertel nach vier gab es noch keine Gewaltfilme, deshalb mußte er sich mit dem Kinderprogramm begnügen, mit dem schnuckeligen Humpty und den unbekümmerten Späßchen von Erwachsenen, die so taten, als wären sie kleine Kinder.
»Warum guckst du dir denn den Mist an? Ist doch überhaupt nichts für dich, dieser friedliche Blödsinn.«
Patti war in der Küche und korrigierte Hefte, so wie früher.
Gleich würde sie sagen: »Tag, mein Schatz. In der Kanne ist Tee. Schönen Tag gehabt? Viel auf? Gegen sieben gibt's Essen, recht so?«
Sie sah aus wie eine an den Strand gespülte Wasserleiche. Scharfe

Linien durchfurchten ihr Gesicht von der Nase zum Kinn. Meine Mutter hatte sich in eine alte Hexe verwandelt. Ihr Haar war so strubbelig wie ein Knäuel Wolle. Früher, vor langer Zeit, hatte ich einmal eine wunderschöne Mutter gehabt, mit langem, glänzendem Haar und einem heiteren Lächeln, das das ganze Haus in eine friedliche Stimmung versetzte. Kein »Tag, mein Schatz«. Ein leeres Gesicht.

»Na«, sagte ich, »was ist los? Was hat er angerichtet?«

»Daußen, Simon. Tut mir leid.« Sie schüttelte den Kopf. Wenn man selber in der Krise steckt, ist eine weinende Mutter wirklich das Letzte. War ihr denn nicht bewußt, daß diese Aufsätze über den »Nährwert der Milchprodukte«, die da vor ihr lagen, mit sehr viel Sorgfalt von Schulkindern wie mir geschrieben worden waren? Tränen drauftropfen zu lassen schien mir nicht gerade eine sehr respektvolle Art, damit umzugehen.

»Wo draußen?« Ich schmiß meine Tasche auf den Boden. Englisch, Literatur, Geschichte, Bio schlidderten zusammen mit einer Kokosflocke über den Küchenfußboden zur Hintertür.

Im Hof sah alles ganz normal aus, so wie immer. Der Kohlenkasten stand noch an derselben Stelle, genau wie der Forsythienstrauch, der Holzstapel, auch die verblichenen Zimmerpflanzen machten wie gewöhnlich ihre Frischluftkur an der Mauer, der Schlauch hing ordentlich aufgerollt am Haken. Was meinte sie bloß? Hatte er ein paar Blüten von ihrem Lieblingsstrauch abgepflückt?

Dann sah ich die Katze. Meine Katze, die ich schon kannte, seit ich ein Jahr alt war. Sie lag, alle viere von sich gestreckt, auf dem rissigen Zementboden. Eine platte Katze. Ich sah hoch zum Fenster. Sie mußte von dort gefallen sein. Oder er hatte sie geworfen. Genau wie meine Hausschuhe, sein Plüschkaninchen und meinen Parker 45. Eine Katze hat neun Leben. Ich habe einmal eine Skizze gesehen, wie eine Katze sich mit Hilfe ihres Schwanzes im Fallen dreht, so daß sie immer auf ihren Pfoten landet. Meine Katze hatte alle neun Leben in einem kurzen Flug verbraucht. Oder vielleicht hatte er sie ja auch zuerst erwürgt. Oder ihre kleinen Pfoten umgeknickt. Oder sie mit dem Bleistift erstochen.

Patti hatte gar nichts mit ihr gemacht. Sie hatte sie einfach liegengelassen. Das überraschte mich nicht.
Ich nahm die Fischkelle und die Kohlenschaufel, um sie aufzuheben. Doch dann wußte ich nicht, wohin mit ihr. Also legte ich sie wieder hin. Ich konnte doch die Katze nicht in die Mülltonne schmeißen. Has Wegwerfwindeln kommen da hinein und liegen dort die ganze Woche direkt neben der Hintertür, bis am Mittwoch die Müllmänner kommen.
Ich grub im Blumenbeet neben Pattis Rosenstrauch ein Loch, wickelte die Katze in Zeitungspapier und versuchte, sie hineinzulegen. Aber die Beine und der Schwanz paßten nicht, so daß ich das Loch größer machen mußte, bevor ich die Katze begraben konnte. Ich hoffte, die Bakterien würden sie schnell vertilgen.
Has Gesicht und seine Hände waren mit knallroten Kratzern übersät. Immerhin hatte die Katze sich wenigstens ordentlich zur Wehr gesetzt.
Ich ging hinauf in mein Zimmer. Aber es war ja gar nicht mehr mein Zimmer. Es war unser Zimmer und wurde von Tag zu Tag mehr sein Zimmer. Seine Legosteine, seine zerfledderten Bücher, seine leeren Haferflockenschachteln, die er ohne erkennbaren Sinn sammelte, seine nassen Hosen, sein Gekritzel an der Wand, sein Geruch. Und die zerstörte Tapete für den Hochzeitstag meiner Eltern. Er hatte sie in der unteren Schublade gefunden und in Streifen gerissen. Das war mir jetzt sogar egal. Verglichen mit dem Verlust einer Katze wog der Verlust von ein paar Bahnen bedrucktem Papier überhaupt nichts.
Jetzt mußte er weg. Wenn ein Kind eine Katze ermordet, dann stimmt nun wirklich was nicht. Vielleicht würde er als nächstes Menschen töten.
Ich schob die Vivaldikassette in den Recorder, stülpte die Kopfhörer über die Ohren und überlegte mir die Gliederung für meinen Aufsatz. Einleitung, drei Hauptaspekte, Schluß. Dabei unterstrich ich sorgfältig jede Überschrift. Aber weder mit Vivaldi noch mit Hausaufgaben konnte ich ihn aus meinem Gedächtnis löschen. Von unten drangen Schreie nach oben, die schließlich so laut waren, daß ich sie nicht länger ignorieren konnte.

Langsam ging ich hinunter. Im Flur waren Patti und Ha in einen Ringkampf verwickelt. Er zerrte an der Türklinke, während sie versuchte, ihn am Hinausgehen zu hindern. Er kreischte, trat und biß. Sie gab beruhigende Laute von sich.
»Ist ja gut, Ha. Nun beruhige dich mal. Wir kriegen schon raus, was los ist. Und dann wird's gleich besser.«
Eines war schon mal klar: Er hatte in die Hosen gepinkelt, seine Beine waren naß. Wie konnte sie es nur ertragen, ihn zu berühren?
»Ist ja gut, Ha. Wir lieben dich«, sagte sie. »Wo willst du denn hin? Mami macht dich sauber, und dann geht sie mit dir raus.«
Er ließ sich durch ihre Zärtlichkeiten nicht beruhigen. Er hörte nichts, sah nichts. Er schlug seinen Kopf wie einen Hammer an die Tür.
Dann hörten wir Tonys Schlüssel im Schloß. Ha hörte auf zu schreien und sank zu Boden, als versagten ihm die Beine. Aus seinem Schreien war ein leises Wimmern geworden, und er kauerte sich wie ein unterwürfiger Hund an Tonys Füße.
Gott, war ich wütend! Tony brauchte nur hereinzuspazieren und schon verpuffte Has Wutanfall.
»Na, na, was ist denn hier los?« fragte Tony und versuchte Ha aufzuheben.
Patti fing an von der Katze zu erzählen, worauf Ha gleich wieder wild wurde.
Zu zweit schafften sie es, ihn ins Bad zu bugsieren. Die Putzaktion – erst Ha, dann der Flur – zog sich über Stunden hin. Ich ging ihnen aus dem Weg. Ich hörte, wie sie sich mit lauter Stimme stritten. Früher haben sie sich nie gestritten.
Um halb sieben ging ich in die Küche und traf dort Tony, der gerade eine Kanne Tee machte. Aber in bezug auf Abendessen tat sich überhaupt nichts. Der Flur roch nach Desinfektionsmitteln. Und Ha, der schon im Schlafanzug war, roch nach Babypuder. Ich konnte genau sehen, an welcher Stelle Patti den Teppich geschrubbt hatte. Die Auslegeware war dort etwas flauschiger und heller. Und das würde immer so bleiben. Kein Rubbeln, kein Schrubben würde jemals Has Spuren beseitigen können.

»Magst du deiner Mutter das hier raufbringen?« fragte Tony. »Ihr geht's nicht so besonders gut, wie du dir vorstellen kannst. Sie hat eine Schlaftablette genommen und sich ins Bett gelegt.«
Ich brachte das Tablett hoch. Aber die Vorhänge waren zugezogen, der Raum lag im Dämmerlicht. Ich wollte wie früher, als ich noch klein war, zu ihr ins Bett kriechen und mich an sie kuscheln und sie fühlen und sie trösten und nie wieder diese Welt betreten.
»Patti?« flüsterte ich. »Ich hab dir Tee gebracht.« Keine Antwort. »Tee«, sagte ich lauter. Stille. Entweder schlief sie fest oder sie verstellte sich. Ich brachte das Tablett wieder hinunter.
»Heute gibt's Fisch und Pommes frites«, sagte Tony. Er gab mir fünf Pfund und schickte mich zum Schnellimbiß. Wir aßen schweigend direkt aus den Styroporschachteln.
Tony fütterte Ha mit ein paar Fischstückchen. Immerhin schaffte Ha es, die Pommes frites allein zu essen. Tony hätte sich über diesen Fortschritt eigentlich freuen müssen. Aber ich glaube, er hat es noch nicht einmal bemerkt.
Ich mußte Tony helfen, Ha eine frische Windel umzubinden, weil er das nicht konnte. Ha legte sich brav in seinem Bett auf den Rücken und machte die Beine breit. Ich zeigte Tony, wie man die Gummihose anlegen mußte. Dann ging der süße Ha lammfromm ins Bett und hielt uns seine rosige Wange für den Gutenachtkuß hin.
»Ich hoffe, es macht dir nichts aus, Simon, wenn ich auch in die Falle gehe.« Es war erst halb neun. »Solche Szenen sind wirklich schauderhaft. Es gibt bestimmt was Gutes im Fernsehen, was du dir angucken kannst.« Er gab mir die Abendzeitung, die er in seiner Tasche gehabt hatte, sagte ›Gute Nacht‹ und kam dann noch einmal zurück. »Übrigens, das mit Dido tut mir wirklich leid, wirklich.«
»Was? Ach, Dido. Ja.« Für mich war sie nie Dido gewesen.
»Es ging bestimmt ganz schnell. Ich glaube nicht, daß sie lange gelitten hat.«
Ich nickte.
»Wir können ihn dafür nicht bestrafen. Das würde er nicht verstehen. Ich glaube, er hat sich schon selber bestraft.«

Sie schienen nach der Sache hauptsächlich erschöpft zu sein. Ich aber war wütend, stand total unter Spannung, wie vor einem Spiel. Wenn ich noch Miss Spaarks Nummer gehabt hätte, hätte ich sie angerufen und ihr von der Katze erzählt. Dann würden wir wieder so wie früher leben können, wir, das vertraute Trio. Aber ich mußte mir etwas einfallen lassen. Ich bin Gymnasiast mit einem hohen IQ. Es mußte mir möglich sein, eine Lösung zu finden. Ich drehte die Glotze an, aber das Programm war langweilig. Ich legte eine von Tonys Platten auf. Er liebte schräge, dissonante Musik.

Ich ging in die Küche, fand ein Paket Schokoladenwaffeln und aß sie auf. Dann guckte ich in das Schränkchen im Wohnzimmer, neben dem Bücherregal. Da standen Flaschen mit Portwein, Gin, Curaçao, Noilly Prat – in jeder war noch ein kleiner Rest. Also holte ich mir ein Glas und ein bißchen Eis und mixte mir einen Cocktail. Er hatte eine erstaunliche Farbe, schmeckte scheußlich, versetzte mich aber in einen angenehmen Schwebezustand.

Das Flimmern des Fernsehers wurde unterhaltsam, Tonys Musik klang harmonisch. Ich fühlte mich entschieden besser und meinte, eine Zigarette würde die Sache endgültig abrunden.

Ich öffnete die Schreibtischtür und suchte in den Schubladen. Briefmarken, Gummibänder, Büroklammern, bezahlte und unbezahlte Rechnungen, Bankauszüge. Irgendwo mußte noch ein Päckchen mit Filterzigaretten sein. Ein Überbleibsel aus den Zeiten, als Patti noch rauchte, bevor sie Angst vor dem Sterben bekam. Sie hob es als Talisman auf.

Aber statt der Zigaretten fand ich einen beigefarbenen Aktenordner. Er war randvoll mit Briefen, Dokumenten, getippten Berichten. Alles bezog sich auf ein ganz bestimmtes Kind.

NGUYEN THANH HA (Robert) Kind, männlich, las ich. Denn auf dem Ordner stand weder privat noch vertraulich.

Behinderungen: Niedriger IQ, physisch zurückgeblieben. Unterernährung, Rachitis, Tb, Karies.

Eltern: unbekannt. Stammt vermutlich aus der Provinz Quoc Suc. Dorf wurde wahrscheinlich im Zuge der Umsiedlungsaktion vollständig zerstört.

Die Berichte erstreckten sich über mehrere Jahre.
Zurückgeblieben, aber ansprechbar.
Er macht Fortschritte.
Geistige Entwicklung: Entspricht ungefähr der Hälfte seines Lebensalters. Gute Fortschritte bei der Verständigung, beim Laufen und bei einigen alltäglichen Handgriffen.
Dann waren die Berichte nicht mehr so optimistisch.
Es sollte ein Test bezüglich einer eventuellen Taubheit durchgeführt werden. Eventuelle Sehschwäche.
Verschlechterung seines Allgemeinzustandes.
Sollte halbjährlich begutachtet werden.
Diese bloßen Fakten waren ohne Zweifel sehr wichtig für Patti und Tony. Aber was mir ins Gesicht sprang, vor meinen Augen auf dem Papier hin und her tanzte und verschwamm, war mein eigenes Geburtsdatum, das sauber getippt am Kopf jeder Seite stand. Der Tag, der Monat, das Jahr meines Geburtstages. Warum hatten meine Eltern diese wenig schmeichelhaften Aussagen über mich aufgehoben? Aber es handelte sich ja gar nicht um mich. Natürlich nicht. Es betraf ausschließlich Nguyen Thanh Ha. Das stand überall. Nguyen Thanh Ha (Robert) hatte mir alles genommen, mein Zimmer, meine Ruhe, meine Freiheit. Und jetzt hatte er mir sogar mein Geburtsdatum gestohlen.
Ich mixte mir noch einen Cocktail, diesmal etwas mehr Noilly Prat, dafür weniger Kaffeelikör.
Hätte ich doch bloß nicht in diesem Schreibtisch gekramt. Mir wäre es lieber gewesen, wenn ich nicht gewußt hätte, daß sie eine dicke Mappe über ihr besonders ausgewähltes Kind hatten. Ich hätte lieber nicht gewußt, daß sie mich angelogen und vorgegeben hatten, Dinge nicht zu wissen, die sie mir vorenthalten wollten. Natürlich hatte ich schon die ganze Zeit über geahnt, daß er kein Unschuldsengelchen mehr war. Aber bis dahin hatte ich nie darüber nachgedacht, daß er genau wie ich älter werden würde. Er war nicht groß, aber er hatte riesige Füße. Und er hatte noch etwas anderes.
Früher war Patti immer im Badezimmer, saß auf dem Wannenrand und unterhielt sich mit mir, während ich mich wusch. Ich

nehme an, sie hatte Angst, ich würde ertrinken, wenn sie mich allein ließe. Aber inzwischen schließe ich immer ab. Ich habe meinen ganzen Körper nach Haaren abgesucht. Bis jetzt habe ich nur Flaum gefunden. Aber als Ha sich zum Wickeln hingelegt hatte, da sah ich, daß er schon richtige schwarze Haare hatte.
Ich bin nun schon beinahe erwachsen, Hormone strömen durch meinen Körper und machen einen Mann aus mir. Ich bin ein vernünftiger, denkender Mensch, jeden Tag wachsen Erfahrung und Wissen. Ich habe eine schnelle Auffassungsgabe. Ich kann Französisch und Latein. Ich gehöre zu den besseren Mathematikern. Aber es ist nicht meine Schuld, daß er mein Zwilling ist. Es ist *ihre* Schuld. *Sie* sind die Lügner. Die Schwindler. Die Betrüger.
Ich pfefferte den beigefarbenen Ordner auf den Teppichboden. Zwei Fotos rutschten heraus.
Patti hatte mir einmal ein Bild ihres Vaters gezeigt. Ich hatte mich als Dreijährigen darauf nicht erkennen können, aber ich erkannte den Gartenstuhl, den meine Großmutter immer noch hat, und wußte daher, wo das Foto aufgenommen worden war. Und die hellen Flecken mit den Gänseblümchen zeigten, daß es Frühling war. Und obwohl ich mich nicht genau daran erinnern konnte, wie Pattis Vater ausgesehen hatte, war mir klar, daß der alte Mann neben dem Kind mein Großvater sein mußte.
Ich untersuchte die beiden Fotos auf ähnliche Merkmale, an denen ich mich hätte orientieren können. Aber es schien keine zu geben. Das Licht stimmte nicht, die Kleider nicht, auch das Gebäude war mir unbekannt. Alles, was ich entdecken konnte, war ein blattloser Baum im Hintergrund, eine mit Dachtürmchen versehene Eingangstür, eine Binsenmatte und eine Wand mit abgeblättertem Putz. Auf dem Bild waren einige klapperdürre asiatische Kinder mit geschorenen Köpfen zu sehen, die auf einer hölzernen Bank in einem staubigen Hof saßen. Auf dem anderen Bild hielt eine der europäischen Frauen zwei kleine Kinder auf dem Arm. Beide Fotos vermittelten sehr fremde Eindrücke. Vermutlich waren sie in Has Heimat aufgenommen worden.
Die Frau trug ein enges Baumwollkleid und Sandalen. Hinter ihr und um sie herum saßen oder krabbelten noch mehr Kinder auf

den schachbrettartig ausgelegten schwarzweißen Fliesen. Ich zählte die Kinder. Es waren dreizehn. Alle hatten spindeldürre Glieder und leere Augen. Sie sahen aus wie junge, ertrunkene Vögel, die nicht mehr piepsen konnten.
Dann entdeckte ich plötzlich, weshalb diese Bilder wichtig waren. Eines der Kinder, dessen Beine wie Stöcke herausragten, lag auf einer Matte. Bis auf einen kurzen Kittel mit zwei Schlitzen, der ihm lose um den Körper hing, war es nackt. Das war Ha. Er sah anders aus, zerbrechlich und ausgemergelt, wie ein ganz, ganz alter Mann mit einem leeren geisterhaften Gesicht, aber er war es, zweifelsohne. Und die junge Frau, die die beiden Babies auf dem Arm hatte, war Patti.
Was hatte sie denn in Has Heimat gemacht?

Mein erster Impuls war, hinaufzustürmen und sie anzubrüllen, sie aus ihren Betten zu zerren und eine Erklärung zu verlangen. Aber jede Erklärung würde falsch sein müssen.
Stattdessen taumelte ich aus dem Haus, knallte die Tür hinter mir zu und wartete. Wenn der Lärm bis zu ihnen gedrungen war, würden sie aufwachen, zu mir herunterrennen und mich bitten zu bleiben.
Aber im Haus rührte sich nichts. Also mußte ich losziehen. Ich kochte vor Zorn.
Ich lief durch die Einkaufszone, betrachtete die Schaufensterpuppen in den Bekleidungsgeschäften und überlegte, warum alles noch so hell beleuchtet war, obwohl außer mir kein Mensch unterwegs war. Ich lief die Hauptstraße entlang bis zu dem mittelalterlichen Turm, der einst Stadttor war, und von dort ging ich auf den Ring. Laster, die vom Hafen kamen, donnerten an mir vorbei. Ich versuchte, die Straße zu überqueren, doch jedesmal schätzte ich ihre Geschwindigkeit falsch ein: Offenbar war es mir nicht möglich, in einem Zug über die Straße zu gehen. Als ich zum zweitenmal vom Rinnstein stieg, blendeten die Lichter eines Sattelschleppers auf, der zwar so weit wie möglich auswich, aber trotzdem so dicht an mir vorbeisauste, daß der Luftzug mich bei-

nahe umwarf. Eine Polizeistreife fuhr vorbei, und ich versteckte mich hinter der Leitplanke, duckte mich so tief ich nur konnte – wie ein Soldat, der sich in der Dunkelheit in einem Schützenloch verkriecht.

Aber ich hatte doch nichts verbrochen. Sie haben mir Unrecht getan mit ihren Lügen, ihrer Verstellung und ihrem Betrug. Was hatte Patti auf dem Bild zu suchen? Wo war Tony gewesen? Und wo ich?

Als das Polizeiauto vorbei war, verließ ich die große Straße und lief durch die Obstgärten. Es war dunkel, und die Zweige der Apfelbäume schienen sich über mir zu schließen und schirmten die rötlich schimmernden Lichter von der Straße ab. Am unbeschrankten Bahnübergang war ich etwas vorsichtiger als auf der Schnellstraße und lauschte sorgfältig auf Zuggeräusche. Aber nach halb zwölf fahren keine Züge mehr. Das Laufen und die Kälte hatten mich hellwach gemacht. Ich bemerkte, daß ich geradewegs auf die Gegend zulief, wo Tante Claire wohnte.

Mit dem Auto ging es immer ganz schnell, in fünf oder sechs Minuten war man da. Zu Fuß, mitten in der Nacht, schien es eine Ewigkeit zu dauern. Ich tappte in Pfützen und streifte die Hekken. Ich kam zur Post und zur Kneipe, die mitten im Ort lagen. Tante Claire wohnt in einem Fachwerkhaus, das unterhalb der Straße liegt. Man muß drei Stufen hinuntersteigen. Es brannte kein Licht. Auch als ich klopfte, rührte sich nichts. Deshalb lief ich um das Haus herum, wollte versuchen, von hinten hineinzukommen. Ich rutschte auf dem Moos aus. Hinter einem Schuppen sah ich jemanden wegflitzen, aber als ich hinterherjagte, merkte ich, daß nur die Wäsche auf der Leine flatterte.

Sie mußten da sein, und sie mußten mich einlassen, weil ich müde war und fror, und außerdem bekam ich Kopfschmerzen. Ich bummerte an der Haustüre und warf Stöcke an die Fenstergitter. Warum wachten sie denn nicht auf? Nie wieder würde ich es mir bieten lassen, dermaßen ignoriert zu werden.

Ich lief zurück zum Postamt, zur Telefonzelle. Sie war nur schwach beleuchtet und roch nach Urin, genau wie Has Matratze. Ich wählte die Nummer meiner Tante. Es klingelte sehr lange, bis endlich am anderen Ende jemand abhob und statt des Freizeichens kurze, schnell aufeinander folgende Pieptöne ertönten. Aber ich hatte kein Geld. Deshalb legte ich wieder auf und wählte die Nummer noch einmal. Diesmal wurde am anderen Ende schneller abgehoben. Um sicher zu gehen, daß sie auch wirklich wach waren, wählte ich noch ein drittes Mal und rannte, damit sie nicht inzwischen wieder einschliefen, so schnell ich konnte durch den Ort zu ihrer Straße. Ich klopfte mit aller Kraft an der Haustür.

Sofort gingen die Lichter an. Das Fenster über der Tür schlug auf, und Onkel Mikes Gesicht erschien. »Was zum Teufel wollen Sie?« brüllte er. »Verdammt noch mal, wissen Sie nicht wie spät es ist? Wer sind Sie denn?«

»Ich bin's, Simon.«

Das wirkte. »Ach, du.«

»Ist Tante Claire da?« Meine Stimme schien sich völlig aufgelöst zu haben.

»Natürlich ist sie da. Und zwar im Bett! Wo sollte sie auch sonst sein? Was machst du denn überhaupt hier?« Er verschwand hinter der Gardine und schloß das Fenster.

Bei dem Wortwechsel war nichts herausgekommen – würde er nun aufmachen oder nicht? Schließlich meinte ich, er käme nicht. Ich war etwa zwanzig Meter weit gegangen, als Tante Claire in einem weißen, mit Rüschen besetzten Morgenmantel und in hochhackigen Hausschuhen hinter mir auftauchte.

»Simon, komm zurück! Was um Himmels willen ist denn los mit dir?«

Inzwischen hatte Onkel Mike Tee gekocht.

»So, jetzt erklär mir bitte mal, was das soll!« sagte Tante Claire. »Weiß Patti, daß du dich draußen rumtreibst?«

»Natürlich«, sagte ich. »Sie denkt, daß ich mit einem Klassenkameraden unterwegs bin.«

»Blödsinn. Das stimmt doch nicht. Du bist ja nicht einmal richtig angezogen. Du bist ja ganz blau vor Kälte. Guck dich doch mal an.« Sie schien sich mehr über mich zu amüsieren, als sich zu ärgern.

Ihr Mann holte mir einen dicken Wollpullover und bestand darauf, daß ich ihn anzog. Dann fegte er die Asche im Kamin zusammen und machte Feuer.
»Du mußt sie anrufen und ihr sagen, wo du bist. Sie ist sicher schon verrückt vor Sorgen.«
»Bestimmt nicht. Als ich ging, schlief sie. Sie schlafen beide. Sie haben es vermutlich überhaupt nicht gemerkt.«
»Red keinen Unsinn, Simon. Vielleicht denkst du, daß es sie nicht kümmert, aber das stimmt nicht. Und wenn du nicht anrufst, dann tu ich's.«
»Ich will nicht zurück«, sagte ich.
»Niemals?« Sie hielt den Hörer in der Hand.
»Weiß ich nicht.«
»Patti? Ja, er ist hier, alles klar. Nein, er ist nicht betrunken.« Sie blickte mit hochgezogenen Augenbrauen zu mir herüber. »Wieso? Wie kommst du denn darauf? Nein. Gut. Er hat noch nie besser ausgesehen. Nein. Natürlich nicht.«
Wenn jemand im selben Raum ein Telefongespräch über dich führt, ist es schwierig, nicht hinzuhören. Claires Mann blies in die Flammen und verfolgte das Gespräch auch.
»Ja, ist gut. Mach dir keine Sorgen. Tschüß. Ach ja, Simon sagt, daß es ihm leid tut, euch Sorgen gemacht zu haben. Das wollte er nicht.« Sie sah mich scharf an, als sie das sagte. »Er wollte nur mal richtig durchatmen. Er ist so ein lieber Kerl. Also, tschüß, schlaf schön.« Sie legte den Hörer auf. »Siehst du! Natürlich haben sie gewußt, daß du weggegangen bist. Sie haben sich zu Tode geängstigt. Und sie waren sehr froh, daß ich angerufen habe.«
Onkel Mike stellte ein Gitter vor das Feuer und sagte dann, er würde jetzt ins Bett gehen. Er klopfte mir auf die Schulter. »Nacht, alter Junge. Gut, daß du hergekommen bist. Ist besser als draußen in der Kälte, was?«
Er ist schon ein komischer Typ. Claire goß mir frischen Tee ein.
»Also, was ist los? Ich nehme an, es hängt mit dem kleinen Jungen zusammen?«
»Es gibt Dinge, die ich hätte wissen müssen, und die sie mir vorenthalten haben.«

»Deine Eltern haben's auch nicht leicht gehabt. Aber das wirst du irgendwann bestimmt verstehen. Ich nehme an, du weißt, daß Patti und ich eine kleine behinderte Schwester hatten, sie war mongoloid.«
Das hatte ich nicht gewußt. Noch ein Teil der verborgenen Wahrheit.
»Sie starb, als sie drei Jahre alt war. So etwas geschah damals oft. Manchmal denke ich, daß Patti deshalb so gerne Ha haben wollte. Um wieder gutzumachen, was sie glaubt, an Liz versäumt zu haben. Es ist schrecklich, eine behinderte Schwester zu haben. Aber noch schlimmer ist es, wenn sie dann auf einmal weg ist.«
»Daß er schwachsinnig ist, stört mich nicht einmal so sehr. Aber sie haben mich angelogen. Ich habe die ganzen Sachen im Schreibtisch gefunden.«
Meine Tante ist zwar oft ein bißchen albern, aber trotzdem vertraue ich ihr. Sie machte es sich am anderen Ende des Sofas bequem, so, als wollte sie mir eine Gutenachtgeschichte vorlesen.
»Also«, fragte sie, »was willst du wissen?«
»Alles, was du weißt.«
»Also, das fing damit an, daß deine Mutter ein Kind verlor. Eine Fehlgeburt, wenn du weißt, was das ist. Ein Baby stirbt vor der Geburt. Sie schien das nicht verwinden zu können und weinte häufig. Eines Morgens hörte sie im Radio, daß freiwillige Fachkräfte gesucht wurden. Hauptsächlich Krankenschwestern, aber auch Ernährungsexperten. Unsere Mutter – Oma – wollte sie nicht gehen lassen, aber Tony dachte, es könnte ihr vielleicht helfen. Auf eine Art war das auch sicher der Fall, sie hat so viele bedürftige Kinder gesehen, daß sie einfach aufhören mußte, über sich selbst nachzudenken. Ich erinnere mich, daß sie mir eine Karte schrieb: ›Hier gibt es so viele tote Babies, daß man sie noch nicht einmal zählen kann. Sie sterben so schnell hier. Vielleicht ist es ja besser so.‹«
»Warum wollte sie sich denn um Kinder von anderen Leuten kümmern, wenn sie doch mich hatte?«
»Das waren nicht Kinder von anderen Leuten. Die Kinder hatten niemanden.«

»Aber wieso denn?« fragte ich. »Kinder kommen doch nicht einfach aus dem Nichts. Sie müssen mindestens zu Beginn ihres Lebens Eltern gehabt haben.«
»Viele sind einfach vergessen worden. Dort, wo Patti war, gab es Dutzende von Waisenkindern. Und insgesamt sicherlich Tausende. Während des Krieges war niemand in der Lage, irgendwelche Nachforschungen bezüglich ihrer Herkunft anzustellen. Da war ein kleines verlassenes Mädchen, um das sich Patti gekümmert hat, sie wollte es mit nach Hause nehmen. Ich weiß nicht, was passiert ist. Vermutlich ist es gestorben.«
»Und wo war ich?«
»Du hast Ferien gemacht. Einen Monat lang bei mir, dann einen Monat bei Oma. Dein Vater hat dich an jedem Wochenende besucht.«
Ich konnte mich an die Ferien am Meer erinnern. Lange Sommertage am Strand. Bei Ebbe buddelte ich Gräben und Burgen. Oma kaufte mir eine metallene Gartenschaufel, womit ich besser graben konnte als mit der Plastikschippe. An einem Abend hatten wir beide fast bis neun Uhr auf den Felsen gesessen und darauf gewartet, daß die Flut den Strand bedeckte, die Gräben mit Wasser füllte und meine Burgen zerstörte. Am nächsten Morgen hatten die Wellen den Sand geglättet, und von meinen Bauwerken war nicht eine Spur geblieben.
Und während ich da im Sand spielte, hatte ich nicht gewußt, daß meine Mutter auf der anderen Seite der Welt am Rande eines Krieges lebte. Wie konnte ich nur so blind und ignorant gewesen sein und nicht bemerken, was sie hinter meinem Rücken veranstalteten.
»Und als Pattis Visum ablief, kam sie zurück. Und das war's dann. Sie hatte den Schmerz über das verlorene Baby überwunden. Das Leben ging normal weiter. Außer, daß sie niemals von der Zeit dort drüben erzählte.«
»Aber Ha hat sie nicht mitgebracht?«
»Nein, er war bloß eines der vielen Kinder in dem Heim, in dem sie gearbeitet hat. Aber dann, kurz bevor der Krieg zu Ende war, wurden viele Kinder über die Luftbrücke ausgeflogen, nach Au-

stralien, Amerika, Kanada, in die Schweiz. In die ganze Welt.«
»Und wieso?«
»Ich glaube, sie nahmen an, daß der Feind sie umbringen würde. Eine Zeitung finanzierte diese Luftbrücke, es war nahezu ein öffentliches Schauspiel. Jedenfalls sahen wir die Bilder der Kinder, die nach England gekommen waren, und deine Mutter meinte, sie würde eines dieser Kinder erkennen, es wäre in dem Heim gewesen, in dem sie gearbeitet hatte. Sie bekam heraus, wo er war und besuchte ihn. Aber sie wußte nicht, ob es wirklich dasselbe Kind war, weil es sich so verändert hatte. Sie und Tony entschieden dann, eine Patenschaft für dieses Kind zu übernehmen, ganz egal, wer es nun sein mochte.«
Ich wußte nicht, was eine Patenschaft bedeutete.
»Leute geben Geld für den Unterhalt eines Kindes, als ob es ihr eigenes wäre. Aber abgesehen von dem Geld brauchen sie sich um nichts weiter zu kümmern, wenn sie es nicht wollen.«
»Wieviel?«
»Ich weiß es nicht. Was immer es kostet, ein Kind großzuziehen. Eigentlich sollte deine Mutter dir das erklären und nicht ich.«
Das war also der Grund, weshalb wir niemals in das Haus mit dem großen Garten gezogen sind, nie das neue Auto gekauft haben, in den Ferien nicht mehr nach Frankreich fuhren und einfach nur unser bescheidenes, gesundes Leben führten. Und das Zehngangrad, das ich vielleicht bekommen hätte, damit ich nicht zur Schule zu laufen brauchte, ist wahrscheinlich für Has Essen draufgegangen.
»Und warum wollten sie ihn dann plötzlich adoptieren?«
»Das war nicht plötzlich, das hat sich langsam entwickelt. Sie fingen an, ihn im Heim zu besuchen. Aber statt daß sich sein Zustand verbessert hätte, verschlechterte er sich. So dachten sie, er hätte nur dann eine Chance, wenn er in einer Familie lebte, wo er viel Liebe und Aufmerksamkeit bekäme. Es ist ein ziemliches Risiko, was sie da eingegangen sind, und leider ist es wohl etwas schiefgegangen. Meine Schwester ist ein mutiger Mensch. Sie macht sicher manchmal Fehler, aber sie versucht jedenfalls, das Richtige zu tun.«

»Aber es ist doch gar nicht schiefgegangen!« sagte ich. »Der Fehler war, daß sie mir nichts gesagt haben. Ich hätte es verstanden. Jetzt, wo ich es weiß, paßt alles viel besser zusammen. Und das betrifft Ha ganz genauso. Im Moment lebt er noch in einem gewaltigen Nebel. Wenn man ihm seine Geschichte erzählt, seine Vergangenheit, dann kann sein Leben einen Sinn bekommen.«
»Simon, Has Gehirn ist geschädigt. Der größte Teil seines Lebens wird für ihn immer unverständlich bleiben. Das mußt du akzeptieren. Du mußt versuchen, ihn so zu lieben, wie er ist.«
Sie und Patti redeten immer von Liebe. Aber das einzige, worauf es ankam, war Wahrheit.
»Interessiert es Patti denn überhaupt nicht, wer er früher war? Hat sie versucht, irgend etwas rauszukriegen? Bloß weil alle möglichen schlimmen Sachen mit ihm geschehen sind, muß man doch nicht so tun, als wäre davor gar nichts gewesen.« Meine blöden Eltern schienen die allerwichtigsten Voraussetzungen überhaupt nicht zu begreifen. »Die Vergangenheit ist furchtbar wichtig. Oma erzählt immer von früher. Und wenn er seine Vergangenheit vergessen hat, dann muß er daran erinnert werden.«
Tante Claire legte ihre Hand auf meine Stirn, als hätte ich Fieber. »Das Wichtigste ist doch wohl die Gegenwart, oder? Und damit ist erstmal gut für Ha. Jetzt sollten wir uns um dich kümmern. Ich glaube, du solltest jetzt schlafen.«
Sie legte noch einen Scheit ins Feuer, brachte mir ein Kissen und zwei Decken und deckte mich zu, als wäre ich ein Kleinkind.
»Ich hoffe, es wird dir nicht zu kalt hier unten. Ich laß das Licht im Flur an, und wenn du irgend etwas brauchst, kannst du einfach rufen. Wenn du Angst hast, oder so.«
»Danke, aber ich habe nachts nie Angst«, sagte ich. Meine Güte, klang das blöde und arrogant. »Aber ich glaube, Ha hat manchmal Angst. Weißt du, daß er die ganze Nacht lang schaukelt?«
»Er schaukelt? Wie denn?«
»Als ob er sich dauernd schüttelt. Tony sagt, das machen kleine Affen in den Versuchslabors, wenn man ihnen ihre Mütter wegnimmt.«

»Naja, heute nacht gibt's jedenfalls keine Schaukelei.« Sie gab mir zwar keinen Kuß, sagte mir aber sehr liebevoll gute Nacht.
Das Licht des Feuers tanzte an der Wand. Im Haus meiner Tante fühlte ich mich wohl. Der Schwindel in meinem Kopf hatte sich gelegt, mir war warm, und ich lag gemütlich in den Kissen.
Ich wußte jetzt, was ich tun würde. Ich mußte zurück nach Hause, und zwar nicht, um ihn loszuwerden, sondern um ihn zu retten. Morgen früh wollte ich Ha erlösen, ihn aus dem Gefängnis seiner Blödheit befreien, ihm seine verschüttete Vergangenheit enthüllen. Ich konnte es, weil ich tief in mir, so tief, wie sich eine Milbe oder Zecke in eine Fußsohle verbohrt, spürte, daß ich Dinge über ihn wußte, die nicht einmal in seinen Berichten standen. Ich wußte nicht woher und warum, aber ich wußte, daß es so war.
Als ich aufwachte, hatte ich einen höllischen Durst und sehnte mich nach kaltem Wasser. Schon bei dem Gedanken an die Farbe meiner Cocktails wurde mir schlecht. Ich schleppte mich in die Küche und trank direkt aus der Leitung. Der Küchenfußboden war schwarzweiß gefliest, das konnte ich im Dämmerlicht erkennen. Es erinnerte mich an das schwarzweiße Damebrett zu Hause und daran, wie Ha es angestarrt hatte. Ich dachte an das Foto in dem beigefarbenen Aktenordner mit dem schwarzweiß gekachelten Fußboden und an die Waisenkinder, die dort wie verhungernde Jungvögel herumgezappelt hatten.
Ich tappte wieder zum Sofa zurück. Doch danach schlief ich nicht mehr so gut. Das Baby hustete und weinte, aber keiner ging zu ihm.

Gegen Morgen fingen ein paar Kinder an zu weinen, und im Nu waren alle anderen davon angesteckt. Wie konnte ich schlafen, wenn um mich herum dreißig Waisenkinder in ihren Betten jammerten, wenn es mich am ganzen Körper juckte, und wenn die heiße Luft so feucht war, daß ich kaum atmen konnte?
Deshalb schaukelte ich in meinem Bett hin und her und schrie aus vollem Hals. So konnte ich alle anderen Empfindungen

ausschalten. Aber die Frau kam und schlug mich und sagte, ich solle aufhören, weil ich die anderen Kinder stören würde. Ich dachte, sie wäre meine Mutter. Aber als ich ihr Gesicht von nahem sah, erkannte ich sie nicht.

»Es ist nicht meine Schuld!« schrie ich. Aber sie verstand mich nicht, sagte auch nichts, hob mich nur recht grob hoch und trug mich auf den steinernen Balkon, dann die Treppen hinunter bis zum Waschraum. Dort stellte sie mich in ein großes Becken und spritzte Wasser über meine Beine und meinen Unterkörper. So naß wie ich war brachte sie mich wieder hoch und legte mich in mein Bett.

Ich starrte auf zwei Moskitos, die mit flatternden Flügeln auf einem nicht funktionierenden Ventilator an der Decke saßen, und ich versuchte mich darauf zu besinnen, wer ich war. Als ich aus der Ferne Gewehrfeuer und das Heulen einer Sirene hörte, meinte ich, mich wenigstens halbwegs zu erinnern.

Zweiter Teil

HA

Unser Dorf lag in einer kleinen Schleife des Flusses auf ergiebigem, fruchtbarem Boden. Die Erde war dunkelrot, so daß sich während der trockenen Jahreszeit, wenn die Luft schwül und unbeweglich war, roter Staub auf das Gras und die Blätter legte. Aber nach der Regenzeit wuchs wieder alles in frischem Grün. Neben dem Fluß lagen unsere Reisfelder und weiter oberhalb die Obst- und Gemüsegärten, wo Mangos, Affenbrotfrüchte, Grapefruits und Ananas wuchsen. Hinter dem Dorf waren Bananenfelder und Bambushaine. Und hinter dem Bambus fing der Wald an. Einige Familien hatten Wasserbüffel. Wir hatten eine Milchkuh, einige Hühner und eine Ziege. Wir ernteten reichlich Reis und Gemüse. Das, was wir nicht selber aßen, schickte Mutter den Fluß hinab auf den Markt. Aber einen Teil des Reises mußten wir an die Männer vom Norden abgeben, und den Männern aus dem Süden mußten wir Gemüse schenken. Die Männer aus dem Süden kamen gewöhnlich zusammen mit den Ausländern. Die sahen ganz anders aus als wir. Ihre Haut war blaß und ihre Unterarme waren behaart. Wir Kinder nannten sie Rundaugen, obwohl ihre Augen nicht richtig rund waren.

Unser Dorf war groß. Es hatte eine eigene Fahrradreparaturwerkstatt und eine Schule. Aber wir hatten keinen Lehrer, weil Tran Van K'Xung in den Süden gegangen war, um dort umgeschult zu werden.

Abgesehen von den Fahrrädern hatten wir keine maschinellen Transportmittel. Aber neben dem Pfad, der zum Dorf führte, lagen seitwärts in den Graben gekippt drei riesige Fahrzeuge, die vor langer Zeit von den Männern aus dem Süden dort liegengelassen worden waren. Wir kletterten auf ihnen herum und spielten, wir würden mit ihnen fahren.

Eines Nachts kamen einige Männer aus dem Norden. Wir beobachteten sie, wie sie die Fahrzeuge auseinanderbauten und die

Teile in Rucksäcken davontrugen. Als sie fort waren, machten wir es ihnen nach. Als die Männer das nächste Mal kamen, waren die übrigen Teile fertig zerlegt und nach Farbe und Größe geordnet.

Der unverwertbare Schrott blieb liegen und verrottete. Wie das Blattwerk im Wald, waren auch die Wracks bald mit rotem Staub bedeckt und wurden dann von den Regengüssen wieder saubergewaschen. Sie sanken tiefer in die Erde. Bambus und Gras wuchsen über sie hinweg und bedeckten sie. Das Metall rostete, und wir Kinder spielten nicht mehr dort. Die Pfade ringsum waren vermint worden, und ein Mädchen wurde von einer explodierenden Mine getötet. Danach wollten unsere Mütter nicht mehr, daß wir dort hingingen.

Die Männer kamen wieder und luden zu einer Versammlung in der ungenutzten Schule ein. Wir gingen alle hin, auch die Alten und die Kinder. Der Wortführer erklärte, daß sie Mitglieder der Volksbefreiungsfront* wären. Einige trugen Uniformen wie Soldaten, aber die meisten sahen aus wie ganz normale Leute.

»Die großen Maschinen, die ihr uns geschickt habt«, sagte der Wortführer, »waren M-113, bewaffnete Mannschaftswagen. Und wir möchten uns bei euch bedanken, daß ihr uns geholfen habt, sie auseinanderzunehmen.« Er erklärte uns, die Rundaugen, die sie im Graben zurückgelassen hätten, seien ausländische Imperialisten, und sie würden von den verräterischen Marionettentruppen aus dem Süden unterstützt, die alles täten, was man ihnen sagte – sogar gegen das eigene Volk kämpfen.

»Wenn wir nun die Schlacht gegen den Imperialismus gewinnen wollen, müssen wir euch weiterhin um Kooperation und Solidarität bitten. Dafür werden wir euch beschützen und unterstützen.«

Mit der Hilfe unseres Dorfvorstehers richteten sie verschiedene Gruppen ein. Ich war noch zu jung für die Jugendbefreiungsfront, aber Mutter trat der Frauenbefreiungsfront bei und Vater der Bauernbefreiungsfront. Sogar meine Großmutter wurde Mitglied in der Veteranengruppe, weil sie als jüngere Frau bei der Kampagne des Präsidenten gegen den Analphabetismus mitgear-

---

* siehe Nachwort

beitet hatte. Jetzt konnte sie Bambusstöcke anspitzen, die für die ›Punji‹-Fallen gebraucht wurden. Nachts kaute sie Betel, um sich wachzuhalten und ihre Aufgaben zu erfüllen. Tagsüber versteckte sie die Bambusspitzen im Stroh unter der Kuh.

Kurz nach der Versammlung im Schulhaus wurden die Ernteabgaben auf zehn Prozent pro Haushalt gemessen am Ertrag jeder Familie erhöht, und Vater mußte monatlich zwei Piaster für die Bauernbefreiungsfront zahlen.

Sie erklärten den Leuten, was sie tun sollten, wenn die Marionettentruppen und die ausländischen Aggressoren wieder kämen.

»Sie denken, sie haben das Dorf unter Kontrolle. Aber tatsächlich habt ihr selber die Macht. Die Leute, die hierher kommen, sind aus der Stadt, und sie haben keine Ahnung, daß sie in einem der befreiten Gebiete sind. Und ihr braucht ihnen das auch nicht auf die Nase zu binden. Vermeidet unbedingt, irgendwelchen Verdacht zu erregen.«

Wir sind bei Fremden immer vorsichtig gewesen. Besucher wurden immer erst zum Dorfvorsteher gebracht. Aber das sollten wir jetzt nicht mehr tun.

»Fragt nicht, und laßt euch von ihnen auch keine Ausweispapiere zeigen, das könnte Verdacht erregen – es sei denn, wir haben euch vorher gewarnt, daß es Spitzel sein könnten. Unser Gebiet und das Gebiet des Feindes liegen sehr dicht beieinander, und ihr habt das Glück und die Ehre, genau an der Grenze zu liegen. Deshalb könnt ihr uns eine große Hilfe sein. Und euch selbst auch.«

Als Tran Van K'Xung noch unser Lehrer war, gingen nur die Kinder in die Schule. Aber jetzt wollte jeder hin. Sie sprachen nicht nur vom Krieg. Es gab auch andere Themen.

Mutter ruhte sich abends aus, weil sie ein Baby erwartete. Aber Großmutter ging sehr häufig in die Schule, besonders dann, wenn Gedichte vorgetragen wurden. Ihre Lippen bewegten sich Wort für Wort lautlos mit. Es waren lange Gedichte über Männer und Frauen, die sich heimlich in süßduftenden Pagodengärten oder an nebligen Seen trafen.

»Ich bin wie ein Stück pfirsichfarbener Seide.« Ich sah, wie ihre

Lippen die Worte schon formten, bevor der Lehrer sie sagte. *»Angeboten auf dem Markt, ohne zu wissen, in wessen Hände ich fallen mag.«*
Die alte, gebeugte Großmutter mit den rotgefleckten Zähnen als pfirsichhäutiges, verliebtes Mädchen!
»Unsere melodische Sprache«, erklärte uns der Lehrer, »wurde seit der Zeit von Han Thuyen für die Poesie benutzt. Sie ist auch die Sprache der Gelehrten, der Märchenerzähler, der Adligen und der Mandarine. Doch bei den vielen Versuchen, unsere Identität zu zerstören, haben uns die ausländischen Invasoren, die Chinesen, Franzosen und Amerikaner immer wieder einreden wollen, unsere Sprache sei lediglich ein grobes, ungeformtes Ausdrucksmittel der Massen. Und heute besteht die Gefahr, daß die Reinheit unserer Muttersprache durch die fremden Wörter der Imperialisten verlorengeht. Wir müssen versuchen, das zu verhindern. Wenn wir dem Feind erlauben, in unsere Sprache einzudringen, dann ist es nur noch ein kleiner Schritt, bis er auch unsere Gedanken beherrscht, unsere Häuser zerstört und schließlich unsere ganze Art zu leben vernichtet.«
Ich wußte nicht, ob ich glauben sollte, was er sagte. Vielleicht verstand ich ja nicht, was er meinte. Abgesehen von dem Tag, als versehentlich die Bombe neben den liegengebliebenen Lastwagen explodierte, war das Leben in unserem Dorf immer friedlich und glücklich gewesen. Ich konnte mir überhaupt nicht vorstellen, daß jemand in unsere Gedanken oder Häuser eindringen konnte. Aber ich mochte die Art, wie der Lehrer mit uns sprach. Ich hörte ihm gerne zu, wenn er über unser prächtiges Land, über die Triumphe der Augustrevolution und über unser Recht und unseren unbeugsamen Willen, für die Freiheit zu kämpfen, sprach. Er brachte sein Gewehr mit in das Schulhaus und stellte es in der Ecke ab. Manchmal zeigte er uns am Schluß, wie es funktionierte.
»Im Norden und im Süden haben alle dieselbe Muttersprache. Sie ist das Symbol unseres nationalen Kampfes.«
Großmutter interessierte sich nur für die Gedichte. Ich konnte aus den Augenwinkeln sehen, wie sie danach eindöste. Aber ich wollte wachbleiben, weil ich wußte, daß der Lehrer nach dem

Vortrag Gitarre spielen und wir dann am Schluß alle laut und fröhlich singen würden.
Während der letzten Besetzung unseres Landes durch die Franzosen hatte die Regierung die Studenten davon abgehalten, ihre Muttersprache zu studieren. Sie gaben vor, unsere Sprache wäre nicht geeignet, komplizierte, wissenschaftliche Sachverhalte wiederzugeben. Deshalb legten Schulkinder einen geheimen Schwur ab, niemals auch nur ein Wort der Kolonialsprache zu benutzen, auch nicht, wenn sie miteinander redeten.
Vater war während der französischen Kolonialzeit aufgewachsen. Ob er auch diesen Schwur abgelegt hatte?
»Heute können die Kinder dasselbe tun. Versucht, die ausländischen Wörter zu vermeiden, ob sie nun aus dem Chinesischen, Französischen oder Amerikanischen stammen.« Aber er sagte uns nicht, wie wir herausfinden konnten, welche von den Wörtern, die wir benutzten, aus einer anderen Sprache stammten.
»Das würde auch dem Wert unserer Sprache nicht gerecht«, fuhr er fort und nahm ein neues Thema auf, über das er bestimmt eine Stunde lang sprechen würde. »Besonders, was die verschiedenen Tonhöhen betrifft. Unsere ausgeglichene und harmonische Sprache hat eine flexible Synthax, verschiedene Systeme von Vokalen und Konsonanten, und ist zudem reich an Betonungsmöglichkeiten. Positive und negative Horizontale und vier Vertikale verleihen ihr eine weitgefächerte Phonetik, steigen . . .«
Ich verstand nicht, wovon er redete. Ich war genauso müde wie Großmutter neben mir. Ich kniff mich ab und zu ins Bein, damit ich wach blieb.

»Noch irgendwelche Fragen?«
»Ja, Sir. Bitte, Sir.«
»Hat jemand etwas gesagt?«
»Ja, ich, Sir.« Es war Bodger. Er hatte Polypen. Er arbeitete nie mit, aber es machte ihm Spaß, alberne Fragen zu stellen, um Aufmerksamkeit zu erringen.
»Ich habe eine Frage, Sir. Warum müssen wir Französisch lernen?«

»Setzen, Bodger. Ich sagte, ernsthafte Fragen. Zum Gebrauch des é oder des è zum Beispiel.«

»Aber Sir, es ist eine ernsthafte Frage.« Wir wußten alle ganz genau, daß das nicht sein konnte. Bodger stellte nur Fragen, um den Unterricht aufzuhalten.

»Gut Bodger. Was denn?«

»Also, Sir, was ich wissen möchte, ist, Sir, wofür lernen wir denn Französisch? Was können wir denn damit anfangen?«

»Du kannst es für deine Zwischenprüfungen gebrauchen. Und wenn du bei deiner Geburt ein bißchen mehr Glück gehabt hättest und mit ein bißchen mehr Sensibilität ausgestattet worden wärest, dann könntest du die unvergänglichen Verse von Baudelaire lesen.«

»Ja, Sir. Danke, Sir.«

Als das Singen und das rhythmische Klatschen begann, wachte ich mit einem Ruck auf. Es war ein neues Lied über unseren triumphalen Kampf gegen den Analphabetismus, den ausländischen Feudalismus und gegen die Hungersnöte. Ein Kampf, der uns schließlich Freiheit von der Unterdrückung bringen würde.

Großmutter machte nicht mit. Ihr war das zu laut. Sie war mehr für die ruhigen, altmodischeren Dinge. Manchmal beschrieb sie mir den schönsten und friedlichsten Ort der Welt. Der dem Himmel nächst gelegene Platz auf Erden, sagte sie, seien die Gärten und die Siebendächer-Pagode in Linh Mu mit der vergoldeten Statue des lebenden Buddha auf der Veranda. Vor langer Zeit war dort eine ältere Göttin erschienen, hatte die Freundlichkeit des Ortes erkannt und ihn als Hauptstadt für die Menschen erwählt.

»Und deshalb ließ der Herrscher Thuan Hoa im Jahre sechzehnhundertundeins die schönste Pagode aller Zeiten bauen. Als ich jung war, reiste ich zur kaiserlichen Stadt Hué und sah Linh Mu mit eigenen Augen.«

Wenn Großmutter nicht zuhörte, erklärte mir Mutter, daß sie in Wirklichkeit gar nicht gereist war. Sie hatte aber schon so oft den Erzählungen der Pilger zugehört, daß sie schließlich meinte, selber dort gewesen zu sein. Ich wollte lieber Großmutter glauben.

Wenn sie mir von den blütenübersäten Gärten, den leuchtend roten Mohnblumen, der stillen Atmosphäre erzählte, sah ich alles deutlich vor mir.
Nach dem Singen war der Unterricht zu Ende. Großmutter und ich liefen Hand in Hand nach Hause. Das Mondlicht schien auf die unter Wasser stehenden Reisfelder, so daß sie silbrig leuchteten, auch Großmutters Gesicht erstrahlte in Silber. Ihr Schatten und die Erde waren tiefblau.
»Der Wind verfolgt den Mond von der See bis zu den Bergen.«
Sie fing an, ein Gedicht aufzusagen, aber nicht leise, sondern laut, damit auch ich es hören konnte. Sie konnte es besser als der Lehrer von der Volksbefreiungsfront. *»Mit dem Wind verbreitet die Traurigkeit ihre bebenden Wellen. Meine Seele ist so traurig wie das Meer. Laß mich meiner Seele nicht allein begegnen.«*
Sie selber war nicht richtig traurig, aber sie liebte traurige Gedichte.
Am nächsten Tag kamen wieder die Männer aus dem Süden. Sie kamen nicht leise in der Nacht, sondern fuhren lautstark in Lastwagen vor. Sie fragten nicht nach dem Dorfvorsteher. Sie machten überhaupt nichts. Sie fuhren einfach ins Dorf und liefen zwischen den Häusern herum. Einige Kinder bekamen Seife und Süßigkeiten geschenkt.
Noch bevor die Befreiungsarmee zurückkehrte, waren die Männer vom Süden wieder da. Diesmal brachten sie eine Menge Ausrüstungsgegenstände mit. Zuerst waren es nur die Marionettensoldaten. Die rundäugigen Ausländer kamen erst, als die Marionettentruppen uns so organisiert hatten, wie sie es wünschten.
»Hallo, hallo! Hier spricht Tran Van K'Xung, euer Lehrer! Ich bin wieder nach Hause gekommen!« Sie hatten auf einem der Lastwagen einen Lautsprecher installiert, der so laut tönte, daß wir die Stimme des Lehrers sogar unten am Fluß hören konnten.
»Die Regierung hat mich zu einem besseren Lehrer ausgebildet, so daß die Erziehung zum Fortschritt nun auch in unserem Dorf stattfinden kann. Diese Leute hier sind alle eure Freunde. Unsere eigenen republikanischen Soldaten genau wie unsere amerikanischen Verbündeten. Sie sind hier, um euch zu helfen. Sie wollen

für euch ein Dorffest veranstalten. Es wird Musik und gutes Essen geben. Ihr werdet alle zu dem Fest kommen.«
Der Lastwagen, von dem Tran Van K'Xungs Stimme schallte, fuhr langsam durchs Dorf.
»Hallo, hallo! Hier spricht Tran Van K'Xung, euer Lehrer, der wieder nach Hause gekommen ist!«

In unserem Dorf wurden immer schöne Feste gefeiert. Das Kinderlaternenfest, an dem wir uns gegenseitig mit unseren vogelförmigen Papierlaternen in der Dämmerung besuchten, das Schattenfest und das Fest der Hungrigen Geister. Und im Frühling, kurz vor dem Reispflanzen, feierten wir ein Reisfest. Wir zündeten unten am Fluß Raketen und Feuerwerkskörper, damit wir eine gute Ernte haben würden.
Aber dieses Fest war anders. Wir sollten hingehen, doch wir bereiteten nichts selber vor. Die Soldaten taten es für uns. Sie stellten ein kleines, braunes Sanitätszelt auf, das an den Seiten offen war, und Tran Van K'Xung teilte uns über den Lautsprecher mit, daß es hier für Kinder, die Hautausschläge oder Würmer hatten, kostenlose Behandlung gäbe.
Und in einem anderen großen Zelt boten sie Essen an. Es war hauptsächlich ihre Art von Essen, Pasteten mit gekochtem Fleisch und Brot. Einige der kleinen Kinder gingen hinein, um von den gelben, rosa oder orangefarbenen Limonaden zu trinken. Es sah aus wie Gift, zudem hatten uns die Männer von der Befreiungsarmee gewarnt, daß die ausländischen Invasoren versuchen könnten, uns mit Nahrungsmitteln zu vergiften.
Den ganzen Tag lang spielte laute Musik über den Lautsprecher. Und sie versuchten, die Mädchen zum Tanzen zu bewegen. Aber die wollten nicht.
Während das Essen ausgeteilt wurde, wählten die Soldaten einige der Bauern aus und brachten sie nacheinander in ein anderes Zelt. Nach einer Weile ließen sie sie wieder gehen.
Vater war auch dabei und Mutter hatte Angst. Aber als er wieder herauskam, zuckte er bloß die Achseln und lächelte.

»Bloß Fragen«, sagte er. »Sie wollen, daß ich in ihre Armee komme. Aber ich bin Bauer und kein Soldat.«
Am Abend bauten sie die Zelte ab, packten alles wieder auf die Lastwagen und fuhren davon.
Zwei Nächte später kamen die Männer von der Volksbefreiungsarmee. Sie suchten freiwillige Helfer, die für sie Reis und andere Versorgungsgüter durch den Wald schleppen, Barrikaden in anderen Dörfern bauen, Straßen unpassierbar machen, Gräben ausheben und Minen legen sollten. Vater meldete sich. Er sprach nie mit mir über das, was er tat, er erklärte mir nur, daß ich auf keinen Fall weitergehen dürfte, wenn ich auf einem Pfad drei kleine gekreuzte Bambusstöckchen sähe.
»Dann geh zurück oder auf einem anderen Weg drumherum«, sagte er. »Du darfst auf keinen Fall weitergehen!«
Die Stöckchen bedeuteten, daß auf dem Pfad eine Mine oder eine Falle versteckt waren.
Dann kamen wieder die Regierungstruppen, um eines ihrer Dorffeste zu organisieren. Genau wie beim ersten Mal gab es laute, fröhliche Musik, doch kein Essen und keine kostenlose medizinische Versorgung. Die Musik spielte den ganzen Tag über, und diesmal forderte uns nicht Tran Van K'Xung, sondern ein Offizier der Armee auf, mit ihnen zu kooperieren. Und während die Musik lief, durchsuchten einige der Soldaten, die nicht um unsere Mädchen herumscharwenzelten, alle Häuser im Dorf. Was sie auch gesucht haben mochten, sie haben es nicht gefunden, denn am Abend fuhren sie wieder davon.
Und so ging es weiter. Die Marionettentruppen der Regierung kämpften gegen den Kommunismus und die Volksbefreiungsarmee gegen den Imperialismus. Und wir hingen dazwischen. Nachts kamen die Männer des Nordens, am Tag die des Südens. Mutter bekam ihr Kind, und wir nannten es Mai. In derselben Woche kalbte die Kuh unserer Nachbarn. Dann wurden bei uns zwei Mädchen einquartiert, die in Mi Hung ausgebombt worden waren. Alle ihre Felder waren dem Erdboden gleich gemacht worden, so daß sie nichts mehr zu essen hatten. Fast alle im Dorf mußten jemanden aufnehmen.

Die Mädchen aßen sehr viel, aber sie arbeiteten kaum. Trotzdem teilte Mutter alles gerecht mit ihnen. Sie sagte, sie wären gefräßig und faul.
Eine von ihnen weinte viel, und die andere saß auf einem Hocker und starrte mit leerem Blick in die Gegend. Sie gingen ganz langsam aufs Feld und stützten sich die ganze Zeit über auf ihre Hakken. Wenn sie Wasser holten, schöpften sie den Eimer nur halbvoll. Die Atmosphäre im Haus wurde immer gespannter. »Ihr Reisfresser!« brüllte Mutter sie schließlich an. »Das einzige, was ihr könnt, ist Reis essen!« Ich nehme an, ich hätte Mitleid mit ihnen haben müssen. Es war ja nicht ihre Schuld, daß sie ihr Zuhause verloren hatten und bei uns leben mußten. Aber sie waren so träge und stumpfsinnig, daß sie mir wirklich nicht leid taten. Schließlich ging meine Mutter zum Dorfvorsteher, und er war damit einverstanden, daß sie in einer anderen Familie untergebracht wurden. Und schon war die Stimmung zu Hause besser.
Mi Hung war sehr weit weg. Ich war noch nie dort gewesen, hatte auch noch nie von dem Ort gehört, bis die Leute von dort in unser Dorf gekommen waren. Aber es war doch näher, als ich gedacht hatte. Und was dort passiert war, geschah bald auch bei uns.
Eines Tages erschien ein kleines Flugzeug, kreiste über uns, immer herum, wie ein Vogel, der sich in warmen Aufwinden treiben läßt, und dann ließ es Papier auf unser Dorf herabrieseln. Hunderte und aberhunderte von Flugblättern segelten abwärts und landeten auf der Erde, auf den Strohdächern der Hütten, in den Bäumen, in den Hühnerausläufen. Wir alle rannten los und hoben sie auf. Auf einer Seite war eine Zeichnung.
Darauf war ein kleiner Mann abgebildet, der von einem Granatfeuer, das quer über das Blatt fegte, buchstäblich zerrissen wurde. Daneben war ein Bild von einem brennenden Haus, dessen Grasdach lichterloh brannte. Auf der anderen Seite war ein Text abgedruckt.
»Lies vor«, sagte Mutter.
Ich las es ihr und unseren Nachbarn laut vor.

Demnächst wird die Artillerie Ihr Dorf bestreichen. Dann müssen Sie sofort in Deckung gehen. Sorgen Sie dafür, daß der Feind aus Ihrem Dorf verschwindet. Dann braucht die Regierung Ihre Gegend nicht mehr mit Granatfeuer zu belegen.

»Das ist Propaganda«, sagte ich. Die Volksbefreiungsfront hatte uns vor Feindpropaganda gewarnt.

Unten auf dem Blatt stand noch etwas, in einer anderen Sprache. Obwohl es eine fremde Sprache war, konnte ich es lesen. Der Lehrer der Volksbefreiungsfront hatte uns vor dem Einfluß der fremden Sprache gewarnt, daß sie die Reinheit unserer Sprache zerstören würde. Wir sollten sie vermeiden, hatte er gesagt. Aber ich wollte wissen, was da stand, und deshalb las ich es. Obwohl ich die Worte lesen konnte, verstand ich ihren Sinn nicht. Da stand bloß:

Flugblatt Nr. APC 6227

Armee-Einheit Psychologische Kriegsführung

Alle betrachteten neugierig die Bilder auf dem Flugblatt, aber zunächst glaubte niemand, daß unser Dorf jemals bombardiert werden könnte. Die Regierungssoldaten hatten schließlich gesagt, sie wären unsere Freunde.

Aber die Leute aus Mi Hung sagten, kurz vor dem Angriff hätten sie auch solche Flugblätter bekommen.

Wir hörten das Heulen von Kampfflugzeugen. Den ganzen Tag über flogen sie zur Warnung hin und her. Dann spürten wir, wie die Erde von den Granaten, die sie abwarfen, bebte.

Ein unglaublicher Lärm stürzte auf uns ein, uns platzten schier die Trommelfelle. Die Flugzeuge kreischten über den Himmel, die Raketen knatterten wie Feuerwerk am Reisfest. Das Baby schrie. Und jede Explosion erschütterte den Wald, man spürte den Luftdruck und das Rascheln der Blätter.

Dann ließ der Lärm der Bombardierung etwas nach. Weniger Flugzeuge, kaum noch Explosionen. Es schien, als wären die Angreifer von ihrem Überfall erschöpft. Und schließlich war alles vorbei. Der Angriff hatte insgesamt nicht länger als eine halbe

Stunde gedauert, aber wir blieben noch lange nach dem Abzug des letzten Flugzeugs in unseren Unterschlüpfen.
Als wir wieder hervorkrochen, sahen wir, daß sie nicht ein Haus getroffen hatten. Aber sie hatten direkt am Flußufer eine Reihe von Kratern gezogen, und das sonst ganz klare Wasser war nun voller Erde und floß dick und dunkel.
Die Bomben waren auch auf die Reisfelder gefallen. Sie hatten die kleinen Erdwälle zerstört, die die Felder voneinander trennten und das Wasser hielten, so daß die jungen Pflanzen in den Fluß geschwemmt wurden.
Auf diesen Feldern wuchs unser Reis, unsere Lebensgrundlage. In diesem Jahr würde unsere Ernte geringer ausfallen, und auch die zehnprozentige Abgabe an die Volksarmee würde kleiner sein.
Alle mußten beim Herrichten der Felder mitarbeiten. Aber es war schwieriger als sonst, weil weniger Männer da waren. Vater sagte, er sei in unserem Dorf nicht mehr sicher. Daher lebte er im Wald. Mutter brachte ihm jeden Abend sein Essen.
Die Männer von der Volksarmee wußten, daß unser Dorf bald wieder bombardiert werden würde, deshalb kamen sie und zeigten uns, wie man unter den Häusern bombensichere Bunker anlegte.
Wir bauten auch Bunker für unsere Tiere, und jeden Abend führten wir unsere Kuh aus dem Stall in ihren eigenen Unterstand. Er war so tief, daß sie bis zum Hals darin verschwand, nur ihr Kopf guckte noch heraus.
Obwohl wir jetzt nicht mehr in den Wald zu rennen brauchten, wenn wir die Flugzeuge hörten, sondern uns unter unseren Häusern schützen konnten, waren die ständige Erwartung des nächsten Angriffs und der dann folgende Lärm der Bomben furchtbar ermüdend.
Die Angriffe erfolgten früh am Morgen, kurz vor Tagesanbruch. Bei Sonnenaufgang, wenn sich der Nebel über dem Fluß sammelte, waren die Flugzeuge weg, unsere Gemüsefelder aber waren mit tiefen Kratern aller Größen gespickt.
Dann erfolgte eine neue Flugblattaktion. Diesmal war ein ster-

bender Mann von der Volksbefreiungsfront abgebildet. Er lag mit dem Gesicht im Schlamm, seine Hände verkrampften sich im Leeren, und über ihm jagten Flugzeuge, die schwarze Bomben auf ihn warfen.
Ich las Mutter den Text vor:

> **Jeden Tag, jede Woche, jeden Monat werden immer mehr von euren Kameraden aufgestöbert, werden Unterschlüpfe und Tunnel zerstört. Immer mehr Bomben, immer mehr Granaten fallen auf euch. Ihr werdet gezwungen, ständig in Bewegung zu bleiben, tiefer in den Dschungel zu kriechen, müßt eure Lasten immer weiter schleppen. Ihr seid müde, ihr seid krank. Eure Führer sagen euch, daß der Sieg nahe sei. Sie irren sich. Nur der Tod ist nahe. Hört ihr die Flugzeuge? Hört ihr die Bomben? Das sind die Geräusche des Todes. Ergebt euch jetzt, dann könnt ihr überleben.**

Und wieder stand darunter etwas in der fremden Sprache.
Flugblatt Nr. AVIB 246
Armee-Einheit Psychologische Kriegsführung.
»Lies es nochmal«, sagte Mutter. Also las ich das Flugblatt noch einmal laut vor, während sie das Bild von dem Mann im Bombenhagel anstarrte. Aber Großmutter blieb unbeeindruckt. Sie spuckte bloß einen Strahl roten Betelnußsaft in den Staub und machte sich wieder an ihre Arbeit, Bambusstöcke so scharf wie Speerspitzen zu schnitzen. Wenn eine Woche herum war, brachte ich sie in den Wald und legte sie in ein Loch unter einen Farn. Ich habe nie gewußt, wer sie abgeholt hat. Ich hätte gerne geglaubt, daß es mein Vater war.
Nach dem Flugblatt Nr. AVIB 246 wurden die Bombardierungen schlimmer. Es gab nur noch kurze Unterbrechungen, und die Bomben fielen jetzt nicht mehr aufs Flußufer oder in die Gemüsefelder, sondern auch auf den Wald in der näheren Umgebung. Die ganze Zeit über verkrochen wir uns in unsere Bunker.
Dann, im Morgengrauen des vierten Tages ununterbrochener Bombardierungen, wachte ich von einem merkwürdigen, unwirk-

lichen Geräusch auf. Es war ein Hahn, der in die Stille hineinkrähte. Die Bombardierung war zu Ende.

Zuerst krochen wir nur sehr zögernd aus den Bunkern. Wir ließen die Hühner heraus, die Ziege, die Kuh. Die Kuh muhte und blinzelte ins Licht. Wir fütterten die Tiere, und dann sagte Mutter, sie würde uns eine Mahlzeit kochen, denn wir hatten drei Tage lang nur kalten gekochten Reis gegessen. Aber erst mußten wir Ordnung schaffen.

Nach jedem Bombenangriff mußten wir aufräumen. Die Angriffe wirbelten noch mehr Staub auf, als der Wind in der Trockenzeit. In unseren Häusern war alles mit einer roten Staubschicht überzogen – das Bettzeug, das Geschirr, die Wände, der Schrein in der Ecke.

Und schon hörten wir wieder ein Flugzeug. Es klang aber anders als die Bombenflugzeuge, es war ein surrender, knatternder Laut. Über den Wipfeln der Bäume erschien ein Helikopter, der an beiden Seiten Lautsprecher montiert hatte, die wie wütende Hennen quiekten.

»Achtung, Dorfbewohner!« quakte es. Der Hubschrauber schwebte über uns. »Ihr seid von republikanischen und alliierten Truppen umstellt. Bleibt wo ihr seid und wartet weitere Instruktionen ab. Lauft nicht weg, sonst werdet ihr erschossen.«

Noch mehr Hubschrauber tauchten über den Baumwipfeln auf, wurden größer und füllten den lichten, hellen Horizont. Wir versteckten uns nicht in unserem Bunker, sondern blieben mit offenen Mündern vor unserm Haus stehen, legten die Köpfe in den Nacken und starrten gegen die Sonne auf die riesigen schwarzen Schatten.

Sie sahen ganz anders aus als die Bombenflugzeuge, die wie scharfe Messer die Luft durchschnitten. Die Hubschrauber schienen wie schwere, flügelschlagende Vögel durch die Luft zu taumeln.

Als sie zur Landung ansetzten, konnten wir sehen, daß an den Seiten automatische Waffen montiert waren. Bei allen Hubschraubern standen die Einstiegsluken offen. Dort hockten bewaffnete Männer, die ihre khakibehosten Beine in der Luft bau-

meln ließen. Ich konnte die Unterseiten ihrer Lederstiefel sehen und die unteren Ränder ihrer Stahlhelme, die jedem Soldaten einen dunklen Ring um den Kopf legten.
Der Lärm war furchterregend. Die Rotorblätter wirbelten Staub auf und bliesen heiße Luft in unsere Gesichter. Mir wurde übel, als ich sah, wie sie am Himmel hin- und herschwankten, und ich wußte, daß ich das alles schon einmal gesehen hatte, genau so wie es jetzt war. Ich war noch nie außerhalb meines Dorfes gewesen, ich war niemals mit einem dieser Dinger geflogen. Aber ich wußte, daß ich diesen Moment schon einmal erlebt hatte.

Unser Französischlehrer hat uns einmal vom Déjà-vu erzählt. Er sagte, daß das Gefühl, an einem unbekannten Ort zu sein und trotzdem zu meinen, schon einmal dort gewesen zu sein, ziemlich normal und recht weit verbreitet sei.
»Déjà-vu ist die Illusion, eine neue Situation bereits erlebt zu haben. Obwohl dieses Phänomen ohne Zweifel in vielen Nationen bekannt ist, haben wir merkwürdigerweise keinen eigenen Ausdruck dafür. Deshalb nehmen wir das französische déjà, was schon, bereits bedeutet. Und vu heißt gesehen. Das bedeutet also eine schon einmal gesehene Situation.«
Er erwähnte noch eine ganze Reihe von französischen Ausdrücken, die in unsere Alltagssprache eingegangen seien – Rendezvous, Tour de France, Block, Bulletin und Finesse. Aber keines klang so, als würde es uns fehlen, wenn wir es nicht benutzten.
»Aber warum, Sir?« Das war Bodger.
»Warum was?«
»Warum wollen die Franzosen, daß andere Völker ihre Sprache benutzen, wenn wir doch selber eine tolle Sprache haben?«

Wir beobachteten die Helikopter, die über uns kreisten. Dann setzte einer nach dem anderen in schneller Folge in unseren Gemüsefeldern auf. Die Männer sprangen heraus und rannten in gebückter Haltung, als hätten sie Angst, daß auf sie geschossen würde, über Melonen, Bohnen, Sellerie und trampelten mit ihren Stiefeln über alles, was bislang von den Bomben verschont geblieben war.

Diesmal schoben sie kein Dorffest vor. Sie wirkten diszipliniert und entschlossen. Im ersten Schub waren keine Marionettensoldaten der Regierung dabei. Nur fremde Rundaugen. Sie schwärmten aus und umzingelten das Dorf.

»Wir sollten reingehen«, sagte Mutter, und sie sorgte dafür, daß wir schnell im Haus verschwanden.

Aber Großmutter war wie in Trance. Sie war noch ganz benommen von den drei Tagen im Bunker. Mutter setzte sie sanft auf den Hocker, gab ihr das Baby zu halten und fing an zu putzen.

Plötzlich wurde es dunkel im Raum. Ein riesiger Mann, der noch über den Türrahmen hinausragte, stand in der Tür und nahm uns das Licht. Er war so groß, daß er sich bücken mußte. Trotzdem stieß er mit seinem Stahlhelm ans Grasdach.

»Wo ist dein Mann, Alte?«

Seine Haut war so dunkel wie reife Feigen, seine Nasenlöcher standen weit offen wie die Nüstern eines Bärs, seine Augen waren geschwollen und rotumrandet. Er hielt eine Maschinenpistole an der Hüfte und zielte auf Großmutter mit dem Baby.

Mutter griff sich das Baby und drückte es fest an sich. Sofort richtete der riesige Kerl seine Waffe auf sie. Er hatte große Angst.

»Dein Mann! Wo ist er?«

Er sah mich nicht. Ich hatte mich in Vaters Jacke versteckt, die an einem Haken hing. Aber als ich mich noch dichter an die Wand drücken wollte, stieß ich eine Tonschale vom Regal. Sie krachte auf den Boden.

Der nervöse schwarze Mann feuerte über unsere Köpfe hinweg ins Grasdach. Eine der Hennen, die auf der Stange unter dem Dach gesessen hatte, wurde von dem Geschoßhagel erwischt und plumpste auf den Boden. Obwohl sie schon tot war, flatterte sie noch. Der Mann wirbelte blitzschnell herum und schoß in den Garten, drehte sich dann wieder zu uns um und machte mit deutlich erhobenem Gewehr einen zögernden Schritt ins Haus.

»Wo ist dein Mann?« brüllte er.
Mutter verstand ihn nicht. Er brüllte noch einmal. Ich wußte, was er sagte. Die Befreiungsarmee hatte gesagt, wir sollten unsere Sprache nicht mit ausländischen Wörtern verderben, aber was sollte ich denn machen, wenn ich verstand, was die sagten?
Mutter starrte ihn an, weder frech noch stumpfsinnig, sie guckte nur. Ohne weiter in den Raum hineinzutreten, sah sich der Mann sorgfältig um. Unsere Hütte war sehr klein. Hier konnte nirgends ein Mann versteckt sein. Das Rohrbett meiner Eltern an der Wand, dann der Korb des Babys und meine Matte. Alles, was wir sonst besaßen, hing an Haken an den Wänden. Wir kochten in einem anderen Raum, der an den Seiten offen war. Der Soldat sah den Weidenkorb mit unseren Kleidern, die alle mit rotem Staub bedeckt waren. Er piekte mit dem Gewehr in den Korb.
»Kleider«, sagte Mutter. Aber er verstand sie genausowenig wie sie ihn. Obwohl ich beide verstehen konnte, wußte ich nicht, wie ich ihr seine Worte erklären sollte.
Sie nahm die rotbestäubte Wäsche heraus, ein Stück nach dem anderen. Der Soldat beobachtete sie sorgfältig und nickte dann. »O. k. Hab verstanden. Das ist dein Wäschekorb. Jetzt will ich wissen, wo dein Mann ist.«
Mutter rührte sich nicht vom Fleck. Er hatte das Gewehr. Sie hatte das Baby. Ich merkte, wie sie wütend wurde, obwohl sie nach außen hin ruhig wirkte. Sie war sehr schön.
»Ich verstehe nicht, was ihr Rundaugen hier wollt«, sagte sie ruhig. »Warum geht ihr nicht einfach weg? Wir haben euch längst satt.«
»Ich will nur eins wissen«, schrie der schwarze Mann, »wo ist dein Mann?«
»Ihr werft Flugblätter auf uns und zerbombt unsere Reisfelder«, murmelte Mutter. »Ihr tötet unser Vieh. Was wollt ihr denn noch?«
Der Soldat schien die Hoffnung aufzugeben, sich mit ihr verständigen zu können.
Er rief nach einem anderen Soldaten, der die Hühnerställe durchsuchte.
»Was soll ich mit ihr machen?«

»Hat sie irgendwelche Waffen? Wirkt sie verdächtig?«
»Nein, da ist nur dieses hübsche Weibsbild, eine Alte und ein paar Gören.«
»Laß sie.«
»O. k. Alte, du bleibst hier.« Dann ging er weg.
Eine Minute später kam er mit drei anderen zurück.
»Du Vollidiot! Du sollst sie nicht zurück in die Häuser schicken, du sollst sie zusammentreiben.«
Also wurde uns befohlen, aus dem Haus zu kommen. Zwei Soldaten marschierten hinter uns, einer an der Seite, und der Anführer brüllte sie an und sagte ihnen, was sie zu tun hätten.
Sie brüllten ununterbrochen. Wir blieben still.
»Deine Aufgabe ist es, sie am Fliehen zu hindern, ist das klar? Blockiere diesen Pfad. Daß keiner durchkommt. Sind doch bloß ein paar Frauen und Kinder, die hier rumspringen und keine Ahnung haben, was hier läuft. Also nicht schießen. Bringt sie alle her, so gut es geht. Wenn sie Schwierigkeiten machen, dann kannst du schießen. Alles was sich da draußen bewegt, ist VC, verstanden?«
Sie benutzten die Lautsprecher an den Seiten der Hubschrauber, um uns mitzuteilen, daß wir uns ganz schnell in die Mitte des Dorfes begeben sollten, sonst würden wir als VC-Verdächtige erschossen werden.
Ich wußte nicht, was VC war.
»Das ist ihre Ausdrucksweise«, sagte Mutter. »Für uns hat das überhaupt nichts zu bedeuten. Es gibt kein VC, also kann auch niemand von uns VC sein.«
Aber ihnen bedeutete das schon etwas. Es war ihr Wort für jeden, der bei der Volksarmee mitmachte oder irgend etwas über die Volksarmee wußte oder jemals irgend etwas für die Volksarmee getan hatte. In ihrer Sprache war ein verdächtiger VC jeder, der ein Paar Schuhe besaß, der ein Hemd mit Knöpfen hatte, jeder, der keinen Ausweis hatte, jeder, der einen Strohhut trug.
Sie führten, schoben und trieben uns wie eine Büffelherde zum Schulgebäude.
»Du hast keinen Vater«, sagte Mutter im Gehen. »Wenn dich je-

mand fragt, dann denk daran, er ist vor langer Zeit von uns weggegangen. Kein Vater, denk dran.«
Großmutter schlurfte und murmelte gereizt vor sich hin. Aber einige der kleinen Kinder hüpften herum, als ob es wieder ein Fest mit rosafarbenen Getränken gäbe.
Ich wußte, daß etwas ganz Furchtbares geschehen würde, schlimmer noch als der dreitägige Bombenangriff. Alles würde sich ändern. Wir hätten uns umdrehen und wegrennen und im Gebüsch verstecken sollen, solange es noch möglich war. Aber Mutter begriff nichts. Sie verstand nicht, was die fremden Soldaten untereinander redeten. Nur ich verstand es, und es war schwierig zu erklären. Ich wußte nur, daß ich es irgendwie zugelassen hatte, daß in die melodiöse Reinheit meiner Muttersprache die Sprache der kolonialistischen Aggression eingedrungen war.
Als sie aus dem Hubschrauber gestiegen waren, hatten die Soldaten riesig und bedrohlich gewirkt. Jetzt, von nahem, waren sie jung und aufgeregt und unsicher. Sie waren grob zu uns.
»Was sollen wir mit den ganzen Leuten anstellen?«
»Erstmal zum Verhör. Im Schulgebäude.«
»Und danach?«
»Umsiedlung in ein gutes Übergangslager.«
»Kriegsgefangene? Aber das sind doch keine Kriegsgefangenen? Wir haben sie doch gerade aus den Häusern geholt. Das sind doch Zivilisten.«
»Feindliche Zivilisten. Wir haben Befehl, dieses Dorf zu säubern, Frühjahrsputz. Währenddessen sind sie im Lager besser aufgehoben.«
»Irgendwie finde ich das aber nicht richtig, daß wir sie hier vertreiben, wo sie doch überhaupt nichts gemacht haben.«
»Die werden sich dort schon wohlfühlen. Kriegen alle Annehmlichkeiten.«
Wir mußten uns im Schatten des Schulhofes versammeln, alle aus dem Dorf, die gefunden werden konnten. Dann sahen wir auf der Hauptstraße eine einzelne Figur, die sich langsam entfernte. Es war der alte Giau Huc auf seinem Fahrrad, der zu seinem Gemüsegarten radelte. Sein Strohhut hing ihm auf dem Hinterkopf,

Hacke und Korb waren auf dem Gepäckträger festgeschnallt. Seit einer Explosion war er taub, außerdem war er ziemlich eigensinnig und ein bißchen blöde. Er konnte die Lautsprecher nicht hören. Die Augen aller Dorfbewohner blickten ihm nach. Einer der Soldaten entdeckte ihn. Er radelte weiter. Wir sahen, wie er sich immer weiter entfernte, sein gelber Hut hob sich hell von den dunklen Bäumen ab. Wir wußten alle, was geschehen würde, aber wir konnten nichts tun. Es schien mir so, als sähe ich alles schon, bevor es passierte, seinen langsamen, beinahe anmutig fliegenden Fall zur Seite und dann darauf das Geräusch.

Der Soldat schrie noch einmal. »Komm zurück! Hörst du mich? Komm zurück zu den anderen. Das ist ein Befehl!«

Ein anderer, sehr junger Soldat mit rotem Gesicht und bleichem Haar nahm seine Waffe hoch.

Giau Hucs Füße radelten unverdrossen weiter.

Der junge Soldat schoß, und einen kleinen Moment später ertönten weitere Gewehrschüsse von einer anderen Gruppe von Soldaten, die auch gesehen hatten, daß Giau Huc in der falschen Richtung unterwegs war. Giau Huc schien wie im Flug abzuheben. Er segelte mit langsamen, staubvernebelten Bewegungen erst hoch über sein Fahrrad, dann drehte er sich sachte seitwärts und landete schließlich im Regenwassergraben neben der Straße.

Der junge, rotgesichtige Soldat rannte zur Vorsicht halbgeduckt auf den Körper zu, als befürchtete er, der könnte zurückfeuern. Sobald er merkte, daß sich nichts mehr rührte, richtete er sich auf, starrte die Leiche an, bis sich einige seiner Freunde um ihn scharten.

»Der ist hin«, sagte einer von ihnen.

»Noch ein VC für dich«, sagte ein anderer. »Und was der für'n VC ist.«

»Deshalb tragen sie ja diese schwarzen Pyjamas. Das ist eine Uniform, stimmt's? Die hätte er ja nicht an, wenn er bloß'n normaler Bauer wäre. Das wär ja auch Quatsch, wo doch Schwarz die Hitze anzieht. Ist doch'n heißes Land hier, da zieht doch keiner schwarze Klamotten an, wenn er aufs Feld geht. Wird doch verdammt heiß sonst.«

»Nein, das kann nicht stimmen. Das ist keine Uniform. Die tragen alle schwarze Pyjamas und ein weißes Hemd. Alle Leute. Habt ihr nicht gesehen, in der Stadt haben sie das doch auch alle an.«
»Klar tragen sie es alle. Sind ja auch alle VC. Weißt du nicht mehr, was der Hauptmann in der Einsatzbesprechung gesagt hat? Das hier ist alles eindeutig VC-Gebiet. Solange die Leute denken können, war das schon immer so. Das hat er gesagt. Und guck doch mal auf seine Füße.«
Giau Hucs bloße Füße waren braun.
»Siehst du: Da ist lauter Dreck dran von der Buddelei der Löcher, in denen die überall leben. Die sind mehr Karnickel als Menschen.«
»Ich glaube nicht, daß der VC war. Der hat doch überhaupt keine Waffe.«
Neben Giau Huc auf der Erde lag seine Hacke. Einer der Soldaten trat mit der Fußspitze dagegen. »Und was ist das? Etwa keine Waffe? Na klar war der VC. Du hast doch gesehen, wie der abgehauen ist, als er stehenbleiben sollte. Wenn er angehalten hätte, so wie wir's ihm gesagt haben, dann wäre er doch nicht erschossen worden, oder?«
»Das stimmt.«
»Der Leutnant hat uns gesagt, wir sollen schießen, wenn sie sich bewegen. Bloß auf die Frauen und Kinder nicht.«
Der rotgesichtige Mann, der zuerst geschossen hatte, beugte sich vor und starrte in Giau Hucs Gesicht.
»Ich habe ihn erschossen«, sagte er. Er war bislang still gewesen. »Das ist das erste Mal, daß ich jemanden getötet habe.« Er schien überrascht, aber nicht besonders verwirrt.
Einer von ihnen hatte eine schwarze Kamera an einer Schnur um den Hals hängen. Er machte ein paar Fotos von der Leiche.
Einige Soldaten versuchten munter und freundlich zu sein. Sie boten den kleinen Kindern Süßigkeiten an, sie lächelten und wollten mit den Mädchen plaudern.
Mit umständlichen Gesten versuchten sie, deren Namen herauszubekommen, und sagten ihre eigenen. Aber wir hatten alle gese-

hen wie sie Giau Huc erschossen hatten. Diese Männer hatten genauso wenig menschliche Züge wie die Hubschrauber, mit denen sie gekommen waren. Sie waren wie fliegende Schlangen, gefährlich und unberechenbar.
Sie waren größer als wir und bewaffnet und behaart. Wir konnten nichts weiter tun, als ihren Befehlen zu gehorchen, ohne uns sonst weiter auf sie einzulassen. Die Gesichter der Leute verschlossen sich, es schien als träumten sie mit offenen Augen wie der Tote. Sogar die kleinen Kinder übernahmen schnell die Haltung ihrer Eltern, saßen ruhig und schweigsam da.
Die Verhöre dauerten den ganzen Vormittag. Es war heiß und schwül. Die Sonne stieg höher, und es wurde trockener.
Einige Maschinengewehrsalven ertönten durch das Dorf, ganz in der Nähe von der Stelle, wo Giau Huc gefallen war. Ein Mann feuerte wie ein Wahnsinniger Salven in einen Schuppen. Es war derselbe, der Giau Huc erschossen hatte. Ein anderer Soldat brüllte ihn wütend an: »Komm zurück! Hör auf zu spinnen!«
Aber der rotgesichtige Junge feuerte immer weiter in den Schuppen, in den Hof daneben und in die Bäume, bis endlich sein Ziel, ein Büffel, der an einen Pfahl gebunden war, in die Knie sank und mit einem Stöhnen zur Seite fiel.
»Du sollst keine Büffel töten!«
Der Soldaten-Junge schlenderte grinsend zurück zum Schulhaus.

»Was hat er gemacht?«
»Er sagt, er weiß nicht mehr, was er gemacht hat.«
»Zahlt er Abgaben?«
»Ja, die Männer vom Norden kommen und kassieren jeden Monat zwei Piaster.«
»Was ist er von Beruf?«
»Er sagt, er ist Bauer.«
»Er soll mal seine Hände zeigen. Zeig mal her. Der ist doch kein Bauer! Seine Handflächen sind ganz zart, nicht hart und schwielig. Frag ihn, was er macht.«
»Er sagt, er hat Fahrräder repariert.«

»Und warum hat er gesagt, er wäre Bauer?«
»Er sagt, er war früher Bauer, bis Ben Rach evakuiert wurde. Dann wurde er hier einquartiert und hat geholfen.«
»Wobei geholfen?«
»Bei der Ernte, sagt er. Und jetzt repariert er Fahrräder.«
Die Verhöre waren nicht mehr so locker wie damals bei meinem Vater. Sie teilten uns in zwei Gruppen. Die älteren Jungen und die Männer saßen auf der einen Seite des Schulhofes, die Frauen und Kinder auf der anderen. Ich blieb bei den Frauen und Kindern.
Jede Person wurde einzeln in ein braunes Zelt geführt. Alle anderen blieben draußen im Schatten, bewacht von den Soldaten. Niemand sprach, niemand bewegte sich, alle lauschten dem endlosen Gemurmel der Verhöre innerhalb des Zeltes.
Mutter, die das Baby im Arm hielt, saß mit geradem Rücken vollkommen still da. Sie sah niemanden an, starrte in die Gegend, ihr weiches Gesicht blieb ausdruckslos. Sie rührte sich nur einmal, um meine Schwester zu stillen.
Schließlich war sie dran. Ich stand auf, wollte mir ihr gehen.
»Du nicht, kleiner Jim«, sagte der Soldat am Eingang des Zeltes und schubste mich weg. Ich hatte Angst, daß ihr da drinnen etwas passieren könnte, aber sie sah überhaupt nicht ängstlich aus, nur ärgerlich. Sie starrte die Soldaten, die sie hereingeführt hatten, wütend an. Ich setzte mich neben das Zelt und bemühte mich, alles mitzuhören.
Das Verhör wurde von einem amerikanischen Hauptmann durchgeführt, ein Regierungssoldat übersetzte.
»Hat sie jemals VC gesehen?« fragte der Hauptmann. Er sprach mit lauter, monotoner Stimme.
»Hast du jemals VC gesehen?« fragte der Dolmetscher. Seine Stimme war weicher und ruhiger, hatte hohe und tiefe Töne. Meine Mutter sprach sehr leise, so daß ich sie kaum hören konnte.
»Ja, manchmal. Jeder weiß, daß sie in der Nähe sind. Aber niemand weiß, wer sie sind.«
»Ja, manchmal, hat sie gesagt, natürlich.«

»Wo denn?«
»Wo hast du sie gesehen?«
»Draußen auf den Feldern, vor vielen Wochen«, sagte meine Mutter.
»Und wo gingen sie hin?«
»Sie sagt, das weiß sie nicht. Es geht sie nichts an, um so etwas kümmert sie sich nicht. Sie sagt, sie lebt im Dorf und kümmert sich um ihre alte Mutter und um ihre Kinder. Sie sagt, sie läuft nicht irgendwelchen Fremden im Wald nach.«
»Was haben die VC denn auf den Feldern gemacht?«
»Woher soll ich denn das wissen?«
»Sie sagt, sie weiß es nicht. Das gehe sie nichts an.«
»Wo ist ihr Mann?«
Vielleicht hätte der Hauptmann anders fragen sollen. Haben Sie kürzlich Ihren Mann gesehen? Was haben Sie in der letzten Woche in der Dämmerung, kurz bevor es hell wurde, gemacht? Warum haben Sie eine kleine Schüssel mit Reis in Blätter gewikkelt und in den Wald getragen? Warum sind Sie so leise und ohne Lampe gegangen? Und warum haben Sie Ihr Baby zu Hause gelassen? Aber so fragte er nicht. Er stellte äußerst gelangweilt dieselben Fragen, die er an alle gerichtet hatte. Und sie gab dieselben Antworten.
»Sie sagt, sie weiß es nicht. Er ging vor langer Zeit fort, und seitdem ist ihr Leben sehr schwer. Es ist auch möglich, daß er tot ist, mehr weiß sie aber nicht. Es gab ja Bombardierungen, Mi Hung wurde von den Angriffen dem Erdboden gleichgemacht. Alle Leute von dort sind hierher ins Dorf gekommen.«
»Ist ihr Mann VC?«
»Sie sagt, nein, ist er nicht. Sie sagt, sie glaubt nicht, daß irgend jemand im Dorf VC ist.«
»Aber irgendwo müssen sie doch stecken!« sagte der Hauptmann. »Was ist bloß in diesem Dorf los? Kein Bauer, den wir fragen, hat jemals irgend jemanden gekannt, der VC wäre oder hat je einen VC von nahem gesehen. Wissen sie denn nicht, daß wir mitten in einem Krieg stecken? Wie können wir denn Krieg führen, wenn wir nie Kontakt mit dem Feind bekommen? Wenn wir

noch nicht einmal wissen, wer der Feind ist, geschweige denn, wo er ist?«

Statt auf die nächste Frage zu warten, fing Mutter in hohem, klagendem Tonfall an, sich über das, was am Vormittag im Dorf geschehen war, zu beschweren.

»Einer eurer Soldaten, ein großer, dunkler Mann, hat eine meiner Hennen, die auf der Stange unter dem Dach saß, erschossen«, sagte sie zu dem Dolmetscher. »Na los, sagen Sie es ihm«, sagte Mutter. »Sie müssen wiederholen, was ich gesagt habe.«

»Sie sagt, daß heute morgen ein Soldat Ihrer Armee eine ihrer Hennen erschossen hat.«

»Eine gute Legehenne«, fügte Mutter hinzu.

»Eine gute Legehenne«, sagte der Dolmetscher.

»Wer bezahlt mir die Henne?«

»Hör zu, Frau – ach, sag ihr, wir führen hier Krieg. Wir versuchen das Land zu befreien, wir spielen nicht Bauern. Was ist schon eine Henne im Vergleich zum Verlust von 12 000 Mann? Nein, sag ihr das nicht. Sie versteht ja doch nicht, was ich meine.«

Mutter fing an, alle Vorzüge der Henne herauszustreichen.

»Würden Sie bitte so freundlich sein und ihr sagen, daß sie hier Fragen zu beantworten hat«, schnauzte der Hauptmann. »Sag ihr, sie wird eine Entschädigung bekommen, wenn sie sich an die richtige Stelle wendet. Allmächtiger Gott, eine Legehenne! Aber im Grunde hat sie recht. Wir müssen für das getötete Viehzeug zahlen, sonst haben wir das Headquarter auf dem Hals. Wie sollen wir auch erwarten, daß uns die Dorfbevölkerung vertraut, wenn unsere Truppen erstmal auf alles schießen, was sich bewegt. Und der Büffel von heute morgen, der wird uns auch ein paar Kröten kosten. Was kostet denn so ein Büffel heutzutage?«

»Zehn Dollar, Sir, oder vierhundert Piaster. Aber er gehörte dem VC-Verdächtigen auf dem Fahrrad, den der Gefreite Armstrong erschossen hat. Deshalb wird der Büffel uns wahrscheinlich gar nichts kosten.«

Mutter schien der Meinung zu sein, daß sie genug Fragen beantwortet hatte. Sie ließ sich lang und breit über unsere Kuh aus.

Wie durch den Lärm der Bombenangriffe ihre Milch fast zurückgegangen sei. Und was dann? Und wieso sollte sie überhaupt mitten am Tag Fragen beantworten, wenn sie sich sowieso an nichts mehr erinnern konnte, weil drei Tage lang die Bomben so einen Höllenlärm gemacht hätten. Und wenn eine Henne erschossen werden konnte, während sie dabeistand, was würde wohl in der Zeit geschehen, in der sie hier im Zelt war? Warum konnte sie nicht ihre Tiere mit hierher auf den Schulhof bringen, um sie in Sicherheit zu wissen? Wenn sie nach Hause käme, hätten die Soldaten womöglich alle erschossen?

Der Dolmetscher, der sich mühte, Mutters unaufhörlich auf ihn einprasselnden Beschwerden zu übersetzen, sagte zu dem Offizier: »Diese Frau ist sehr wütend, Sir. Und sie macht sich große Sorgen um ihre Tiere.«

Der Offizier kratzte sich am Kopf. »Gut, laß sie laufen. Hol die nächste rein.«

Mutter kam aufrechten Ganges und mit erhobenem Haupt aus dem Zelt. Sie setzte sich das Baby auf der Hüfte zurecht und schritt gelassen und anmutig über den Hof.

Sie sah niemandem in die Augen, noch nicht einmal mir. Obwohl ihr Gesichtsausdruck unbeteiligt schien, war ich mir sicher, hinter ihrem verdrossenen Starren ein triumphierendes Leuchten zu entdecken.

Die Soldaten hatten einen Haufen von Dingen aufgetürmt, die sie in einem Versteck im Wald gefunden hatten. Das bauten sie als Beweis für die kollektive Schuld der Dorfbewohner vor uns auf. Darunter waren Gewehre und Handgranaten, Kochgeschirre aus Blech und zahlreiche Vorratsdosen für Reis.

»Aber der alte Mann hatte gar keine Waffe, stimmt's? Uns wurde gesagt, wir sollten nur schießen, wenn sie Waffen haben. Daran erkennt man, daß sie zum Feind gehören.«

»Also gut. Es werden eben auch ein paar Leute getötet, die keine Waffen hatten. Und was sollen wir deiner Meinung nach tun? Wir entdecken einen Typen im schwarzen Pyjama. Was machen wir? Warten bis er seine Ak-4 auf uns gerichtet hat? Ich sag dir, da mach ich nicht mit. Ich will das hier lebendig überstehen und dann schnell wieder nach Hause. Du bist nichts weiter als ein Angsthase, stimmt's? Das liegt daran, daß du noch so neu im Geschäft bist. Wie lange bist du schon hier? Eine Woche? Zwei Wochen? Ist dies deine erste Kampfaktion?«

»Ja.«

»Und das ist das erste Mal, daß du dabei warst, wie einer hops gegangen ist?«

»Ja.«

»Du wirst das schon noch kapieren, wenn du erst mal lange genug hier bist. Hör mal, Junge, wie alt bist du eigentlich?«

»Letzte Woche bin ich achtzehn geworden, Sir. Ich mußte auf dem Schiff bleiben, bis ich achtzehn war.«

»Wenn dir das Kämpfen nicht paßt, solltest du zum Friedenskorps gehen. Aber wenn du überleben willst, wenn du wieder nach Hause zu Papa und Mama willst, wenn du wieder Blaubeertorte nach Mamas gutem, alten Rezept essen willst, dann mußt du aber ganz fix lernen. Sei wachsam, wenn du Wache hast. Und auch sonst. Sobald du anfängst, dich sicher zu fühlen, zack, kommt so ein Schlitzauge und kriegt dich zuerst. Im Kampf da gibt's keine zweite Chance, klar?«

»Ja.«

»Vielleicht habe ich mich ja geirrt, und der arme Kerl von heute morgen war unschuldig. Vielleicht war's ja wirklich bloß ein alter Opa. Aber vielleicht auch nicht. Manchmal schmeißen sie, wenn sie dich kommen hören, ihre Waffen weg, ganz weit ins Gebüsch. Du gehst hin und guckst nach der Leiche, und dann findest du fünfzig Meter weiter eine Automatik in den Büschen. Man kann nicht immer von weitem erkennen, ob sie eine Waffe tragen oder nicht. Und du willst natürlich nicht zu nah ran gehen, ums rauszukriegen. Jedenfalls nicht, wenn du wieder nach Hause und im nächsten Jahr weiße Weihnachten feiern willst.«

Einige Leute, die aus dem Verhörzelt kamen, hatten die Arme auf den Rücken gebunden und eine braune Marke an einer Schnur um den Hals hängen. Sie wurden nicht zurück an ihre Plätze gebracht, sondern in eine entfernte Ecke.

Ein Junge namens Van Lan Long, der nur drei Jahre älter war als ich, wurde auch so herausgeführt, die Arme bis kurz oberhalb des Ellenbogens eng auf den Rücken geschnürt. Er war barfuß und trug nur Baumwollshorts. Er reichte gerade bis zum Patronengurt seines Bewachers.

»Der kleine Kerl soll verdächtig sein?« fragte einer der Soldaten.

»Dieser kleine Kerl, wie du ihn nennst, hat seit ungefähr fünf Jahren Waffen geschmuggelt. Ein Zehnjähriger kommt auf dich zu, nimmt deinen Bonbon, und im nächsten Moment – boing – läßt er eine Handgranate fallen. Dieser unschuldige Junge hat wahrscheinlich eine ganze Menge unserer besten Kumpels auf dem Gewissen. Außerdem sehen diese Kanaken sowieso immer jünger aus als sie sind. Das ist eine mickrige, verkümmerte Rasse.«

Van Lan Long wurde grob in die hintere Ecke zu den anderen geschubst. Als er an mir vorbeistolperte sah ich die braune Marke an seinem Hals. »Kriegsgefangener« war in unserer und in ihrer Sprache darauf gedruckt. Darunter war Platz für den Namen, das Alter und den Beruf des Betroffenen. Sie hatten seinen Namen eingetragen, aber den Rest freigelassen.

Alles in allem hatten sie zwanzig Leute zu Gefangenen gemacht. Darunter war auch unser Dorfvorsteher. Sie mußten sich mit auf den Rücken gebundenen Händen in zwei Reihen hinhocken. Am Ende jeder Reihe saß eine Wache. Wir vermieden es, die Männer direkt anzusehen. Es waren alles Leute, die wir kannten. Auch sie sahen nicht zu uns herüber. Sogar die Frauen sahen ihre Männer nicht an, genausowenig wie die Mütter ihre Söhne.

Ein großer Hubschrauber, größer als die, mit denen die Soldaten gekommen waren, landete holpernd auf der Straße vor der Schule. Er hatte zwei von den wirbelnden Rotorblättern, an jedem Ende eines, die den roten Staub in unsere Gesichter bliesen. Die Wachsoldaten schützten ihre Gesichter vor dem wirbelnden Staub. Wir auch. Aber die Gefangenen, denen die Arme gebunden waren, konnten nur die Augen schließen und mußten den heißen Staub ungeschützt über sich ergehen lassen.

Vom hinteren Ende des Hubschraubers wurde eine Brücke heruntergelassen, die in das dunkle Innere führte. Den Gefangenen

wurde mit Gesten bedeutet, daß sie in gebückter Haltung in diese Öffnung laufen müßten, sonst würden die Rotorblätter sie zerfetzen. Einer nach dem anderen rannte den Steg hoch. Ihre braunen Marken flatterten im Wind, dann verschwanden sie in der Dunkelheit.
Die Brücke wurde hochgezogen, und wir konnten die Gefangenen nicht mehr sehen. Der Hubschrauber hob ab und machte noch mehr Lärm und Wind. Siebzehn Männer und drei Jungen aus unserem Dorf wurden in die Luft gehoben, flogen über unsere Köpfe hinweg in den Himmel und verschwanden hinter den Bäumen.

Vier grüne, offene Lastwagen rollten in die Mitte des Dorfes. Sie wendeten, wühlten die Erde auf und blieben in einer Reihe stehen. Die Fahrer riefen und gestikulierten, aber keiner verstand, was sie wollten. Die Leute dachten, die übrigen Soldaten würden mit den Lastwagen abgeholt werden.
Ich wußte, warum sie da waren. Ich wußte, was die Männer riefen.
»Allmächtiger Gott! Diese Leute! Was sind die blöde, so was von halsstarrig!«
Der Dolmetscher wurde geholt. Er erklärte, daß wir jetzt in ein Umsiedlungslager gebracht würden. Großmutter wollte nicht glauben, daß sie auf einen der Lastwagen klettern und davonfahren sollte. Sie schüttelte den Kopf und beschwerte sich lauthals. »Es ist nicht recht, Menschen von ihrem heiligen Land zu trennen«, stöhnte sie. »Das ist nicht recht.«
Einer der amerikanischen Soldaten klopfte ihr auf die Schulter: »Mach dir keine Sorgen, Oma. Dir wird's bestimmt gefallen!«
Aber natürlich verstand sie nicht, was er sagte, genausowenig wie er verstand, wie schwer es für sie war, wegzugehen. Wenn jemand seine Heimat verläßt, dann bleibt immer etwas zurück. Großmutter hatte Angst, daß sie vielleicht nicht mehr zurückkehren könnte, und dann würde sie sich verlieren. Und sie durfte nicht die Gräber ihrer Vorfahren verlassen. Wenn niemand da war, der sich um die Gräber kümmerte, dann würden die Seelen

unserer Verwandten ewigen Qualen ausgesetzt sein. Die Verstorbenen dürfen nie vergessen werden, denn ihre Seelen beeinflussen das tägliche Leben der Nachfahren.

Jede Familie durfte fünfzehn Scheffel Reis mitnehmen und so viel Gepäck, wie sie tragen konnte. Ich fing unsere sechs Küken ein und packte sie mit der Henne in einen Korb. Sie war ein tückisches Vieh, gluckste wütend und versuchte, nach mir zu picken. Aber als sie die Küken unter ihren Federn hatte, beruhigte sie sich.

Mutter packte die Mahlzeit ein, die sie gerade gekocht hatte, dazu unsere Kochtöpfe, unsere Schlafmatten, einen Korb mit frischem Gemüse, einen Tontopf mit Fischsoße und ein Bündel mit Gewürzen.

Auf jedem Fenstersims stand eine Reihe Bohnensprößlinge, die in einem Klumpen feuchter Erde mit grünen Palmblättern umwikkelt, keimten. Mutter hatte schon alles zum Pflanzen nach der Regenzeit vorbereitet.

Wenn sie sie daließe, würden sie wahrscheinlich vertrocknen. Sie legte sie obenauf in einen Korb mit Kleidungsstücken.

Großmutter trug das Baby, einen Blecheimer voller Maiskörner und ihren kleinen Hocker. Bevor wir aus dem Haus gingen, stellte sie noch etwas Nahrung und ein paar Blumen vor unseren Hausschrein, zündete ein paar Räucherstäbchen an und sagte ein paar Gebete zur Erinnerung an die, die verschieden waren.

Wir hatten viel zu schleppen. Am schwersten waren die fünf Beutel mit Reis, die Mutter und ich trotz mehrmaliger Versuche nicht von der Stelle bewegen konnten. Ich mußte einen der Soldaten bitten, uns zu helfen, obwohl Mutter das nicht wollte.

»Wir hätten diese faulen Mädchen bei uns behalten sollen«, murmelte sie.

Unsere Nachbarn, die die beiden Evakuierten übernommen hatten, konnten mehr von ihren Sachen mitschleppen, weil sie mehr Erwachsene zum Tragen hatten.

Im letzten Moment fiel mir noch ein, eine Handvoll Körner in einen kleinen Beutel zu füllen, damit ich die Küken füttern konnte, wenn wir ankamen.

Viele Familien hatten ihre Schweine mit auf die Lastwagen genommen. Die Tiere quietschten und kämpften gegen den Strick, mit dem sie an den Hinterbeinen festgebunden waren. Wir hatten kein Schwein. Unsere Kuh war zu groß. Aber wir hatten eine Ziege! Ich raste zurück, um sie zu holen. Sie wollte nicht rennen, also band ich ihr die dünnen Beine zusammen und trug sie auf dem Arm.

»Nur fünfzehn Scheffel, meine Dame! Mehr nicht!«

Die Frau versuchte zu erklären, daß sie eine große Familie hätte, und daß sie bei sich Verwandte einquartiert hätte, deren Dorf evakuiert worden war. Wie sollte sie die mit den lächerlichen fünfzehn Scheffeln mehr als eine Minute lang satt bekommen?

Während die beiden noch diskutierten, kletterte ich schnell mit der Ziege auf den Lastwagen. Andere, die ebenfalls zuviel Gepäck hatten, machten es ebenso.

Die Lastwagen setzten sich in Bewegung. Die Straße war holperig, voller Löcher und Krater von den Bomben, die die Reisfelder verfehlt hatten. Wir fuhren im Konvoi, hinter uns waren zwei und vor uns noch ein Lastwagen. Wir schwankten und schaukelten auf der Ladefläche. Ich war gespannt, wie es wohl jenseits unseres Dorfes aussehen mochte. Im Wald war ich schon gewesen, und wenn die Männer fischten, war ich mit ihnen an den Fluß gegangen, sogar bis zu dem Wasserfall flußabwärts. Aber diese Richtung kannte ich nicht. Ob die Straße bis zu der Stadt an der Küste führte, wo der Fluß ins Meer mündete? Am Meer war ich noch nie gewesen, auch sonst niemand aus unserem Dorf.

Einige der kleineren Kinder hatten gar nicht richtig mitbekommen, was eigentlich passiert war. Für sie war unser Ausflug wie ein Fest. Sie lachten und sangen und winkten den Bäumen am Straßenrand zu. Einige von den ganz Alten waren so durcheinander, daß sie gar nicht begriffen, was los war.

Plötzlich bog der Konvoi von der Straße ab, fuhr durch ein Tor auf ein riesiges offenes Gelände, das wie ein Feld im Wald gerodet war. Ganz am Ende an einem Zaun stand eine ordentliche Reihe brauner Zelte, die voll dem Sonnenlicht ausgesetzt waren, es gab nirgends Schatten. In dem ganzen riesigen Gebiet, das von einem hohen Drahtzaun eingezäunt war, wuchs bis auf drei reichlich zerfledderte Palmen überhaupt nichts Grünes, nicht ein Grashalm. Der Boden bestand aus platter roter Erde und war mit nichts weiter als mit rotem Staub bedeckt.

»Wir sind da, meine Herrschaften! Hotel Miami, ihr tropisches Ferienlager!« Der Fahrer löste die Ladeklappe und bedeutete uns auszusteigen. »Fühlt euch wie zu Hause! Jetzt seid ihr an eurem endgültigen Bestimmungsort.«

Ein Soldat grinste, aber unsere Leute verzogen keine Miene.

Am Tor war ein Stofftransparent angebracht.

WILLKOMMEN IM AUFFANGLAGER FÜR FLÜCHTLINGE VOR DEM TERROR!

Wir zottelten mit unseren Sachen quer über den trockenen Platz bis zu den Zelten am hinteren Ende. Sie waren aus dunkelbraunem Gewebe, hatten hölzerne Pfähle und standen ganz dicht nebeneinander. Die Zelte waren gleich groß, jede Familie bekam eines zugewiesen, ganz gleich, wie groß sie war.

Die Lastwagen, die uns hergebracht hatten, wendeten und fuhren wieder ab. Ein Jeep bog durchs Tor, holperte quer über die platte Erde auf uns zu und bremste heftig vor einer Zeltreihe. Eine rote Staubwolke wirbelte auf. Ein Offizier sprang behende heraus und kletterte auf die Haube des Jeeps, damit er besser gesehen werden konnte. Er war klein und trug eine ordentlich gebügelte Uniform. Er sprach durch ein Megaphon:

»Guten Tag, liebe Freunde. Mein Name ist Nguyen Hué, ich bin der Leiter dieses Umsiedlungsgebietes. Willkommen in unserem Umsiedlungslager! Hier sind Sie sicher vor den Attacken der feindlichen Rebellen. Ich bedaure sehr, daß zumindest am Anfang die Bedingungen etwas schwierig sein werden. Aber bitte, seien Sie geduldig. Mit unseren Freunden und Verbündeten der ausländischen Armee werden wir tun, was in unseren Kräften steht, um Ihnen so schnell wie möglich Erleichterungen zu verschaffen. Schon sehr bald wird es Wasser, medizinische Versorgung und Lebensmittel geben. Bitte denken Sie daran, ständig Ihre Ausweispapiere bei sich zu tragen. Ich bedanke mich für Ihr Verständnis.« Dann kletterte er auf den Rücksitz des Jeeps, setzte sich, und der Wagen holperte quer über das freie Gelände davon. Während meine Mutter unsere Sachen ordentlich im Zelt einräumte, ließ ich die Hühner heraus. Die Küken rannten aufgeregt piepsend im Kreis herum, als ob sie während der Fahrt jeden Orientierungssinn verloren hätten. Sie pickten am Boden und an meinen Füßen herum und landeten bei ihren Versuchen, davonzuflattern, auf den rutschigen Seitenteilen des Zeltes. Ich verstreute ein paar Körner, und sie stürzten sich gleich darauf, aber die Henne war schneller. Sie schubste ihre Küken zur Seite und pickte gierig alles auf. Ich streute noch mehr aus, diesmal aber so, daß alle etwas bekamen.

Mutter stellte die Bohnensprößlinge an die Seite des Zeltes, damit sie dort im Schatten standen und wir nicht darauftraten.

Großmutter verteilte die Matten, und wir legten uns schlafen. Zum Glück waren wir nur vier, so hatten wir genug Platz und konnten uns alle bequem ausstrecken. Das Zelt war so breit, daß ich mich quer legen konnte, und das Baby nahm überhaupt keinen Platz ein, weil es sich bei Mutter in den Arm kuschelte. Für die Leute im Zelt nebenan war es schwieriger, denn sie waren elf und hatten außerdem noch das Schwein.

Ich schlief fast augenblicklich ein. Als ich aufwachte, hatte sich allerhand verändert. Draußen war es laut und geschäftig. Lastwagen donnerten hin und her. Direkt vor uns errichteten Soldaten weitere Zeltreihen. Einige Leute hatten Kerosin oder Kohle mitgebracht oder hatten ein paar Holzspäne aufgesammelt, so daß jetzt vor vielen Zelten Feuer glimmten, auf denen der Reis fürs Abendessen gekocht wurde.

Ich kroch an den Rand unseres Zeltes und hob die Zeltplane hoch. Der Stacheldrahtzaun war so nah, daß ich ihn hätte anfassen können. Dahinter standen hohes, trockenes Gras und Buschwerk und dann fing der Wald an. Einige Soldaten rodeten das Buschwerk, so daß ein breiter, kahler Streifen das ganze Lager umgab. Dann bauten sie noch einen zweiten Zaun, der sogar noch höher als der erste war.

Der schmale Offizier in der makellosen Uniform kam, um noch eine Rede zu halten. Wieder stieg er auf die Haube des Jeeps.

»Freunde, ich bin Hauptmann Nguyen Hué.« So fing er immer an. »Der Leiter dieses Umsiedlungslagers. Ich freue mich, Ihnen mitteilen zu können, daß wir in Kürze Wasser bekommen und daß einige Verbesserungen schon jetzt in Angriff genommen werden. Bitte sagen Sie Ihren Freunden und Verwandten, die sich noch im Wald verstecken, daß sie sich jetzt stellen sollen, dann wird es für sie und für uns einfacher. Wir haben zusammen mit unseren amerikanischen Freunden dieses Lager eingerichtet, um Sie vor dem Terror des Feindes zu schützen. Diejenigen, die sich nicht freiwillig ergeben, werden sicherlich von der einen oder der anderen Seite getötet werden. Wenn Ihre Freunde sich aber ergeben und ihren vergeblichen Kampf einstellen, dann können sie gerettet werden.«
»Was meint der wohl, wie wir mit irgend jemandem Kontakt aufnehmen können, wenn wir hier in diesem Käfig eingesperrt sind«, knurrte Mutter.
Mir kam es nicht wie ein Käfig vor. Am Anfang gab es für uns Kinder immer irgend etwas Spannendes zu entdecken, während die Erwachsenen damit beschäftigt waren, sich häuslich einzurichten.
Als erstes kam die Wasserversorgung. Auf einem Lastwagen war ein riesiger Wassertank montiert. Ein Soldat fuhr den Wasserwagen ein Stück ins Lager hinein und ließ ihn dann neben dem Tor stehen, so daß er halb den Eingang blockierte. Hinten am Tank hatte sich noch bevor der Fahrer ausgestiegen war, eine Reihe von Leuten angestellt, die Eimer, Blechbecher, Schüsseln und alte Benzinkanister mit sich führten. Zuerst warteten alle geduldig, doch je länger die Schlange wurde, desto mehr Leute wurden ungeduldig und begannen zu drängeln. Ich rannte zu unserem Zelt, um eine Plastikdose zu holen. Die Küken, die Henne, die Ziege und die Bohnensprößlinge brauchten Wasser. Und wir natürlich auch.
Immer mehr Zelte wurden in Reihen aufgestellt, noch mehr Menschen wurden genau wie wir auf Armeelastwagen ins Lager gebracht. Alte jammerten, Babys schrieen, kleine Kinder rannten weg, Schweine quiekten und Hennen glucksten. Schließlich war

das ganze Gelände voller Menschen und Tiere, und nichts erinnerte mehr an das leere Feld, das wir bei unserer Ankunft vorgefunden hatten. Mutter sprach mit einer Frau, die mit ihr um Wasser anstand, und die erzählte ihr, daß sie schon viermal umgesiedelt worden war und daß ihr jüngstes Kind in einem Lager geboren worden war.

Jetzt war das Lager so groß, daß Hauptmann Nguyen Hué mit seinem Megaphon auf dem Jeep nichts mehr ausrichten konnte. Es waren einfach zu viele Menschen. Deshalb wurde mitten im Lager ein hoher Holzmast mit einem Lautsprecher an der Spitze aufgestellt, von dem nun die Reden übertragen wurden.

Der Lautsprecher kündigte an, daß Mitglieder der Abteilung Demokratische Umerziehung ein Schulungsprogramm für uns vorbereitet hätten.

»Du brauchst da nicht hinzugehen«, sagte Mutter. »Die bringen dir doch nur was Falsches bei.«

Aber man brauchte nirgends hinzugehen. Sie sendeten ihr Programm ununterbrochen über den Lautsprecher, so daß jeder gezwungen war, zuzuhören. Erst spielten sie laute, fröhliche Musik. Dann hieß uns eine Stimme im Namen der Abteilung Demokratische Umerziehung willkommen, pries die Arbeit der verbündeten Streitkräfte und warnte uns vor den Kadern der Feinde, die heimlich aus unserer Mitte rekrutiert würden.

»Wenn Sie merken, daß ein Kader gebildet wird, dann kommen Sie sofort zu uns und erstatten Meldung«, drängte die Stimme der Abteilung Demokratische Umerziehung. »Wir fordern gleichzeitig alle feindlichen Kader auf, sich zu stellen, dann werden wir sie in unserem Programm ›Offene Waffen‹ willkommen heißen. Wir raten allen, deren Verwandte sich in ihren Heimatdörfern oder sonstwo verstecken, mit den Regierungstruppen in den Wald zu gehen und zu versuchen, die Verwandten zu überzeugen, mit hierher zu kommen. Die Regierung steht immer zu ihrem Volk. Die Regierung bleibt immer bestehen.«

Wieder plärrte die fröhliche Musik über den Platz. Und eine Stunde später wurde genau dieselbe Rede wiederholt. »Wäre ich doch bloß schwerhörig wie Großmutter!« sagte Mutter.

Sie wiederholten denselben Text, dieselbe Musik mehrere Male am Tag. Anfangs war es noch schwierig, nicht hinzuhören, aber mit der Zeit gewöhnte man sich an die ständige Geräuschkulisse und konnte seinen eigenen Gedanken nachhängen oder sogar vor sich hindösen. Ich war von dem Programm enttäuscht. Ich hatte Vorträge über Poesie und Sprache erwartet, wie wir sie zu Hause in unserem Schulhaus gehört hatten.

In den Pausen zwischen den Sendungen liefen die Mitglieder der Propagandaabteilung herum, befestigten Zettel am Stacheldrahtzaun und überredeten kleine Kinder, ihnen dabei zu helfen. Aber ich wußte, daß Mutter dagegen sein würde. Auf einem der Zettel, der direkt hinter unserem Zelt am Zaun hing, stand: »Die Armee beschützt das Volk, damit es seinen Reis behalten und ihn mit zurück in die Dörfer nehmen kann.« Mutter riß den Zettel ab.

Dann hackten die Soldaten zwei nebeneinanderliegende Gräben in die harte Erde.

»Was haben sie denn jetzt schon wieder vor?« fragte Mutter. Großmutter meinte, es sähe aus wie Gräber, in denen sie uns beerdigen wollten, und sagte das auch unseren Nachbarn. Weil sie so alt war, glaubten sie ihr und erzählten es weiter.

Mutter schickte mich los, um herauszufinden, was sie wirklich planten. Also stellte ich mich zwischen die vielen Kinder, die am Ende des einen Grabens standen und den Männern bei der Arbeit zuguckten. Die Löcher wurden immer tiefer, aber sie schienen nicht breit genug für Leichen zu sein. Die Soldaten holten Holzstangen und Wellblechplatten von einem Lastwagen, schlugen die Pfähle in die Erde und befestigten die Wellbleche dazwischen, so daß zwischen den beiden Gräben ein niedriger Zaun entstand.

Wir konnten uns immer noch nicht vorstellen, was das sein sollte. Doch dann erscholl Hauptmann Hués Stimme. Wie in einem Traum schwoll sie auf und ab. Er erklärte uns, daß dies Latrinen wären, eine für die Frauen und Kinder, eine für die Männer und Jungen. Das Wellblech dazwischen sollte die Trennwand darstellen.

Die nächste spannende Sache war ein Amerikaner, der seinen Laster langsam zwischen den Zelten auf- und abfahren ließ. Hinten auf der Ladefläche stand ein Regierungssoldat, der eine Pumpe bediente, die weißes Pulver versprühte, das als feiner Staub alles bedeckte, unser Bettzeug, unsere Haare, unsere Zelte, sogar unsere Ziege und die Hühner.

Der Weg zwischen den Zelten war sehr schmal, der Laster aber sehr breit, so daß er häufig an die Zeltleinwände stieß und manchmal die Seile herunterriß. Die riesigen Räder drückten die Zeltpflöcke in die Erde, walzten Körbe oder zum Trocknen ausgelegte Wäsche platt, es sei denn die Leute waren schnell genug und brachten ihre Sachen rechtzeitig in Sicherheit.

Das Pulver färbte unsere schwarzen Haare grau, so daß wir alle aussahen wie alte Leute, sogar das Baby Mai. Wir wußten nicht, warum sie uns mit dem Pulver bestäubten. Als der Lastwagen in die nächste Reihe fuhr, hörten wir lautes Schreien, und der Motor des Lastwagens verstummte. Die Leute aus den umliegenden Zelten kletterten auf den Lastwagen und gingen mit den bloßen Händen auf die beiden Soldaten, den weißen und den braunen, los. Sie zerrten sie vom Wagen, so daß sie das Sprühen einstellen mußten. Einige Leute im Lager waren immer auf Streit aus oder suchten irgendeinen Anlaß, um sich abzureagieren, weil sie sich einfach nicht daran gewöhnen konnten, den ganzen Tag lang untätig herumzusitzen und nicht von morgens bis abends auf den Feldern zu arbeiten.

Eine Frau schrie mich an: »Geh und wasch das Zeug ab! Schnell! Es verbrennt dir die Haut! Wie Gift!«

Eine andere Frau sagte, daß auf ihr Dorf ähnlicher, gelber Puder gestreut worden war. Danach waren alle Blätter an den Bäumen verwelkt und die Haut der Kinder verätzt. »Geh und sag deiner Mutter, sie soll's dir abwaschen. Und schmeißt euer Essen weg, oder eure Eingeweide verschrumpeln!«

Der amerikanische Fahrer schüttelte die Angreifer von sich ab. »Ihr spinnt!« schrie er in seiner Sprache. »Das ist kein Entlaubungsmittel! Das ist ein Desinfektionsmittel! Oh, Jesus, diese Leute!« Er wandte sich an den Soldaten, der an der Spritze gearbeitet hatte. »Los, Dschungelmann, sag ihnen, daß sie spinnen. Sag ihnen, es ist kein Entlaubungsmittel!«

Aber der amerikanische Soldat und der Regierungssoldat sprachen nicht dieselbe Sprache, sie verstanden sich nicht. Die Regierungssoldaten und die Amerikaner stritten oft miteinander. Mitunter gaben sie auch nur vor, nichts zu verstehen. Aber keiner dieser Soldaten konnte die Wut der Leute ignorieren, deshalb mußten sie das Sprühen einstellen.

Ich glaubte nicht, was die Frau über den Puder gesagt hatte. Meiner Haut war jedenfalls nichts anzumerken. Aber ich tat, was sie gesagt hatte. Ich ging zum Wassertank am Eingang.

Aber es gab kein Wasser mehr, weder zum Waschen noch für irgend etwas anderes. Ein kleines Mädchen planschte unter dem Hahn herum. Sie hatte einen kleinen Plastikeimer, den sie wohl für ihre Familie hatte füllen sollen. Stattdessen hatte sie das Wasser laufen lassen, damit sie in der Pfütze spielen konnte. Aus dem Hahn kam nur noch ein einziger Tropfen. Als ich sie anbrüllte, wie blöd sie wäre, ging sie einfach weg.

Der Boden um den Wassertank herum war morastig wie ein Sumpf. Als die Leute aus der näheren Umgebung das bemerkten, brachten sie ihre Schweine, damit die aus den Pfützen trinken konnten. Die Schweine hatten es gut. Aber wir würden bis zum nächsten Tag kein Wasser mehr haben, weil erst dann der Tank wieder gefüllt werden würde.

Nach einer Weile knackte es im Lautsprecher, was bedeutete, daß Hauptmann Hué zu uns sprechen wollte. Ich dachte, er würde sagen, daß sie uns neues Wasser besorgen würden.

»Hier spricht Ihr Lagerleiter, Hauptmann Hué.« Die Lautstärke des Lautsprechers schwankte, so daß wir nicht alles verstehen konnten, was er sagte. Ich war mir aber trotzdem sicher, daß er das Wasser nicht erwähnt hatte.

»Macht euch keine Sorgen, Leute, dieses Gift wird euch nichts tun. Es tötet nur Insekten, Bakterien, Wanzen und Milben. Die feindlichen Rebellen behaupten, die Regierungstruppen und ihre Verbündeten wollten euch vergiften, wollten das Grün des Waldes vernichten und eure Lebensgrundlage zerstören. Aber das stimmt nicht. Wir wollen den Krieg für euch gewinnen, wollen eure Lebensqualität verbessern, indem wir die Insekten töten, die

Infektionen und Krankheiten verursachen und euren Kindern den Tod bringen. Bitte erlaubt unseren Freunden, ihre Arbeit ungestört fortsetzen zu können.«
»Aber wir haben keine Wanzen«, sagte Großmutter. »Wir hatten noch nie Wanzen.« Aber ziemlich bald hatten wir doch welche, trotz des weißen Puders. Mutter sagte, daß wir sie wahrscheinlich von den Neuankömmlingen hätten, die nicht besonders sauber aussahen. Aber auch wir waren nicht mehr so sauber wie sonst. Als wir noch im Dorf lebten, gingen wir immer an den Fluß und wuschen uns dreimal am Tag. Aber hier war das nicht möglich. Obwohl inzwischen viel mehr Menschen im Lager waren, gab es immer noch die gleiche Menge Wasser.
Unsere Bohnensprößlinge wurden gelb und struppig. Wenn wir sie nicht bald richtig einpflanzten, würden sie verdorren. Deshalb tauschte Mutter sie bei einem fliegenden Gemüsehändler gegen ein paar Tomaten und einen Kopf Salat ein.

Je größer das Lager wurde, desto schwieriger war es, sich zurechtzufinden. Die Zelte sahen alle gleich aus, die Wege dazwischen auch. Kleine Kinder entfernten sich zu weit von ihrem Zelt und verliefen sich.
Ich kam an einer aufgelösten Mutter vorbei, die ihr Kind suchte. Eine Zeltreihe weiter stieß ich auf ein kleines, weinendes Kind. Ich nahm das Kind an der Hand und führte es dorthin, wo es für meine Begriffe hingehörte – zu der kreischenden Mutter. Aber als ich ihr den kleinen Jungen brachte, fuhr sie mich wütend an: »Das ist nicht mein Kind, du Trottel! Der gehört woanders hin!«
Glücklicherweise war Mai noch so klein, sie konnte noch nicht krabbeln und daher auch nicht verlorengehen.
Es gab einen Jungen, ungefähr in meinem Alter, der zusammen mit seinem kleinen Bruder auf dem falschen Lastwagen gelandet war. Sie hatten ihre ganze Familie verloren, auch die Cousins und entfernten Tanten. Der Junge streifte mit seinem kleinen Bruder auf dem Rücken verzweifelt durch das Lager, bettelte um Essen und fragte alle Leute, ob sie wüßten, in welches Lager die anderen Lastwagen gefahren wären.

Mutter jagte ihn weg.
»Wir können ihm keinen Reis geben«, sagte sie. »Wir haben selber kaum genug. Außerdem ist er nicht aus unserem Dorf. Wir können nichts machen. Die Verantwortlichen müssen sich darum kümmern.«
Ich war froh, daß ich nicht irgendwo zurückgelassen worden war und als einzigen Verwandten einen Bruder hatte, der sich an den Nacken klammerte.
Neben dem Eingangstor wurde eine Zentrale für die Lagerleitung gebaut. Es war ein großes, gelbes Zelt, wo sich die Offiziere um einen hölzernen Klapptisch versammelten, kühles Bier tranken und sich wichtig taten. Die Bierflaschen wurden in einer metallenen Kühlbox mit Eisbrocken gekühlt.
Mutter ging zur Lagerleitung.
»Zu Hause würde ich mit dieser Sache zum Dorfvorsteher gehen. Aber hier gibt es keinen Vorsteher und keine Freunde, deshalb wende ich mich an Sie.«
Es war nur ein Amerikaner da, der vor dem Zelt saß und trank und sie nicht verstand.
»Meine Familie und ich«, fuhr sie fort, »möchten in unser Dorf zurückgebracht werden. Wir sind lange genug hier gewesen.« Sie hatte die Ziege am Strick dabei, weil sie hoffte, auf dem Weg vielleicht einen Grasbüschel oder irgendwelches Gemüse, auf das gerade niemand achtete, zu finden.
»Hör mal, Alte, ich kann überhaupt nichts für dich tun, tut mir leid.« Der Amerikaner winkte mit der Hand in Richtung der Zeltreihen. »Geh zu jemandem von deinen eigenen Leuten. Euer kleiner Hauptmann, der ist da irgendwo. Du mit ihm sprechen.«
Mutter wiederholte ihr Anliegen. »Und noch etwas«, fuhr sie fort. »Es gibt nicht genügend Lebensmittel. Weder für uns noch für unsere Tiere. Gucken Sie sich meine Ziege an! Sie ist so hungrig, daß ihre Milch versiegt.« Die Ziege knabberte an dem hölzernen Bein des Stuhles, auf dem der Amerikaner saß.
»Die Leute müssen sogar mit ihren Schweinen zusammen schlafen! Das ist widerlich!« Sie steigerte sich immer mehr hinein, ihr fiel immer mehr ein, worüber sie sich beschweren konnte. Aber

da der Mann sie überhaupt nicht verstand, war es ziemlich sinnlos. Also setzte sie sich neben ihn auf einen der Klappstühle der Offiziere und band die Ziege an der Rückenlehne fest.
Der Soldat rief einen Mann, der gerade vorbei ging. »He, du! Geh und such den kleinen Hauptmann. Hier ist eine mächtig wütende Bäuerin, und so wie sie aussieht, wird sie sich nicht vom Fleck rühren, bis sie kriegt, was sie will. Obwohl ich nicht den geringsten Schimmer habe, was das sein könnte.«
Eine Stunde später kam Hauptmann Hué. Er hörte Mutter sehr höflich zu.
»Liebe Frau, bald werden die Verhältnisse hier wesentlich verbessert werden. Ich versichere Ihnen, daß ich die Umstände hier auf der Stelle verändern würde – wenn es in meiner Macht stünde. Aber wie Sie bald im öffentlichen Erziehungsprogramm hören werden, tun wir alles, um Sie zu unterstützen. Wo ist denn Ihr Mann? Vielleicht sollte er die schweren Arbeiten übernehmen? Er könnte doch das Wasser holen und zum Zelt tragen?«
»Mein Mann ist nicht hier.«
»Aber er sollte bei Ihnen sein. Wenn er bei den VC ist, dann sollten Sie versuchen, ihn zurückzuholen. Wenn er aus eignem Antrieb kommt, dann wird ihm nichts geschehen. Wir haben das Programm ›Offene Waffen‹ um eine Woche verlängert. Alle Rückkehrer, die sich freiwillig stellen, bekommen als Geste der Freundschaft einen extra Sack Reis von unseren Verbündeten. Sie haben eine Familie, könnten Sie nicht eine extra Ration Reis gebrauchen?«
»Sogar wenn ich wüßte, wo mein Mann ist, wie könnte ich denn Kontakt zu ihm aufnehmen, solange ich hier eingesperrt bin?«
»Sie sind doch gar nicht eingesperrt! Sie sind ein Flüchtling. Sie sind hier zu ihrer eigenen Sicherheit vorübergehend interniert. Tagsüber können Sie selbstverständlich kommen und gehen wie Sie wollen.«
»Interniert. Flüchtling. Das sind doch bloß Worte. Sie bedeuten alle dasselbe. Es spielt keine Rolle, wie Sie das nennen. Wir sind trotzdem Gefangene.«
Sie band die Ziege los, setzte Mai auf ihre Hüfte und ging zu un-

serem Zelt zurück. Sie ging aufrecht, erhobenen Hauptes, mit sicherem Tritt. Noch war ihr Wille nicht gebrochen.

Was immer Hauptmann Hué auch gesagt haben mochte, Mutter hatte recht. Wir waren nichts. Einheiten, Nummern auf Ausweispapieren, die Bewohner von Zelt 6 Reihe A. Wir waren nicht nur durch den Zaun eingesperrt, sondern auch durch die Zeit. Es geschah nichts. Es änderte sich nichts. Es wuchs nichts. Wir hatten weder Gegenwart noch Zukunft und sogar die Vergangenheit verlöschte langsam. Es war für uns alle gleich. Wir bemerkten, wie um uns herum die Leute in Leere und Hoffnungslosigkeit versanken. Die Familie zwei Zelte weiter machte sich nicht mehr die Mühe, ihre Schälchen und Stäbchen vor dem Benutzen in kochendes Wasser zu stecken. Sie wuschen sich nicht mehr die Hände. Sogar wenn ihnen etwas vom Essen in den Dreck fiel, klaubten sie es auf und aßen es. Sie saßen den ganzen Tag lang da und starrten in die Gegend.

»Wir müssen irgend etwas tun«, sagte Mutter. »Bevor wir auch so werden.«

»Aber was denn?«

»Ich weiß noch nicht. Aber ich werde mir etwas einfallen lassen. Vielleicht sollten wir versuchen, von hier wegzukommen. Wir müssen versuchen, nach Hause zu kommen.«

Tante Claire fuhr mich nach Hause. Sie sagten nichts über die vergangene Nacht, sie stellten keine Fragen, setzten mich nicht unter Druck. Sie versuchten, gute, verständnisvolle Eltern zu sein. Ich spürte, daß sie dachten, sie hätten mir zuviel zugemutet, so daß sie mich jetzt besonders vorsichtig behandeln wollten.

Aber jetzt beantworteten sie mir meine Fragen.

»Er war doch ein Flüchtling, oder?« fragte ich.

»Hm«, sagte Tony, »naja, ich nehme jedenfalls an. Im Grunde ist er ja immer noch einer. Er hat keinen politischen Status, weder hier noch sonst irgendwo. Bis er adoptiert wird. Dann wird er britisch.«

Ich guckte Ha an, der dicht vor dem Fernseher klebte. Sein Mund stand halb offen, und er sabberte ein bißchen vor Aufregung, während er die Aktivitäten eines Yoga-Experten verfolgte. Ich überlegte, ob es Ha irgend etwas ausmachte, keinen politischen Status zu haben.
»Wenn dieses Haus zusammenkrachen würde, wären wir dann Flüchtlinge?«
»Nein, natürlich nicht, mein Schatz«, sagte Patti. »Und außerdem wird es nicht zusammenkrachen.«
»Und wenn wir daraus vertrieben würden, sagen wir von der Armee?«
»Ich wüßte nicht, was die Armee mit diesem Haus sollte«, sagte Tony. »Wir sind doch nicht in Sandhurst.«
»Und wenn aber doch? Und wir wüßten nicht, wo wir hin sollen? Wären wir dann Flüchtlinge?«
»Das sind doch alles hypothetische Fragen. Aber wenn, dann wären wir keine Flüchtlinge, sondern Evakuierte. Stimmt's Tony? Während des Krieges wurden Familien evakuiert.«
»In welchem Krieg?« Sie sprechen immer über den Krieg, als ob es nie einen anderen gegeben hätte. »Tony, wenn es hier Krieg geben würde, einen anderen Krieg, woher wüßten wir dann, welche Seite recht hat? Woher weiß man, wenn man mittendrin steckt, welche Seite die richtige ist?«
»Da mußt du dein Gewissen fragen.«
»Und wenn dir dein Gewissen nicht weiterhilft? Und wenn beide Seiten im Unrecht sind? Was, wenn du so oder so verlierst?«
»Das alles sind sehr hypothetische Fragen, Simon. Ich denke, daß in einer wirklichen Situation dein Gewissen klarer zu entscheiden vermag, als bei einer Spekulation. Außerdem, wenn so etwas geschehen würde, wären ja immerhin noch deine Mutter und ich hier, um dir zur Seite zu stehen.«
Das Essen verlief ruhig. Ha lernte, so einigermaßen mit dem Löffel umzugehen, er kippte nur noch ungefähr die Hälfte seines Essens auf den Boden und bekleckerte sich entsprechend weniger. Er kaute nie, sondern stopfte seinen Mund erst ganz

voll und schluckte dann alles auf einmal hinunter. Ein Wunder, daß er dabei nicht erstickte. Die Eltern gaben sich alle Mühe, ihn nicht andauernd in den Mittelpunkt zu stellen, ihn nicht ununterbrochen zu korrigieren. Sie taten so, als wäre es völlig normal, einen großen Jungen am Tisch sitzen zu haben, der sich dauernd mit Essen beschmadderte und mitunter blau anlief, weil er sich den Mund zu vollgestopft hatte und ihm ein Bissen quer in der Kehle steckte.

»Ha hatte eine Mutter«, sagte ich. »Sie war eigentlich auf keiner Seite.«

»Natürlich hatte er eine«, sagte Patti besänftigend. »Sonst wäre er ja nicht hier. Jeder hat erstmal eine Mutter.«

»Ich meine eine richtige Mutter, die sich um ihn gekümmert hat, die ihn geliebt hat. Was ist mit ihr passiert? Was ist aus ihr geworden? Ist sie gestorben oder was?«

»Nein, Simon, es gab nie eine Mutter. Er war in einem Waisenhaus. Alle Kinder dort waren ohne Eltern.«

»Ha nicht.«

»Manchmal sind die Eltern nicht gestorben, sondern sie waren gezwungen, ihre Kinder zu verlassen, wenn sie sie nicht ernähren konnten.«

»Aber seine Mutter hätte das nie getan. Sie liebte ihn. Sie hat ihn bei sich behalten. Sie hat ihm von ihrem Reis gegeben und selber kaum gegessen.«

»Ich fürchte, daß viele von den Barmädchen ungewollte Kinder bekamen und sie in Waisenhäuser gegeben haben. Das passiert immer, wenn viele Soldaten in einer Stadt sind.«

»Has Mutter war kein Barmädchen. Sie nicht. Sie war Bäuerin.« Ich wußte es ganz genau. Aber ich wußte nicht, woher. Und er war nicht allein gewesen. Da war noch ein anderes Kind bei ihm, ganz bestimmt.

»Simon, mein Schatz, das ist doch egal. Selbst wenn seine Mutter so eine Person war, dann spielt das doch keine Rolle. Das hat doch mit ihm nichts zu tun. Er ist so wie er ist. Wir lieben ihn um seinetwillen und nicht wegen seiner Mutter.«

»Aber es ist wichtig, daß ihr die Wahrheit wißt.« Wer behaup-

tete, er wäre das Kind eines Barmädchens, der verdrehte absichtlich die Tatsachen. »Du warst doch da, Patti, wo er gefunden wurde. Hat mir Claire gesagt. Bist du ganz sicher, daß seine Mutter nicht mit ihm mitgekommen ist?«
»Ziemlich sicher. Ich habe dort drei Monate lang gearbeitet. In der Zeit ist ihn nie jemand besuchen gekommen.«
»Irgend etwas muß mit ihr passiert sein. Sie hätte ihn nie allein gelassen.«
»Ja, mein Schatz. Noch Toast?« Sie machte sich über mich lustig. Sie glaubte nicht an Has Mutter.

Zwischen den beiden Zäunen, die das Lager umgaben, wurden Stacheldrahtrollen auf die Erde gelegt. Die äußere Umzäunung sollte verstärkt werden. Dies geschehe, so krächzte es aus dem Lautsprecher, um uns vor nächtlichen Mordüberfällen zu schützen. Die Männer, die den Draht verlegten, trugen dicke Lederhandschuhe.
Während des Tages, so hatte Hauptmann Hué Mutter erklärt, könnten wir das Lager nach Belieben verlassen. Die Tore standen für die Jeeps und die Wassertankwagen sowieso offen. Aber das Lager lag mitten in der Wildnis, und das nächste Dorf war meilenweit weg, so daß es überhaupt keinen Grund gab, das Lager zu verlassen. Es sei denn, man hatte ein Schwein und ließ es im trockenen Gestrüpp nach Wurzeln wühlen. Jenseits des Zauns war Militärgelände. Die Regierungstruppen hatten braune Zelte wie wir. Die Amerikaner hatten Holzhütten. Und den ganzen Tag über fuhren Jeeps, Lastwagen und Karren die Sandstraße hin und her und brachten Versorgungsgüter in das Lager der Amerikaner. In ihren Holzhütten, so wurde erzählt, gab es fließendes Wasser, Duschen, elektrische Lampen, Betten und außerdem bekamen sie reichlich zu essen, Bier und Zigaretten.
Frauen und Kinder, die früher Händler gewesen waren, bauten Stände auf und verkauften Getränke an die Amerikaner. Die Amerikaner mochten Dosenbier und bunte Fruchtsäfte. Das meiste der angebotenen Waren, war in amerikanischen PX-Läden*

* Einkaufszentren, die nur amerikanischen Militärangehörigen zugänglich sind.

gestohlen worden. Andere Bezugsmöglichkeiten gab es gar nicht. Ich fand es erstaunlich, daß die Amerikaner ihre eigenen Sachen zum doppelten Preis zurückkauften.
Mutter meinte, sie wüßten sonst nicht, was sie mit ihrem Geld anfangen sollten. Sie sagte, daß die Amerikaner zusätzlich zu den freien Mahlzeiten monatlich Tausende Piaster bezahlt bekämen, nur weil sie Soldaten waren. Wenn sie so viel verdienten, erklärte das vielleicht, warum sie hier waren. Ich konnte mir einfach nicht vorstellen, warum man sonst in einem fremden Land leben wollte.
An einigen der Hütten waren bemalte Schilder angebracht. *»Hollywood Bar«* stand auf einem, *»Snack Bar Sexy«* oder *»Sunset Boulevard«* auf anderen. Nachmittags konnten Mädchen, die jung und hübsch waren, dort hingehen und Geld verdienen. Die Amerikaner nannten sie Bumsmädchen.
Die Frau im Zelt nebenan hatte ihrer ältesten Tochter einen neuen seidenen *Ao dai* angezogen, ihr die Lippen und Wangen angemalt und sie in die *»Sundown Tropicana«* Hütte gebracht, wo das Mädchen an einem Nachmittag 600 Piaster verdiente. Aber am nächsten Tag waren es nur noch 200. Der Spitzenpreis wurde nur beim ersten Mal bezahlt.
Die Amerikaner dachten, daß ihnen alle Mädchen im Lager zur Verfügung stünden. Einmal, als ich am Zaun stand und den vorbeifahrenden Autos zuschaute, hielt ein Laster an, und der Fahrer rief mir in meiner Sprache zu: »Du, Junge! Schwester?«
Er warf mir über den Zaun etwas Süßes zu. Unser Reis war schon fast aufgebraucht, und ich hatte Hunger. Also hob ich es auf und wickelte es aus.
»Du Nummer eins sehr gute Schwester haben?«
Ich nickte.
»Was ihr Name?«
»Mai«, sagte ich.
»Guck dir mal diese Gören an«, sagte er zu dem Mann, der neben ihm saß. »Wenn du sie richtig zu nehmen verstehst, machen die für Geld alles. Verhökern sogar ihre Schwestern.« Er nahm ein paar Geldscheine und winkte mir damit.

»He, Junge! Komm. Ich dir geben Süßes. Drei Uhr du mir bringen schöne Nummer eins. Ich dir geben zehn Piaster.«
Meiner Mutter erzählte ich nichts, aber ich sagte der Frau nebenan Bescheid, und die brachte ihre Tochter zu dem Treffpunkt. Aber ich bekam nichts von den versprochenen Süßigkeiten, geschweige denn Geld.
Nachts war Ausgangssperre.
Wenn die Sonne unterging, ihr rotes Licht durch den Staub schimmerte und die trüben braunen Zelte und die Holzhütten der *»Tropicana Bar«* und der *»Snack Bar Sexy«* in sanftes, rötliches Licht hüllte, drängelten sich vor den Toren die Schweinebesitzer, die Händler und die Bums-Bumsmädchen. Vor Einbruch der Dämmerung mußten alle im Lager sein, dann wurden die Tore geschlossen und von zwei Regierungssoldaten bewacht. Die Amerikaner gingen zurück in ihre Hütten, wo sie abends Filme und Musik vorgesetzt bekamen.
In unseren Zelten hörten wir am Abend Geschichten. Großmutter war schon immer eine großartige Geschichtenerzählerin gewesen. Sie kannte Geschichten von Prinzessinnen und Drachen, von verzauberten Bergen, von Mandarinen, verwünschten Pagoden und von armen Holzfällern. Sie kannte die Geschichte von der Betelnuß und dem Arecabaum, die Geschichte von der goldenen Schildkröte und die Geschichte vom Büffeljungen und dem Bayanbaum. Schon oft hatte ich gedacht, nun wirklich jede Geschichte zu kennen, die sie im Kopf hatte, aber dann überraschte sie mich wieder mit einer neuen.
Sie fing immer ganz leise an, als ob sie mit sich selbst spräche. Sobald ich hörte, wie sie murmelte: »Es war einmal ein Mandarin, der hatte zwei Söhne« oder »Einmal, vor vielen Jahren, zur Zeit der Le Dynastie, in dem Dorf Bich Cau . . .« setzte ich mich ganz dicht neben sie und lauschte. Wenn die Kinder im Nachbarzelt hörten, daß sie eine Geschichte begann, krochen auch sie in unser Zelt und hockten sich neben Großmutters Stühlchen.
Sie nahm ihre Zuhörer nie zur Kenntnis. Selbst wenn jemand sie mit einer Frage unterbrach, oder wenn Mai anfing zu weinen, sprach sie weiter, als wäre sie ganz allein.

An einem Abend erzählte sie die Geschichte von einer Märchenkönigin, die im Lande der Glückseligkeit für ihre sterblichen Gäste ein großes Bankett gab. Der Tisch bog sich unter den köstlichsten Gerichten. Großmutter beschrieb jedes davon in allen Einzelheiten – schneeweißen Reiskuchen mit Honig, Entenleberpastete mit Schweinefleischwürfeln, gebratener Pfau, verziert mit seinen aquamarinblauen Federn, köstliche Mangosoße und in lakkierten Schüsseln aufgetürmte goldene Früchte.

Seit Tagen hatten wir nur Reis und gelegentlich etwas Gemüse gegessen. Deshalb war es herrlich, von all diesen köstlichen Gerichten wenigstens zu hören, wenn wir sie schon nicht zu essen bekamen. Aber Mutter schien anderer Meinung zu sein. Als sie mitten in der Geschichte ins Zelt kam, hörte sie nur einen Augenblick lang zu, dann drückte sie sich die Hände auf die Ohren und schrie Großmutter an, sie solle aufhören.

»Warum mußt du solche Geschichten erzählen? Du grausame alte Frau. Das machst du nur, damit ich ein schlechtes Gewissen bekomme. Aber es ist doch nicht meine Schuld, daß ich euch keine ordentlichen Mahlzeiten vorsetzen kann. Ihr wißt doch, daß ich nichts dafür kann. Also hör auf, mir Vorwürfe zu machen und die Kinder zu quälen. Erzähl diese Geschichte nie wieder. Jedenfalls nicht, solange wir hier sind.«

Ich wollte Mutter sagen, daß wir die Geschichte von dem wunderbaren Essen trotz unseres Hungers gerne hörten, aber sie war so aufgebracht, daß ich es nicht wagte. Früher hatte Mutter nie mit Großmutter gestritten. Sie war immer freundlich und zärtlich mit ihr umgegangen. Ich glaube, daß sie sich hinterher geschämt hat, denn sie kochte ihr Tee, obwohl wir nur noch ganz wenig Brennstoff hatten. Während sie vor dem kleinen glimmenden Feuer hockte, rollte ich mich auf meiner Matte zusammen. Ich tat so, als schliefe ich, aber ich rief mir hinter den geschlossenen Augen die Bilder von unserem friedlichen und sicheren Zuhause ins Gedächtnis.

Zuerst war ich nach der Feldarbeit auf dem Heimweg ins Dorf. Ich schlenderte an einem Büffel vorbei, der sich im schlammigen Wasser wälzte und so weit untertauchte, daß nur noch sein breiter Rücken und die geschwungenen Hörner herausguckten. Dann kam ich ins Dorf. Im Schatten eines Mangobaumes faulenzte ein hechelnder Hund. Dann ging ich am Fahrradladen und am Schulhaus vorbei, bis ich zu unserem Haus gelangte. Ein Stück weiter weg, vor einer Lichtung im Wald, schimmerte das leuchtende Weiß der Gräber unserer Vorfahren durch die Blätter. Ich lief durch den grasbewachsenen Hof und suchte nach Eiern. Die Henne gackerte wütend. Eine Mischung des sauren Geruchs von Hühnermist und trockenem Gras stieg mir in die Nase. Ich fand ein cremefarbenes Ei. Es war noch warm.

Ich sah Mutter vor dem Haus hocken. Sie richtete sich auf, um ein Bambussieb von einem Haken über sich abzunehmen. Ihr langes, schwarzes Haar hatte sie zu einem Zopf zusammengebunden. Ihr weißes, weites Hemd reflektierte das Licht genau wie die frisch geweißten Grabsteine. Ihre Hosen waren aufgekrempelt. Sie war sehr hübsch und sehr ernst. Aber dann sah sie auf und lächelte. Sie lächelte nicht oft, aber wenn sie es tat, dann war es wie ein freundliches Willkommen.

Vater war da. Zwar konnte ich ihn nicht sehen, aber ich hörte seine Stimme, hörte ihn leise und freundlich mit Mutter reden. Ich ging nicht hinein, um sie nicht zu stören.

Durch die offene Seite des Hauses drang das Sonnenlicht herein und formte ein helles Rechteck auf dem weichen Lehmboden. Auf dem Fensterbrett stand eine Reihe sprossender Bohnen, jede Pflanze einzeln in einem Klumpen Erde. Durchs Fenster sah ich, wie Großmutter Bohnen verlas. Die schlechten warf sie den Hennen hin, die guten, die zum Kochen eingeweicht wurden, sammelte sie in einer Blechschüssel.

Ich sah jede Einzelheit glasklar, den Umriß jedes Blattes, die Konturen jedes Baumes, den tiefen Schatten, den das vorspringende Strohdach vor jedem Haus warf und sogar die Blumenmuster auf Großmutters Blechschüssel. Das Dorf und die Felder und die Gräber der Vorfahren – alles war mit Liebe gepflegt und gehegt.

Dann schlief ich ein und träumte, ich käme nach Hause, aber diesmal war es anders. Als ich auf das Dorf zulief, war alles ver-

schwunden. Es gab keine Häuser mehr, nur noch eingefallene Mauern, und überall auf dem Schutt lagen Flugblätter.
Ich bückte mich und hob eines auf.

Seid gegrüßt, Freunde! Eure Familien, die früher in diesem Dorf gewohnt haben, haben bei den Alliierten Schutz gesucht.

Als ich es las, wußte ich nicht, in welcher Sprache das geschrieben war, ob in ihrer oder in unserer. In meinem Traum hatten sich beide vermischt.

Sie leben an einem sicheren Ort und werden mit Geld und Lebensmitteln gut versorgt. Um ihre Gesundheit kümmern sich Ärzte, die täglich alle nötigen Medikamente austeilen. Freunde, kehrt zurück zu einem friedlichen Leben mit euren Frauen, Schwestern, Müttern und Kindern. Die Regierung wird euch willkommen heißen. Gemeinsam können wir eine starke, reiche Nation aufbauen.

Ich sah mich um, wer außer mir diese Flugblätter lesen würde. Aber ich war ganz allein in einer leeren Welt. Dann fing alles an zu verschwimmen und sich aufzulösen, wie das oft bei Traumbildern der Fall ist, so daß ich am nächsten Morgen beinahe froh war, im Lager, in der Wirklichkeit, zu erwachen.

Eine Gruppe von Amerikanern kam ins Lager, um uns Fragen zu stellen. Es waren keine Soldaten, und sie sprachen unsere Sprache, was auch für Soldaten völlig ungewöhnlich gewesen wäre. Mutter sagte, das wären Spitzel, aber die Frau im Nachbarzelt meinte, das wären Leute von Wohltätigkeitsorganisationen, die uns Geschenke bringen würden, amerikanischen Weizen, Maschinen und Medikamente, und diese Leute würden nicht gegen uns kämpfen.
Sie liefen durch die Zeltreihen, lächelten und nickten den Leuten

zu, streichelten kleinen Kindern über den Kopf. Bei unserem Zelt blieben sie stehen und hockten sich neben Großmutter, die Mai im Arm hielt. »Und Sie – was halten Sie von der Situation hier?« Großmutter war so erschrocken, einen der Rundaugen in ihrer Sprache reden zu hören, daß sie für einen Moment aus ihrer Lethargie gerüttelt wurde.

»Wir sind gezwungenermaßen hier«, murmelte sie. »In unser Dorf sind oft Männer gekommen. Zwei- oder dreimal die aus dem Norden. Ihr Ausländer seid auch oft gekommen, jedes Mal haben wir gelitten. Schließlich kamen eure Leute und haben uns hierher gebracht. Und ihr fragt mich, was ich davon halte? Ich wollte da bleiben, wo ich war. Was soll aus den Gräbern werden? Wer kümmert sich jetzt darum?«

Sie schloß die Augen, und damit war für sie das Gespräch beendet. Die Leute um sie herum taten verständnisvoll. Dann wandten sie sich an Mutter, die unter unserem kleinen schwarzen Kochtopf einen Rest Glut anfächelte. Im Topf war billiger Reis, den ihr die Soldaten gegeben hatten.

»Was kochen Sie denn da?« fragte einer von ihnen höflich. Aber es war eine dumme Frage, denn es konnte ja jeder sehen, was im Topf war.

»Reis«, sagte Mutter, ohne sie anzugucken. »Schweinereis.«

Der Wortführer der Gruppe fing an zu erklären, warum sie ins Lager gekommen waren. Sie interessierten sich für die Lebensbedingungen und wollten herausfinden, was die Leute über ihren Umzug vom Dorf ins Lager dachten. Was hier am dringendsten gebraucht wurde, wollten sie von Mutter wissen. Und was hatte sie für Fähigkeiten, mit denen sie irgend etwas herstellen und verkaufen könnte, um damit Geld verdienen und ihre Familie besser ernähren zu können? Mutter beantwortete nur eine Frage, die letzte.

»Ich bin keine Händlerin. Ich bin Bäuerin. Ich will nichts herstellen, um es zu verkaufen. Ich habe nur eins, was ich verkaufen könnte. Ich habe eine Tochter.« Sie deutete auf Mai, die auf Großmutters Schoß schlief. »Ich könnte warten, bis sie alt genug ist und sie dann an eure Leute in der *»Hawaii-Bar«* verkaufen.«

Das war den Leuten sichtlich unangenehm, und sie wechselten schnell das Thema.
»Was meinen Sie, wann der Krieg zu Ende sein wird?«
»Wie soll ich denn das wissen«, zischte Mutter. »Es ist nicht unser Krieg. Es ist euer Krieg. Ich muß mich um zwei Kinder und um eine alte Frau kümmern. Ich weiß nicht, ob mein Mann noch lebt. Damit bin ich vollauf beschäftigt. Fragt doch die alten Männer. Die haben Zeit, den ganzen Tag herumzusitzen und sich die Köpfe über Rätsel zu zerbrechen.«

Die Zeltleinwände knatterten ohrenbetäubend, und die Pfosten quietschten. Aber sie hielten dem Wind stand. Draußen fegten Müllfetzen zwischen den Zeltreihen und wurden wie bunte Drachen hoch in die Luft gewirbelt. Der Wind war heiß und wurde von Tag zu Tag kräftiger.
Bevor die Regenzeit einsetzte, mußten wir unser Zelt befestigen und wasserdicht machen. Der Wind blies aus dem Lager der Amerikaner Duftschwaden von gegrilltem Fleisch zu uns herüber. Mittags sahen wir, wie sie sich anstellten und ihr Essen auf Papptellern ausgeteilt bekamen.
»Gemeiner Charlie!« schrieen ihnen zwei Kinder durch den Zaun zu. »Du Nummer zehn gemeiner Charlie!«
Ich strich durchs Lager, die Augen auf den Boden geheftet. Ich suchte irgend etwas, womit wir unsere Zeltwände gegen die kommenden Stürme absichern konnten. Auch andere waren auf die gleiche Idee gekommen und hoben alles auf, was nur irgendwie verwertbar schien – Wellblechstücke, Pappkartons, Plastikbahnen, plattgedrückte Bierdosen. Sogar aus Stroh und alten Lumpen wurden Schutzmatten geflochten.
Zwei Kinder zankten sich um eine leere Zigarettenschachtel, die sie gleichzeitig im Staub entdeckt hatten. Aber während sie noch darum kämpften, kam ein anderer Junge dazu, erklärte in aller Ruhe die Schachtel zu seinem Eigentum und verschwand zwischen den Zelten.
Jedes Stück Müll schien schon seinen Besitzer gefunden zu haben. Also ging ich zum Zaun. Normalerweise wurde vom Lager

der Amerikaner immer eine Menge brauchbares Zeug herübergeweht und fing sich im Stacheldraht. Und dort entdeckte ich tatsächlich etwas, das viel besser war als Plastik oder Pappe. Es war ein langes Holzbrett, das von einem vorbeifahrenden Lastwagen gefallen sein mußte. Ein anderer Junge entdeckte das Brett im selben Moment wie ich. Wir starrten einander entschlossen an. Er reagierte zuerst, raste durchs Lager zum Tor – von außen würde er schneller an das Brett herankommen. Er war so schnell losgerannt, daß ich ihn keinesfalls würde überholen können. Aber der direkte Weg zum Brett war ganz nah – ich mußte nur durch den Doppelzaun und den Stacheldraht.

Sich unter dem ersten Zaun durchzuwühlen war einfach, weil die Schweine da herumgeschnüffelt und den Boden aufgelockert hatten. Über den offenen Streifen Land zu rennen war auch nicht weiter schwierig. Ich hatte schon die Hälfte des Weges zurückgelegt, und mein Rivale war noch nicht einmal zu sehen. Aber ich mußte noch durch den Stacheldraht. Er war mannshoch, wölbte sich weit über meinem Kopf, war viel höher, breiter und stacheliger als ich gedacht hatte. Jeder Draht schien ein eigenes Leben zu haben. Als ich zwei Stränge auseinanderbog, um durchzukriechen, schnappten die Drahtschlingen zu, ihre Dornen rissen die Haut meiner Unterarme auf und bissen wie Skorpione in meine bloßen Füße. Je mehr ich kämpfte, um herauszukommen, desto mehr verhedderte ich mich. Hilflos eingeklemmt mußte ich zusehen, wie der Junge das Brett erreichte, es aufhob, sich dann nach mir umguckte und mich im Stacheldraht hängen sah.

Er grinste und winkte mir zu, bevor er sich mit dem Brett auf der Schulter davonmachte. Aber er muß wohl jemandem Bescheid gesagt haben, denn eine Weile später kamen zwei Soldaten mit einer riesigen Drahtschere und befreiten mich. Sie fanden das äußerst komisch und lachten. Kein Wunder, sie trugen dicke Stiefel, und Jacken aus festem Tuch schützten ihre Haut.

Mutter fragte, warum ich so zerkratzt wäre, und ich mußte ihr von dem Brett erzählen, das wir so gut hätten gebrauchen können.

»Es hat keinen Sinn, sich damit abzuplagen«, sagte sie. »Wenn

der Regen kommt, sind wir sowieso nicht mehr hier. Wir werden uns längst vorher aus dem Staub machen.«
Ich war so begeistert, daß ich wieder versuchte, von zu Hause zu träumen. Aber diesmal war überhaupt nichts zu sehen, noch nicht einmal Schutt. Wo einst unsere Häuser gestanden hatten, war jetzt nur noch platte Erde.
Außerdem hatte Mutter am nächsten Tag ihre Meinung geändert. »Wir können nicht weg. Großmutter ist krank. Sie schafft den Weg nicht.«
Sie war von dem Reis, der an uns ausgeteilt worden war, krank geworden. Jeden Tag gaben sie uns eine kleine Portion. Aber der Reis war nicht frisch. Es war immer weicher Reis. Mutter erklärte mir, daß Großmutter nicht mehr so kräftig sei wie wir, und daß ihr Magen den schlechten Reis nicht vertrage. Damit sie wieder zu Kräften komme, brauche sie einfaches, frisches Essen, das sie leicht verdauen könne.
Die Frau von nebenan meinte, der Reis sei so schlecht, daß sie damit noch nicht einmal ihr Schwein füttern könne, geschweige denn ihr jüngstes Kind, das jetzt entwöhnt werden müßte.
Als Großmutter sich schließlich drei Tage lang mit Magenkrämpfen gewunden hatte, gingen Mutter und die Nachbarin zum gelben Zelt der Lagerleitung, um besseren Reis zu verlangen. Einer der amerikanischen Offiziere war da. Er wollte nicht glauben, daß der Reis schlecht wäre.
»Er muß ihn ja auch nicht essen«, sagte Mutter. »Er ißt ja sein eigenes Essen.«
Der Dolmetscher erklärte, was Mutter gesagt hatte.
»Natürlich esse ich den Reis«, sagte der Mann. Er hatte einen riesigen, runden Bauch und große, fette Finger, die wie Bananen aussahen. Er wies einen seiner Männer an, ihm eine Schüssel von dem Reis zu holen, den wir bemängelt hätten. Er wollte uns beweisen, daß der Reis gut war. Als er ihm gebracht wurde, aß er ihn mit einer Gabel und lächelte die ganze Zeit. »Sehen Sie, er schmeckt großartig!« Er gab laute Töne des Wohlbehagens von sich und leerte die Schüssel bis zum letzten Reiskorn. »Jesus, war das gut. Hauptmann, ich glaube, jetzt kann ich verstehen, warum

die Leute jeden Tag Reis essen. Jetzt sag ihr, daß der Reis gut geschmeckt hat.«

Hauptmann Nguyen, der den selben Reis wie wir bekam, wußte genau, daß der Reis schlecht war. Er übersetzte nicht, was der fette Amerikaner gesagt hatte.

Bald war nicht nur Großmutter krank. Auch Mai lag mit trübem Blick still auf ihrer Matte. Sie hatte aufgehört, vor sich hinzubrabbeln und mit den Armen zu winken. Ihre Augen folgten mir nicht mehr. Auf Mutters Versuche, sie zu füttern, reagierte sie überhaupt nicht. Sie blieb still mit der Wange an Mutters Brustwarze liegen.

Mutter brühte ihr einen Kräutertee und fütterte ihr die Flüssigkeit mit einem Löffel, aber Mai konnte kaum schlucken. Wir brachten sie zur Lagerleitung.

»Mein Baby ist sehr krank, ich brauche Hilfe.« Zum Glück war gerade ein Regierungssoldat da, der unsere Sprache verstand.

»Der Arzt der Alliierten kommt am Nachmittag. Er wird alle Internierten und ihre Angehörigen untersuchen. Kommen Sie dann wieder.«

»Ich glaube nicht, daß sie noch so lange leben wird. Bitte holen Sie schnell einen Arzt.«

Zu Hause hatten wir manchmal kurze fieberhafte Erkrankungen gehabt, von denen wir uns aber immer schnell erholten. So heftiges Fieber, daß Kinder daran sterben konnten, hatte es bei uns nie gegeben.

Der Soldat ging schließlich los und holte einen Amerikaner, der eine weiße Binde mit einem roten Kreuz und einen Medizinkoffer trug. Außerdem brachte er einen Dolmetscher mit.

Der Mann mit dem Medizinkoffer untersuchte Mai, guckte ihr in den Mund und in die Augen und fühlte ihren Puls.

»Ich glaube, die Kleine hat die Malaria erwischt«, sagte er. »Sag ihr, es ist nichts Ernstes. Sie soll ihr viel Flüssigkeit geben und sie kühl halten.«

»Aber sie nimmt nichts an, und außerdem ist Sumpffieber für Säuglinge sehr gefährlich«, sagte Mutter. »Wenn es Sumpffieber ist, braucht sie Medikamente.«

Leute, die durch den Wald kamen, konnten sich wegen der vielen Mücken in den seichten Tümpeln gelegentlich Malaria holen. Aber in unserem Dorf gab es diese Krankheit nie. Die Moskitos konnten sich weder im Fluß halten, weil das Wasser zu schnell floß, noch im Wasser der Reisfelder, weil es zu schlammig war.
»Natürlich braucht sie Medikamente«, sagte der Sanitäter. »Sie braucht Chinin. Aber ich habe keines.« Er machte seinen Medizinkoffer auf und zeigte ziemlich hilflos auf dessen Inhalt. »Alles was wir haben, sind Jod, Pflaster und ein paar Lutschtabletten gegen Mundfäule. Chinin ist nicht dabei. Und selbst wenn ich welches hätte: Ich bin gar nicht entsprechend ausgebildet. Das muß ihr jemand erklären. Ich bin bloß Sanitäter.«
»Aber dies ist mein Kind, meine Tochter. Sie ist krank, weil wir hier im Lager sind. Wir haben nicht darum gebeten, hierher kommen zu dürfen, daß unsere Babys krank werden. Bitte, bitte helfen Sie mir. Wollen Sie denn warten, bis alle Babys sterben, bevor Sie irgend etwas unternehmen? Jeden Tag erzählen Sie uns, daß Sie uns beschützen, damit wir nicht getötet werden; aber was nützt das, wenn wir gerettet werden und unsere Kinder sterben müssen?« Dann fing sie an zu weinen.
»O. k., o. k. Beruhige dich.« Der Soldat mit dem roten Kreuz auf dem Arm klopfte ihr auf die Schulter. »Ich will versuchen, ob ich etwas Chinin für die Kleine auftreiben kann. Sie bleiben hier ganz still sitzen, ich bin gleich wieder zurück.«
Der Dolmetscher trank eine Flasche Bier aus der Kühlbox im Zelt der Lagerleitung, während wir warteten. Der Sanitäter kam sehr schnell zurück. Er schlenderte nicht wie sonst die Soldaten, sondern er rannte. Er mußte bemerkt haben, wie krank Mai war. Er zog eine Spritze auf, die er Mai in den Oberschenkel stieß. Ich sah, wie die dünne Nadel unter die Haut glitt, aber Mai weinte noch nicht einmal. Er bat den Dolmetscher zu erklären, was er tat. »Sag ihr, daß ich dem Kind gerade eine Anti-Malariaspritze gegeben habe«, sagte er. »Das wird ihr sicher helfen, aber sagen Sie ihr, daß sie dem Kind ganz viel Flüssigkeit geben muß. Das ist sehr wichtig. Sonst verliert sie alles Wasser und vertrocknet buchstäblich. Sie soll ihr, sobald es geht, die Brust geben.«

Andere Leute hatten bemerkt, daß schon jetzt medizinische Versorgung angeboten wurde und versammelten sich vor dem Zelt, um sich behandeln zu lassen. Viele Kinder hatten Hautausschläge, ein Mädchen hatte das Handgelenk gebrochen. Bald war die Gruppe recht groß geworden, und da die Leute nicht bereit waren, wieder wegzugehen, entschieden die leitenden Offiziere, den Arzt sofort holen zu lassen und die Nachmittagssprechstunde vorzuverlegen.

Mai erholte sich erstaunlich schnell und nahm sogar ein bißchen Nahrung zu sich. Dann schlief sie in den Armen von Mutter ein, die sich zum Ausruhen auf die Matte gelegt hatte.

Aber als Mai aufwachte, ging es ihr wieder schlechter. Sie zitterte heftig, als tobten wilde Geister in ihr. Sie verdrehte die Augen, zuckte mit den Beinen und gab entsetzliche Laute von sich. Mutter rannte mit ihr auf dem Arm quer durchs Lager zum Arzt, der zusammen mit dem Sanitäter immer noch die Leute behandelte. Jeder, der eine Ausweiskarte hatte, wurde untersucht.

Als wir ankamen, zuckte Mai nicht mehr. Sie hing schlaff mit zurückgeworfenem Kopf und geschlossenen Augen in Mutters Arm. Mutter drängelte sich bis nach vorne durch und hielt dem Mann, der Mai die Spritze gegeben hatte, das Kind entgegen.

Er untersuchte es schnell. »Oh Gott, ich glaube, sie ist tot«, sagte er und gab sie dem Arzt.

»Was haben Sie ihr gegeben?« fragte der Arzt.

»Nur ein Milligramm Chinin.«

»Vielleicht war sie allergisch dagegen.«

»Woher hätte ich das denn wissen können?«

»Vielleicht wäre sie ja sowieso gestorben. Sie haben schon richtig gehandelt.«

»Und was zum Teufel soll ich jetzt tun?«

»Geben Sie der Frau eine Entschädigung. Sie kann etwas mehr bekommen. Für einige dieser Leute ist der Verlust eines Schweines manchmal schlimmer als der eines Kindes.«

Aus dem Lautsprecher tönte fröhliche Musik. Dann erklang wieder die Stimme von Hauptmann Nguyen Hué.
»Hier spricht Hauptmann Hué, Ihr Lagerleiter. Ich habe gute Nachrichten für Sie. Viele von Ihnen werden weiter in den Süden umgesiedelt. Dort sind die Nachschublager für Lebensmittel wesentlich näher, und auch die medizinische Versorgung ist einfacher. Und dort werden Sie noch sicherer vor dem Feind sein. Sie werden in Frieden leben können. Die Regierung wird jedem von Ihnen eine Entschädigung von fünfhundert Piastern zahlen, so daß Sie wieder wie früher Land bestellen können. In ein paar Tagen beginnen wir mit dem Transport. Deshalb sollen die Familien von jetzt an beisammen bleiben. Denken Sie daran, die Regierung läßt ihr Volk nie im Stich.«
Die Musik plärrte weiter.
»Morgen früh müssen wir uns auf den Weg nach Hause machen«, sagte Mutter leise.
Wir konnten uns nicht ohne Geld auf den Weg machen, aber wenn wir die Ziege oder irgend etwas anderes aus unserem Haushalt verkauften, würden wir Verdacht erregen. Es gab so viele Spitzel, daß man nie wußte, wem man trauen konnte. Mutter hatte zwar kein seidenes *Ao dai* dabei, aber sie zog sich ein sauberes Hemd an, bemalte ihre Lippen und ging am Nachmittag in die *»Snack Bar Sexy«* und verdiente zweihundert Piaster für unterwegs.
Am Morgen ging ich, sobald die Tore geöffnet hatten, auf die andere Seite des Zaunes. Zuerst stand ich nur herum und sah dem Verkehr zu, dann lief ich ins Gestrüpp und tat so, als ob ich Zweige und trockenes Laub suchte. Ich entfernte mich immer weiter vom Zaun, und als ich sicher war, daß mich niemand beobachtete, ließ ich mich in eine Kuhle fallen, wo ich von einem zerrupften Busch versteckt auf Mutter wartete. Sie wollte gegen Mittag kommen und auch so tun, als ob sie Holz sammelte. Aber in ihrem Korb unter den Stöcken hatte sie einen Klumpen gekochten Reis und außerdem noch ungekochten Reis für später. Sie ließ sich neben mir auf den Boden fallen.
»Aber was ist mit Großmutter?«

»Es geht ihr heute schon besser. Im Moment schläft sie. Ich habe ihr für heute abend etwas Reis dagelassen.«
»Ich hatte gedacht, sie würde mit uns mitkommen.« Ich wünschte, ich hätte mich von ihr verabschiedet.
Gegen Abend tauchte die Sonne das trostlose und trübe Lager in ein mildes, rosa Licht. Die Leute eilten auf die Tore zu, um noch vor der Ausgangssperre in das Lager zu kommen.
Als es dunkel wurde, glimmten vor den Zelten die Feuer auf, an denen die Familien ihren Reis kochten. Jedes Feuer war wie ein heller, warmer Stern.
Sie machten sich ihr Essen, erzählten sich später Geschichten und legten sich dann schlafen. Wir aber wollten die Nacht zum Davonlaufen nutzen. Ich hatte Angst und fühlte mich verloren und einsam. Ich wollte wieder zurück in die Sicherheit des Lagers. Mutter muß das gespürt haben, denn sie nahm mich fest an der Hand.
Es hieß immer, wir sollten nie die Gräber unserer Vorfahren im Stich lassen. Und jetzt ließen wir sogar die Großmutter zurück, noch bevor sie tot war.
»Was würde es nützen, wenn wir blieben? Aber wenn wir nach Hause gehen und uns in Sicherheit bringen, dann können wir zurückkommen und sie befreien.«

Wir liefen die ganze Nacht durch. Glühwürmchen tanzten in der Dunkelheit und schillerten grün unter den Bäumen. Als ich müde wurde, trug sie mich auf dem Rücken. Als sie nicht mehr weiterkonnte, hielten wir an und legten uns schlafen.
»Nur eine Stunde, mehr nicht«, sagte sie. »Ich wecke dich, wenn es soweit ist.«
Ich legte meinen Kopf auf den Beutel mit dem Reis und schlief sicher in Mutters Liebe gewiegt ein. Ich war für sie wichtiger als alles andere. Sie hatte mich mitgenommen. Bis wir meinen Vater fanden, war ich es, den sie am allermeisten liebte. Ich konnte beruhigt schlafen.
Mutter schüttelte mich. Sie sollte mich in Ruhe weiterschlafen

lassen. Ich lag so gemütlich in dem Bett aus Laub unter dem alten Baum. Die Glühwürmchen waren verschwunden, es war beinahe hell.
»Du hast genug geschlafen. Wach jetzt auf. Wir müssen weiter.«
Der Schlaf war zu kurz gewesen.
Wir liefen einen Weg entlang, der durch eine Kautschukplantage führte. Die Bäume waren hoch und wirkten mit ihrer silberglänzenden Rinde ausgesprochen anmutig. Sie wuchsen nicht wild durcheinander wie die Bäume im Wald, sondern standen in geraden, ordentlichen Reihen mit immer demselben Abstand nach vorne und nach den beiden Seiten. Die Reihen waren so gerade, als wären sie mit einem Stift auf dem Papier gezogen worden.
Kalter Nebel waberte zwischen den Bäumen. Dann, als es heißer wurde, löste sich der Nebel auf, und das schwere Blätterdach über uns schützte uns vor der Sonne.
Als wir uns dem Räucherhaus und den Wohnhäusern mitten in der Plantage näherten, hörten wir Lärm von Maschinen und Menschen. Unangenehmes Motorenkreischen schallte durch die Luft. Mutter war sich nicht sicher, ob wir weitergehen sollten, und blieb einen Moment lang stehen. Doch da brüllte ein Soldat, der oben auf einem Bulldozer saß, ihr durch den Lärm seiner Maschine zu: »Macht daß ihr weiterkommt! Hier ist geräumtes Gebiet! Los, weg hier!«
Also eilten wir weiter und wurden von niemandem aufgehalten. Solange wir auf der Straße blieben, kümmerten sie sich nicht um uns.
Die Soldaten rodeten mit riesigen Maschinen die Kautschukbäume. Sie fingen in der Mitte an und arbeiteten sich von dort bis nach außen durch. Mit Motorsägen, Schaufelbaggern und Bulldozern gingen sie auf die silbernen Baumstämme los. Die Bäume waren kräftig, aber die Maschinen waren stärker. Unablässig rüttelten und zerrten sie an den Wurzeln, bis die Bäume schwankten, schaukelten und schließlich umfielen. Mit jedem Baum, der fiel, verwandelte sich das kühle, schattenspendende Blätterdach in ein offenes Viereck von zerbrochenem Holz und zerhackten Wurzeln.

»Warum machen die das denn?« fragte ich.
»Scht!« machte Mutter und nahm mich an der Hand, »kümmer dich nicht drum. Guck weg. Geh einfach weiter.«
Die kleineren Bäume und die Sträucher wurden von Soldaten umgeschlagen, die die Reihen abschritten und mit einer scharfen Klinge jedem Zweig erst einen und dann noch einen Schlag versetzten, bis er zu Boden fiel. Überall lagen Berge von Blättern und zerhackten Ästen. Und dort, wo die Blätter und Äste verbrannt wurden, stiegen schwarze Rauchsäulen auf. Alles, was danach noch aufrecht stand, wurde dann endgültig von den Bulldozern plattgewalzt.
Dann hörten wir durch den Lärm der Maschinen das Donnern eines nahenden Luftangriffes. Mutter stieß mich in den Graben neben der Straße und warf sich neben mich. Aber nach ein paar Minuten merkten wir, daß die Rodungsarbeiten trotz der Detonationen fortgeführt wurden. Die Leute arbeiteten ruhig weiter, ihnen schien keine Gefahr zu drohen.
Deshalb standen wir schließlich auch auf und gingen weiter. Jetzt sahen wir, woher das Donnern gekommen war. Einige der Plantagengebäude waren in die Luft gejagt worden, und zwar nicht von oben von Flugzeugen, sondern von Soldaten, die in sicherer Entfernung vor den Gebäuden standen.
Es waren gute, feste Gebäude aus Ziegelsteinen, mit Veranden und Treppen, Jalousien an den Fenstern, metallenen Dächern und Regenrinnen, und vor jedem Haus war ein kleiner Blumengarten angelegt.
Der Befehl zur Sprengung wurde von einem Offizier gegeben. Einen Moment lang war es ganz still, dann schien es, als zitterten die Wände, und schließlich sackte das ganze Gebäude in einer Wolke von Staub und Steinen zusammen. Ein Haus nach dem anderen wurde in einen Schutthaufen verwandelt.
Hinter den Steingebäuden befanden sich einige kleinere Holz- und Strohhütten. Die Soldaten kippten Kerosin über die Dächer und steckten sie mit Flammenwerfern an. Die ehemaligen Bewohner standen dabei und mußten zusehen, wie ihre Häuser in Flammen aufgingen. Sie leisteten keinen Widerstand, sie sprachen

auch nicht, versuchten nicht, die Soldaten von ihrem Tun abzuhalten. Sie standen einfach da und starrten, als ob die leuchtend roten Flammen und der dichte Rauch sie hypnotisiert hätten.
Der Rauch wechselte die Richtung, und die Soldaten schoben die Leute mit ihren Sachen ein Stück weiter und wiesen sie an, sich in zwei Gruppen auf den Boden zu setzen. Dann rannte ein Soldat, der mehrere Kameras um den Hals hängen hatte, durch den Rauch zu den brennenden Hütten und fotografierte sie. Vor langer Zeit hatte ich gesehen, wie ein Soldat einen alten Mann fotografiert hatte, der auf seinem Fahrrad erschossen worden war. Erst zerstören, dann fotografieren.
Wir waren froh, als wir die Plantage hinter uns hatten. Wir liefen den ganzen Tag lang und munterten uns gegenseitig auf, wenn wir müde waren. Aber wir kamen nicht bis zu unserem Dorf. Es war zu weit, und auf der Straße war zuviel Verkehr. Als es dämmerte, beschlossen wir, in einem kleinen Dorf zu rasten.
Rach Bap war ein kleiner dreckiger, verwahrlost wirkender Ort. Die Hälfte der Häuser schien verlassen zu sein. Wir hätten nicht dort bleiben sollen, aber wir hatten keine Wahl. Mutter war so müde, daß sie noch nicht einmal mehr das Bündel tragen konnte. Wir hätten wissen müssen, daß es nirgends einen sicheren Ort zum Ausruhen gab. Wir hätten weitergehen und trotz Schlangen und Skorpionen im Wald schlafen sollen. Oder wir hätten einfach immer weiterlaufen sollen, bis wir Vater getroffen hätten. Statt dessen blieben wir in Rach Bap, wo es etwas stiller zu sein schien als in den anderen Orten, durch die wir gekommen waren. Wir gingen zum Dorfvorsteher, der uns zu einem Haus brachte, in dem wir bleiben konnten. Mutter handelte einen Preis aus und zahlte schließlich mit zwei amerikanischen Armbanduhren, die sie in dem Beutel mit dem Reis hatte. Die Leute nahmen uns auf, als wären sie an Fremde gewöhnt, aber sie sprachen kaum mit uns.
Ich bekam einen Platz auf dem Boden im Hauptraum, über mir schaukelte das Baby in einer Stoffhängematte. Es wurde von einer alten Frau in den Schlaf gewiegt.
Als die Hängematte hin und herschwang, hatte ich plötzlich das

Gefühl, daß wir dort nicht bleiben durften. Ich hätte Mutter warnen sollen. Aber immer, wenn ich etwas ganz klar und sicher wußte, vermochte ich nicht, es anderen mitzuteilen. Es war nur mein Wissen, und es blieb ganz tief in mir verborgen.
Die ganze Nacht über huschten Ratten im Strohdach herum, summten Moskitos, schrien die Nachttiere im Wald und ertönten die leisen Atemgeräusche der anderen. Über mir bewegte sich das Baby im Schlaf und versetzte seine Hängematte in ein sanftes Schaukeln. Hin und her, her und hin.
Ohne das geringste Zeichen einer Warnung von sich gegeben zu haben, standen plötzlich Männer wie Silhouetten in der Türöffnung. Genau wie an dem Tag, als der schwarzhäutige Mann eine gute Legehenne erschossen hatte. Der Anblick war so vertraut, daß es unsinnig schien, sich darüber aufzuregen. Es war vernünftiger, einfach wieder einzuschlafen.

»Was haben wir da zu suchen, Sir?«
»Wir sollten einen Stoßtrupp bilden und im feindlichen Gebiet zum Punkt 711833 vorstoßen. Aufstöbern, umzingeln, fertigmachen.«
»Nein, das meine ich nicht. Ich meine, warum sind wir überhaupt hier? Was haben wir in dem Land zu suchen? Warum haben sie uns in Flugzeuge gesteckt, uns um die halbe Welt geflogen und uns dann mitten in irgendeiner verrückten Gegend ausgesetzt?«
»Beschwer dich bei deinem Abgeordneten. Ich habe dich schließlich nicht eingezogen.«
»Und warum haben wir uns wieder zurückgezogen?«
»Weil ich's befohlen habe. Reicht das als Antwort, Soldat? Jetzt ist Rach Bap dran. Ich glaube an Amerika und an alles, was ehrlich und wahr ist. Kannst dir ja die ›Grenzen der Einmischungsstrategie‹ durchlesen, da findest du vielleicht die eine oder andere Antwort. Zu Hause warten meine Frau und meine beiden Kinder. Und ich stehe ganz kurz vor der Entlassung, und ich schwöre dir, ich werde meine Familie wiedersehen – wie ich das bewerkstelligen muß, ist mir völlig schnurzegal.«
»Und du meinst, du willst sie umnieten, einfach auslöschen?«

»Was denkst denn du? Meinst du, im Krieg zu töten wäre was Neues?«
»Aber das können wir doch nicht machen!«
»Also, jetzt paß mal auf, mein Freund. Hier ist 'ne freie Angriffszone. Da kannst du alles machen. So ist das nun mal. Arvin hat uns schließlich eingeladen, klar? Also, wenn's heißt ›Freier Angriff‹, dann machen wir eben freien Angriff, klar? Wir sind keine Fanatiker. Wir sind einfach brave Jungs, die den Job machen, für den sie ausgebildet wurden. Und die Leute aus diesem Dorf hier haben uns hintergangen.«

Sie überlegten, was sie mit uns machen sollten. Das war deutlich zu spüren, denn sie stritten sich. Dann gab der Anführer einen Befehl: »Kümmer dich um die Leute«, sagte er, »aber gründlich, sag ich dir.« Und dann ging er weg.
Sie stellten uns vor einem Graben in einer Reihe auf. Als ich begriff, was sie vorhatten, war es schon zu spät. Meine Füße schienen wie angewachsen zu sein, ich konnte mich nicht von der Stelle rühren.
Sie räumten uns aus dem Weg. Für sie war das nichts weiter als eine kleine Begebenheit mitten in einer viel größeren Sache. Wir haben uns falsch verhalten. Wir haben keinen Widerstand geleistet. Deshalb war es unsere Schuld. Wir als Gruppe von Frauen, Kindern, alten Männern und Babys waren zu gefügig, oder auch zu stolz. Wir haben uns völlig falsch verhalten. Vielleicht hätten wir, als sie uns in einer Reihe aufgestellt haben, irgend etwas rufen, ihnen widersprechen, schreien oder sie verfluchen sollen. Dann hätten sie vielleicht gemerkt, daß auch wir Menschen waren. Aber wir haben nichts getan. Sie sagten: »Stellt euch dort drüben auf«, und wir taten es. Wir hatten steinerne, gleichgültige Gesichter, und deshalb konnten sie uns nicht als Menschen identifizieren und hielten uns für irgendwelche Lebewesen aus dem Wald.

Dann war es dunkel und absolut still. Mein Körper war naß, klebrig, durchtränkt. Mein einer Arm schmerzte schrecklich.

Ich konnte ihn nicht bewegen, weil ein schweres Gewicht auf mir lastete. Aber ich wußte ganz genau, wo ich war. Mit dem anderen Arm suchte ich den Schalter, und dann wurde es hell. Ich sah, daß das Klebrige und Nasse kein Blut war. Da war nichts Rotes. Es war Urin, feuchtwarmer Urin und das Gewicht auf mir war Ha. Der Schmerz in meinem Arm stammte nicht von einer Wunde, sondern Has schwerer Kopf lag darauf. Ich bekam einen Krampf.
Er bewegte sich nicht, er war kalt. Ich war ganz sicher, daß er tot in meinem Bett lag. Ich schüttelte ihn. Seine schwarzen Wimpern zuckten, und er murmelte irgend etwas Unverständliches im Schlaf, aber er wachte nicht auf, kuschelte sich nur noch dichter an mich heran.
»Was machst du denn in meinem Bett? Wie bist du denn hier raufgekommen?« Ich zog meinen Arm unter ihm hervor. »Guck mal, du hast in mein Bett gepißt, du gräßliches Ding. Warum pißt du nicht dein eigenes stinkiges Bett voll?«
Er öffnete die Augen und lächelte mich an. »Schimo. Schönes Bett, schöner Junge. Mag dich.«
Ich rutschte von ihm weg. Er roch auch aus dem Mund. Ich stieg aus dem Bett, zog meinen nassen Schlafanzug aus und schlief den Rest der Nacht auf dem Fußboden. Da war es trocken, nichts schaukelte, es war nur kalt und hart.
Beim Frühstück beobachtete ich, wie Ha sechs Haferflocken auftürmte und sie dann wie ein Karatemann mit seinem Löffel attackierte, so daß sich Flocken und Milch explosionsartig über den Tisch verteilten. Seit sie mir gegenüber offen zugegeben haben, wie alt er ist, haben sie aufgehört, ihm ein Lätzchen um den Hals zu binden.
»Heute nacht habe ich gedacht, er stirbt«, sagte ich.
»Ich nehme an, daß es ein Traum war, mein Schatz«, sagte Patti. »Armer Kerl. Wir hätten lieber keinen Käseauflauf machen sollen.«

In der zweiten Stunde hatten wir Geschichte. Unser Thema war Karl Marx, beziehungsweise Mr. Barlows Interpretation

von Karl Marx. Vermutlich wäre es ganz interessant gewesen, aber ich war so müde, daß mir alles weh tat. Die Wände des Klassenzimmers schienen zu schwanken. Ich legte für einen kurzen Moment meinen Kopf auf den Tisch, fiel aber sofort in tiefen Schlaf. Als Mr. Barlow neben meinem Tisch auftauchte und mich weckte, hatte ich das Gefühl, eine ganze Nacht wäre vergangen.
»He, Junge! Ist mein Unterricht so langweilig, daß du es vorziehst zu schlafen?«
Ich bekam eine Verwarnung wegen ungebührlichen Betragens. Drei Verwarnungen und du mußt zum Direktor. Ich muß während des Unterrichts wachbleiben, und ich muß in der Nacht wachbleiben. Ich will nicht wieder zu dem Haufen im Graben.

»Tut mir leid wegen gestern nacht, mein Schatz«, sagte Patti.
»Was?«
»Daß Ha in deinem Bett war. Ich hatte es nicht gemerkt. Und alles war naß.«
Warum entschuldigte sie sich? Wofür denn? Ist nicht deine Schuld, Mutter. Ich habe mich selbst naßgemacht. Das Bett war von mir naß. Wenn Leute große Angst haben, machen sie ins Bett. Du flatterst vor Entsetzen. Es heißt ja auch, vor Angst in die Hose machen.
»Aber ich habe die Bettwäsche gewechselt, jetzt ist alles wieder sauber. Deine Matratze habe ich im Garten gelüftet. Weiß der Himmel, wie er es geschafft hat, mitten in der Nacht in dein Bett zu klettern.«
Er wurde in dem unteren Bett ordentlich zugedeckt, sein kleines Stoffkaninchen hielt er im Arm.
Als sie mir im oberen Bett einen Gutenachtkuß geben wollte, war ihre Wange genau auf derselben Höhe wie meine. Sie brauchte sich nicht über mich zu beugen. Ich schämte mich, sie zu küssen. Ich wünschte, ich hätte es ihr erzählen können. Nicht nur er macht ins Bett. Auch mir ist das passiert, als sie die Frauen und die Kinder aus dem Weg geräumt haben.

»Gute Nacht, mein Schatz«, sagte sie. »Schlaf schön.«
Bleib bei mir, Patti, die ganze Nacht. Laß mich nicht allein. Ich werde nicht schlafen, ich werde die ganze Nacht wachbleiben. Lieber drei Verwarnungen und einen Besuch beim Direktor, als zu schlafen.
»Mach ich. Gute Nacht, Patti.«
»Und wenn er sehr viel Lärm macht, dann komm und sag uns Bescheid.«
Ich wollte nicht einschlafen. Aber wenn du sehr müde bist, was willst du machen?

Dann merkte ich, daß die Leute, die sich um uns gekümmert hatten, gar nicht mehr da waren. Sie ließen uns einfach da liegen, von Fliegen umschwärmt. Es war Mittag. Grelle Sonne, roter Staub, weißer Himmel. Fliegen und Hunde.
Ein Kind bewegte sich. Es hatte nicht einen Kratzer. Als es mich sah, lächelte es und streckte mir die Arme entgegen.
»Scht«, machte ich, als ob die anderen schliefen. Sein Geschrei könnte die Soldaten alarmieren. Von einem Kampfgebiet ganz in der Nähe stiegen Rauchwolken auf – wie weiße Blüten in den Bäumen.
Ich setzte das Kind wieder neben seine Mutter und rannte weg.

Dritter Teil

SIMON UND HA

Auch wenn Ha gerade gewaschen worden war, verbreitete er einen fauligen, gammeligen Geruch. Mitunter konnte ich es nicht einmal ertragen, ihn anzusehen. Ich konnte nichts berühren, was er angefaßt hatte. Ich wollte nicht, daß seine Haut meine Haut berührte. Seit ich wußte, wo er gewesen war und was er gesehen hatte, widerte er mich an.

»Patti«, sagte ich, »das Baby von dir, das gestorben ist, war das ein Junge oder ein Mädchen?«

Sie holte gerade einen Stapel sauberer Wäsche aus dem Schrank. Sie schien überrascht, daß ich davon wußte.

»Claire hat es mir erzählt, als ich bei ihr geschlafen habe«, sagte ich. Wenn das totgeborene Geschwisterkind gelebt hätte, dann brauchte ich jetzt nicht mein Zimmer, meine Eltern und mein Zuhause mit Ha zu teilen.

»Es war ein Mädchen«, sagte Patti. »Eine Tochter. Sie wurde nicht totgeboren. Sie hat noch eine Stunde lang gelebt.«

Das schien mir im Grunde dasselbe zu sein. »Sie hätte im Frühsommer Geburtstag gehabt. Wir wollten sie May oder Maisie nennen.«

»Macht es dir etwas aus, daß Ha nicht dein eigenes Kind ist? Wünschst du dir manchmal, du hättest ihn geboren?«

»Wie denn das? Er ist doch ganz anders als wir!«

»Denkst du nicht manchmal darüber nach?«

»Manchmal denke ich an seine Mutter, wo immer sie sein mag, warum sie ihn verlassen hat. Aber meistens versuche ich, diese Gedanken zu vermeiden. Vielleicht besinnt sie sich ja plötzlich und will ihn wieder zurückhaben.«

»Das glaube ich nicht«, sagte ich.

»Es war schrecklich für die Kinder, an einem solchen Ort ausgesetzt zu werden. Kein Essen, keine Medikamente für die Kranken. Zu wenig Leute, die sich um die Kinder kümmern konnten.«

»Du warst doch da, stimmt's? Claire hat es mir erzählt. Warum hast du Ha nicht erzählt, wie es dort aussah?«
»Von den riesigen Ratten, die fast so groß wie kleine Hunde waren und den Babys das Essen vom Teller gefressen haben? Und von den einheimischen Frauen, die ihren eigenen Familienangehörigen das Essen gestohlen haben? Meinst du, das sind Dinge, die er wissen sollte?«
»Aber wenn es die Wahrheit ist?« Langsam wurde mir klar, daß weder sie noch Tony den geringsten Schimmer hatten, wie Ha geholfen werden konnte.
»Es ist nur ein Teil der Wahrheit. Ich weiß ja nur, was ich selber im Heim gesehen habe. Mehr nicht. Es ist besser, die Vergangenheit ruhen zu lassen. Und abgesehen davon, würde Ha doch sowieso nichts verstehen, oder?«
»Aber es könnte ihm dabei helfen, besser verstehen zu lernen.«
»Das bezweifle ich«, meinte Patti. »Komm, es ist Zeit fürs Abendessen.«
Aber Has Hosen waren so naß, daß Patti ihn noch vor dem Essen baden mußte. Nackt, trocken und frisch gepudert saß er in unserem Zimmer auf dem Teppich und wartete auf seine sauberen Sachen. Er saß immer an derselben Stelle, an der Kante des Teppichs.
Mit diesem Teppich bin ich aufgewachsen. Er stammte aus dem Hause meiner Großmutter. Ich nehme an, daß auch Patti damit großgeworden ist. Der Teppich hatte ein kompliziertes Muster von stilisierten Blättern, Blüten und Knospen und am Rand eine Borte. Und irgendwo, an einer winzigen Stelle, war ein absichtlich eingewebter Fehler. Meine Großmutter hatte mir erzählt, daß die moslemischen Weber wegen der Ehrfurcht vor Gott, der allein perfekte Werke vollbringen kann, immer einen kleinen Fehler einarbeiteten. Früher lag ich manchmal stundenlang auf dem Teppich und verfolgte die Muster der Stiele, die Konturen der Blütenblätter, die Windung jedes Blattes, um herauszufinden, an welcher Stelle der Fehler versteckt war.
Patti holte Has saubere Unterhosen aus der Kommode. Er hatte unglaublich viele Unterhosen, bestimmt mehr als ein Dutzend.

Sie zog ihn an.
Ich umging sorgfältig die Stelle im Teppich, auf der Ha gesessen hatte. Sein gepuderter Hintern hatte einen flüchtigen, staubigen Abdruck auf dem wollenen Flor hinterlassen. Auch wenn der Puder nicht mehr zu sehen wäre, würde dennoch für immer seine Spur auf dem Teppich bleiben. Ich würde den Teppich nie wieder berühren können, weder mit dem bloßen Fuß, noch mit dem Hausschuh. Er hatte ihn verseucht.
Ich hatte so einen großartigen Plan gehabt, wie ich ihm helfen wollte. Ich wollte mich über sein Heimatland informieren und ihm dann von seiner Vergangenheit erzählen. Aber kaum hatte ich damit begonnen, wollte ich nichts mehr für ihn tun.
Überall im Haus gab es ähnliche Stellen wie auf dem Teppich, die ich nicht berühren konnte. Ich konnte nicht nach ihm in die Wanne gehen, bevor ich sie nicht erst bis zum Rand mit Wasser hatte vollaufen lassen, um alle Reste und Spuren von ihm zu beseitigen. Und selbst dann mochte ich die Seiten nicht berühren. Ich konnte den hölzernen Handlauf am Treppengeländer, den seine Hände beim Hochsteigen angepatscht hatten, nicht anfassen. Ich berührte auch nie den Stuhl, auf dem er saß, obwohl Patti ihn jedesmal nach dem Essen abwischte. Sie mochte die Eierkrümel und die verschmierte Marmelade wegwischen, aber es war unmöglich, daß sie den unsichtbaren Makel, den er hinterlassen hatte, mit einem Tuch beseitigen konnte.
Ich konnte auch nicht Has Becher in die Hand nehmen. Er gehörte zu einem Satz weißer Porzellanbecher, die alle die gleiche Form hatten, aber es war jeweils ein anderes Bild aufgedruckt. Ha bevorzugte den mit der roten und der blauen Windmühle.
Zwar hatte er inzwischen gelernt, aus dem Becher zu trinken und beugte sich nicht mehr mit dem ganzen Kopf darüber, aber er schlürfte und schlug seine Zähne immer an den Porzellanrand – das ratterte und klapperte wie ein Gebiß.
Auch wenn der Becher im Geschirrspüler durch das stärkste Programm gelaufen, mit chemischen Waschmitteln gewaschen, mit kochendheißem Wasser besprüht und von rotierenden Spritzdüsen dreifach gespült worden war, mochte ich ihn nicht berühren.

Ha war noch nicht fertig angezogen, da tauchte Miss Spaark auf. Tony mußte sie hereingelassen haben. Sie betrat unser Zimmer, als wäre sie bei sich zu Hause. Ich tat so, als wäre ich in meine Hausaufgaben vertieft.
»Hallo Ha! Hast du gerade gebadet?«
Ha befreite sich aus Pattis Armen, die gerade versucht hatte, ihm die saubere Unterhose über die Beine zu schieben, und drückte Miss Spaark einen schmatzenden Kuß auf die Wange. In der letzten Zeit hatte er fürs Küssen eine regelrechte Leidenschaft entwickelt. Es schien Miss Spaark nichts auszumachen, aber ich dachte, daß Patti und Tony ihm beibringen sollten, keine Fremden zu küssen. Das könnte Anlaß zu Mißverständnissen geben.
»Feiner Junge!« sagte Miss Spaark. »Nun laß dich mal von deiner Mami anziehen.« Patti widmete sich wieder den Unterhosen. »Und – wie läuft es denn so? Ein bißchen ruhiger inzwischen? Er ist wirklich ein liebenswerter Junge! Jedenfalls können wir ganz bestimmt darauf vertrauen, daß in diesem Kind kein Funken Bösartigkeit steckt. Er hat keinen Groll auf diese Welt, nicht wahr? So ist das auch bei den mongoloiden Kindern, die im Grunde ganz sanfte Wesen sind. Dagegen sind einige der Kinder mit einem hohen IQ, die wir in unserer Obhut haben, regelrechte Monster. Die sind mit allen Wassern gewaschen. Es ist verdammt schwierig, die irgendwo unterzubringen.«
Ha lehnte sich an Patti, als ob sie eine Wand wäre, während sie versuchte, seine Arme, die plötzlich stocksteif waren, in die Hemdsärmel zu schieben.
Miss Spaark grinste bewundernd. »Nicht ein böser Gedanke in seinem kleinen Köpfchen.«
Ich konnte zwei schwarz-blaue Zahnabdrücke vorweisen, die haargenau zu Has Eckzähnen paßten. Er hatte mich einfach gebissen, weil ich ihm sein Computerpapier nicht genau in dem Moment gegeben hatte, als er den Wunsch geäußert hatte.
Patti warf mir einen kurzen warnenden Blick zu, mit dem sie mich offensichtlich auffordern wollte, Miss Spaark zu demonstrieren, daß auch ich keinen einzigen bösen Gedanken in meinem Kopf hatte. Warum wohl? Miss Spaark hatte meine Höflich-

keit nicht im mindesten verdient. Sie hatte überhaupt nichts verdient. Sie wurde dafür bezahlt, daß sie hierherkam und mit dem für ihre Begriffe gutwilligen Jungen schön tat. Warum hatte ihr niemand von der toten Katze erzählt? Ob ich es tun sollte?
»Und wie geht's unserem Simon?« Miss Spaark lächelte mich an. »Nicht mehr ganz so verbiestert? Hast du aufgehört, dich zu sperren?«
Nachdem Ha Dido aus dem Fenster geworfen hatte, wußte ich, daß ich ihn loswerden mußte. Aber jetzt war ich mir nicht mehr so sicher, ob das die richtige Lösung wäre. Deshalb sagte ich nichts von der Katze.
»Ich habe mich nie gesperrt.«
»Das war doch eine völlig natürliche Reaktion, das mußte so sein. Eine völlig verständliche Reaktion, die ich schon vorausgesehen hatte. Immerhin hattest du bislang ja den ersten Platz bei deinen Eltern.«
»Ich habe mich nie gegen ihn gesperrt«, wiederholte ich. Mit allen anderen aus dem Dorf zum Erschießen aufgereiht zu werden und sich überhaupt nicht dagegen zu wehren, war viel schlimmer, als im neuen Zuhause eine Katze zu töten.
»Sieh mal, Simon«, fuhr Miss Spaark fort, »am Anfang haben wir uns ziemliche Sorgen um dich gemacht. Es schien, als ob dich die Situation verbittern und verwirren würde.«
»In der letzten Zeit hat sich Simon wirklich großartig benommen«, unterbrach Patti sie schnell. »Er ist ein echter Rückhalt für mich geworden. Und er ist so geduldig mit Ha.«
Es schien, als ob Miss Spaark begriff, daß sie zu weit gegangen war.
»Wunderhübsch«, sagte sie und wechselte von einem Moment zum anderen das Thema. Sie bewunderte den Teppich. »Türkisch, nicht wahr?«
»Er stammt aus der Familie meiner Mutter«, sagte Patti. Inzwischen war sie dabei, Has widerstrebende Hände dazu zu bewegen, sein Hemd zuzuknöpfen.
»Er hat einen Fehler«, sagte ich, »einen ganz besonderen.«
»Wirklich? Für meine Begriffe ist er in bestem Zustand«, sagte

Miss Spaark. »Ich würde meinen, er ist eine ganze Menge wert.«
»Der Fehler ist im Muster. Meine Großmutter hat es mir erzählt. Weil nur Allah perfekt sein kann.«
Aber Miss Spaark schien sich weder für die Techniken noch für die religiösen Marotten der Teppichweber zu interessieren. Wie üblich interessierte sie sich mehr für ihre eigene Sicht der Dinge als für meine.
Schließlich ging Miss Spaark. Als nächstes hatte ich eine unserer gräßlichen Mahlzeiten zu überstehen. Jedesmal, wenn Ha das Essen vor sich stehen hatte, plapperte er vor Freude wie ein Papagei. Und wenn er es nicht schnell genug herunterschlingen konnte, drückte er mit denselben Geräuschen seine Enttäuschung aus. Und er schmiß mit dem Essen um sich, als wäre er ein Schwein, das in der Erde nach Wurzeln wühlt. Sobald wir fertig waren, mußte er noch einmal gebadet werden, weil er inzwischen wieder in die Hosen gemacht hatte. Ich konnte mich schon gar nicht mehr erinnern, wann das jemals anders gewesen war. War er seit ein paar Wochen bei uns, seit Monaten oder schon immer?
Tony und ich räumten den Tisch ab und stellten das Geschirr in die Spülmaschine.
»Wahrscheinlich macht er aus lauter Begeisterung fürs Essen in die Hosen«, sagte ich.
»Könnte sein. Bestimmt liegt's auch am Besuch der Sozialarbeiterin. Langsam glaube ich, daß Ha wesentlich besser begreift, warum sie kommt, als wir denken. Er weiß ganz genau, was sie will.« Wenn das stimmte, dann wußte er mehr als ich. »Und das bringt ihn wahrscheinlich durcheinander.«
»Warum muß sie denn andauernd kommen?«
»Vielleicht sollten wir sie bitten, nur zu kommen, wenn Ha in der Schule ist. Dann merkt er es nicht.«
Es kostete mich zwar einige Überwindung, aber ich brachte es fertig, Has Geschirr abzuräumen. Sogar den Windmühlenbecher.

Im Badezimmer zeigte Patti Ha, wie man sich die Zähne putzt. Das tat sie jeden Tag. Er schien es nicht zu begreifen, aber sie gab nicht auf.

»Guck mal, Simon, Ha hat eine neue Zahnbürste«, sagte sie mit ihrer hellen, hoffnungsvollen Stimme. »Welche Farbe hat sie, Ha?«
»Ge, ge, leb«, sagte Ha und quetschte die Zahnpasta auf den blauen Griff. Patti führte seine Hand an die richtige Stelle. »Nein, nicht gelb, Ha. Guck genau hin. Erinnerst du dich? Sie ist blau. Diese Farbe heißt Blau. Wie der Himmel.«
»Bau«, sagte er.
»Kluger Junge! Das ist richtig, blau. Ist das nicht toll, was er schon alles allein kann?«
Zahnpastaschaum tropfte ihm aus dem Mund. Nach kurzem, zweimaligen Bürsten spuckte er überall hin, auf die Wasserhähne, auf die Ärmel seines Schlafanzuges. Er kleckerte bis auf seine bloßen Füße. Auf die gleichen bloßen Füße, mit denen er aus dem Graben davongelaufen war.
»Du bist noch nicht fertig, Ha. Weiter hinten mußt du noch ein bißchen bürsten.« Patti nahm seine Hand und führte ihm vorsichtig die Bürste. »Hin und her, hin und her. Ich muß ihm ein Paar Hausschuhe besorgen. Schade, daß ihm deine Sachen nicht passen.« Ein Glück. Ich würde ihm noch nicht einmal meine ältesten Sachen geben wollen. »Das hast du fein gemacht! Ist er nicht ein cleverer kleiner Kerl?«
»Doch, doch. Großartig. Schlauer Bursche«, sagte ich. Wunderkind. Der kleine Junge putzt sich ganz allein die Zähne. Gelobt sei Allah.
Ich klopfte Ha freundlich auf den Kopf. Wenn ich so tat, als wäre er ein Hund, dann machte er sich wirklich recht gut. Ein Hund könnte sich nicht selber die Zähne putzen.
»Nacht«, sagte ich.
»Sag Simon gute Nacht«, sagte Patti.
»Will Kuß«, sagte Ha, schlang seine dünnen Arme um mich und zog mich zu sich herab, bevor ich ihm entkommen konnte. Er drückte mir einen dicken Zahnpastakuß auf die Wange. Ich wischte ihn mit dem Ärmel ab.
»Sag Tony, ich bin in einer Minute unten«, sagte Patti. »Ich lese Ha noch ein bißchen was vor.«

Da wir ja nun gleichaltrig waren, hätten wir eigentlich auch zur gleichen Zeit ins Bett gehen müssen. Aber das taten wir nicht. Patti brachte ihn immer früher hoch.

Dann saßen wir noch eine halbe Stunde vor dem Kaminfeuer, so wie früher. Patti beschäftigte sich mit ihren Webarbeiten, ich tat so, als ob ich in eine gute Lektüre vertieft sei, und Tony machte Kaffee.

»Ich habe Miss Spaark gesagt«, sagte Patti, als Tony mit dem Kaffee hereinkam, »daß jetzt eigentlich alles ziemlich normal verläuft.«

Glaubte sie das wirklich? Nichts würde jemals wieder so sein wie es war. Die Eltern hatten sich verändert.

Tony machte immer den Kaffee richtig mit Filter und der feingemahlenen Kontinentalröstung, so daß er wirklich wie in Frankreich schmeckte, und dann brachte er ihn auf einem Tablett herein. Ich bekam meinen Kaffee mit heißer Milch, die Kalzium und andere wichtige Nährstoffe für den Knochenaufbau enthält. Das haben wir in Bio gelernt, aber Patti hatte mir das schon früher erklärt.

Aber an dem Abend standen nicht drei Kaffeebecher auf dem Tablett, sondern nur einer. Ein Becher voll mit Milchkaffee, so wie ich ihn immer trinke. Es war der Windmühlenbecher. Obenauf war eine Haut, die gegen den Rand schwappte, genau da, wo Has Zähne dagegengeschlagen hatten. Tony stellte das Tablett, auf das er außerdem noch zwei bekömmliche Schokoladenkekse gelegt hatte, auf einen Tisch neben mir, so daß ich bequem herankam.

»Wollt ihr keinen Kaffee?« fragte ich. Ich hob den Becher vorsichtig hoch, doch dann stellte ich ihn wieder ab. Ich überlegte, wie ich den Kaffee trinken konnte, ohne daß meine Lippen den Rand berührten und ohne daß ich das Windmühlenbild sehen mußte.

Ich wollte Tony sagen, daß ich lieber einen anderen Becher haben wollte. Ich hätte ihnen gerne von den anderen Dingen erzählt, die ich nicht berühren mochte.

Aber wenn Tony meinte, daß sich alle Probleme ganz einfach mit zwei Schokoladenkeksen lösen ließen, wie könnte er dann begreifen, was es mit dem Windmühlenbecher, dem Teppich oder dem Treppengeländer auf sich hatte? Ich stellte den Becher wieder aufs Tablett.

»Patti und ich trinken heute was Stärkeres«, sagte Tony und goß für jeden von ihnen einen Whisky ein. Dann saßen sie beide etwas verdrießlich nebeneinander und umklammerten ihre Whiskygläser. Noch ein Unterschied zwischen mir und ihnen. Whisky statt Kaffee.

»Meint ihr, daß das gut ist, Alkohol am Abend?« sagte ich. Wir hatten kürzlich in der Schule vom *Komitee gegen Alkoholismus* einen Vortrag mit gräßlichen Beschreibungen von zerfressenen Lebern und mit ausführlichen Statistiken über Unfälle von betrunkenen Fahrern gehört.

»Nur ein Schlaftrunk. Deine Mutter schläft in letzter Zeit nicht besonders gut. Ein kleiner Whisky kann da eine große Hilfe sein.«

»Besser als Schlaftabletten, nehme ich an. Trotzdem solltest du vorsichtig sein. Das haben sie in dem Vortrag gesagt. Man soll Alkohol nie als Krücke zur Lösung schwieriger Probleme benutzen. Kinder sollen sich melden, wenn sie sich über ihre Eltern Sorgen machen.«

»Simon, bei allem nötigen Respekt vor deinem Bemühen um unsere Gesundheit muß ich dir aber doch sagen, daß deine Mutter und ich sehr gut auf eine pädagogische Belehrung deinerseits verzichten können, wenn wir uns einen Whisky am Abend genehmigen.«

»Tut mir leid«, sagte ich und gab ihnen einen Gutenachtkuß. Meinen Milchkaffee ließ ich stehen.

Ha stand am Waschbecken, er war noch hellwach. Er putzte seine Zähne.

»Ha, du sollst doch längst im Bett sein! Du hast dir deine Zähne doch schon geputzt! Zweimal ist nicht nötig.«

»Ja. Mehr putzen. Mehr«, sagte er und winkte mit der Zahnbürste. Mit der roten Zahnbürste. Mit meiner Zahnbürste.

»Zähne sauber. Schimo. Zähne putzen. Guter Junge.« Er riß seinen Mund weit auf, um mir seine sauberen Zähne zu zeigen.

Ich riß ihm die Zahnbürste aus seiner Affenhand. »Das ist meine! Du hast meine Zahnbürste genommen! Guck, sie ist rot, rot! Rot! Deine ist blau! Wie der Himmel. Mami hat dir eine eigene Zahnbürste gekauft, die ist für dich ganz allein.« Ich hielt ihm die blaue Zahnbürste vor die Nase.

Ein kurzes Lächeln huschte über sein Gesicht. Hatte er die Zahnbürste mit Absicht genommen oder war er nur zu blöd, zwischen alt und neu, rot und blau zu unterscheiden?

»Guck, Ha! Das ist deine Zahnbürste. Hier! Bitte benutze künftig freundlicherweise deine eigene Zahnbürste. Jetzt geh ins Bett. Es ist schon spät. Ich komme auch gleich.«

Er ließ den Kopf hängen, blinzelte mich von der Seite an und trottete dann schwerfällig über den Flur. Ich hörte die Matratze quietschen, dann das Knistern der Plastikunterlage. Ich nahm meine Zahnbürste. Er hatte sie in seinen Mund gesteckt, also würde ich sie nie wieder benutzen können. Ich warf sie in den Abfalleimer.

Er lag still im Bett, schlief aber noch nicht. Er starrte mich an.

»Starr mich nicht so an. Hör auf damit. Ich will das nicht. Laß mich einfach in Ruhe. Und fang ja nicht an zu schaukeln!«

Ich weiß nicht, warum ich mir überhaupt die Mühe machte, ihm zu sagen, daß er es lassen sollte. Er schaukelte sich ja doch immer in den Schlaf.

Beim Ausziehen drehte ich ihm den Rücken zu, aber ich wußte, daß er mir immer noch zusah. Ich wußte nicht, was er dachte, ob er überhaupt dachte. Ich sagte nicht gute Nacht. Ich sah ihn nicht an, denn wenn ich ihn anguckte, bekam ich eine Gänsehaut.

Die Leiter vom Hochbett hatten wir auf den Dachboden gestellt. Ich brauchte sie nicht mehr, seit ich sieben war. Ich benutzte immer das untere Bett als Stufe. Aber jetzt konnte ich es nicht mehr ertragen, meinen bloßen Fuß auf irgendeine Ecke seines Bettes zu setzen, geschweige denn auf seine Matratze, die Häschenbettwäsche oder den Metallrahmen. Es war nicht einfach, sich hochzuschwingen, ohne einen Teil seines Territoriums zu betreten. Ich kroch unter meine Decke und blieb ausgestreckt und still liegen. Wenn ich mich auf eine Stelle in meinem Bett beschränkte, würde ich sicher sein. Nur der Streifen ganz in der Mitte meines Bettes war mein eigenes makelloses Gebiet. Ich würde die ganze Nacht über das Licht anlassen. Ich würde die ganze Nacht im Sitzen verbringen. Ich würde die ganze Nacht über lesen. Und wenn ich dazu zu müde wurde, würde ich an all die Dinge denken, die ich vor Has Ankunft erlebt hatte. Was im Graben passiert war, war furchtbar. Ich wollte nicht wieder zurück und das drückende Gewicht von Leichen auf mir spüren.

Ha fing an zu schaukeln. Sobald das Etagenbett schwankte, beugten sich zwei Männer in schmutziggrünen Stahlhelmen über mich. Sie packten mich an den Beinen und zerrten mich aus dem Bett. Ich knallte auf den Rücken.

»Es ist ein Kanake«, sagte einer. Ich lag auf dem verseuchten Teppich und haushoch über mir ragten die beiden mit ihren schweren schwarzen Stiefeln und ihren Gewehrkolben.

»Ich habe nichts getan«, sagte ich, »überhaupt nichts.«

»Aber genau das ist doch das Problem. Nicht das kleinste bißchen hat er gemacht.«

»Laßt mich in Ruhe. Ich bin überhaupt nicht der, den ihr sucht. Guckt doch, mein Haar ist blond, meine Haut ist hell. Ich bin kein Kanake! Ihr seid hinter dem da her!« Ich drehte mich um und zeigte auf Ha, der wach war und im unteren Bett hockte. Ich rappelte mich auf, und die beiden Uniformierten verschwanden. Ich rannte durch den Flur zum Schlafzimmer. Die Türe stand halb offen, das Licht war aus. Auch wenn Patti schlief, spürte sie immer, wenn ich da war, jederzeit in der Nacht. Und dann hörte ich ihre Stimme aus dem Dunkel des Zimmers: »Bist du das, Simon? Alles in Ordnung?« Und ich flüsterte, daß ich nur aufs Klo oder einen Schluck Wasser trinken wollte.

In den alten Zeiten, als Ha noch nicht bei uns war, hatte sie mir allerdings manchmal nichts zugerufen. Dann war die Schlafzimmertür geschlossen. Und dann wußte ich, daß Tony und sie miteinander schliefen. Ich hielt mich fern, damit sie mich nicht hörten, und ich bemühte mich, sie nicht zu hören. Da empfand ich es als Nachteil, Einzelkind zu sein. Bei der Liebe war ich ausgeschlossen und mußte allein in meinem Zimmer bleiben.

Es war kaum zu glauben, daß sie das auch getan hatten, um mich zu bekommen.
Ich drückte die Schlafzimmertüre weiter auf und guckte ins Zimmer. Ihr Bett war unberührt. Sie waren noch gar nicht hochgekommen. Ich rannte die Treppe hinunter. Sie saßen immer noch nebeneinander, sie hielten ihre Whiskygläser nicht mehr ganz so verkrampft und waren näher aneinandergerutscht. Ich mußte es ihr erzählen. Sie hatte mir immer zugehört. Wir waren uns immer sehr nahe gewesen. Nie hatte ich Geheimnisse vor ihr gehabt.
»Hallo, Simon«, sagte sie. »Bist du immer noch wach?«
»Ich konnte nicht einschlafen.« Ich meinte, ich wollte nicht einschlafen. »Weißt du, ich habe so einen Tick. Sowas wie eine Phobie, eine Art Zwangsvorstellung. Das betrifft alles, was er tut. Und dann läßt er alles mögliche passieren.«
»Was denn zum Beispiel?«
»Wenn er Sachen anfaßt und, du weißt schon . . .« Aber ich kam mir zu albern und selbstsüchtig vor, ihr begreiflich machen zu wollen, daß ich dort, wo er etwas berührt hatte, nicht mehr sein konnte. Und daß ich dort, wo er gewesen war, nichts mehr berühren konnte. Es gab inzwischen schon so viele Stellen. Er hat sogar meinen Schlaf verseucht.
»Du meinst, du magst Dinge, die er schmutzig gemacht hat, nicht anfassen?«
»Nicht ganz«, sagte ich. Selbst wenn er sauber geschrubbt und wie verzuckertes Marzipan gepudert ist, widert er mich an. »Naja, doch, vielleicht ist es das, was ich meine.«
»Aber, Schatz, das ist doch ganz normal. Vor den Ausscheidungen anderer ekelt sich doch jeder. Die meisten Leute finden stinkende Windeln und sowas widerlich. Man sagt, daß es Frauen weniger ausmacht, aber das liegt nur daran, daß sie sich schon immer um Babys und um alte Leute kümmern mußten. Ehrlich, es wäre viel schlimmer, wenn du sagen würdest, du magst ekligen Schmutz.«
Sie verstand mich nicht. Wie sollte sie auch. Sie war nie da gewesen, wo Ha war. Ich wollte ihr erzählen, was geschehen war. Aber ich kam nicht mehr nah genug an sie heran. Ich hatte immer

gedacht, zwischen uns wäre eine sehr enge Verbindung. Doch ich war ganz anders als sie. Und in letzter Zeit war sie so häßlich. Ihr strähniges Haar hatte sie zu einem schmuddeligen Knoten zusammengebunden, und ihr Gesicht war aufgedunsen, voller Pickel und immer müde. Ich wollte eine schöne Mutter, wünschte mir eine junge Mutter, die dickes, glänzendes, zu einem Zopf geflochtenes Haar und ein breites, weiches Gesicht von honigfarbener Hautfarbe hatte. Die Mutter, die ich mir vorstellte, arbeitete auf dem Feld, stand bis zu den Knien in schlammigem Wasser und hielt ein Bündel grüner Setzlinge in der Hand, die übrigen Bündel trug sie in einem Jutebeutel auf ihrem Rücken. Die Pflänzchen in ihrer Hand glitzerten wie glänzende grüne Raupen, und die Sonne spiegelte sich im Wasser und überzog ihr Gesicht mit einem silbernen Schein.

»Patti, bin ich adoptiert?« Wenn sie mich bei Ha angelogen hatten, dann ja vielleicht auch bei mir.

»Nein, natürlich nicht. Was für eine verrückte Idee! Wie kommst du denn darauf?« Sie nahm meine Hand und drückte sie ganz fest, als klammere sie sich an ein Seil, um nicht im Meer zu ertrinken. Dann zog sie mich zu sich herunter und umarmte mich. »Mein armer Schatz! Es ist viel schwieriger, als wir alle gedacht haben, stimmt's? Und so merkwürdig beängstigend. Wir Armen. Armer Ha, armer Simon!«

Sie war ein bißchen betrunken. Tony auch. Aber der Whisky hatte sie etwas gelöster gemacht. Sie rutschte dichter an Tony heran, um mir auf den Kissen neben sich Platz zu machen.

»Wie war das, als ich geboren wurde?« Bestimmt wollten sie mich jetzt gar nicht dabeihaben, aber ich wollte nicht ausgeschlossen sein.

»Du? Als du geboren wurdest? Es war ... Oh, es war ein Wunder, stimmt's Liebling? Wir hatten so lange gewartet. Wir haben uns unglaublich darüber gefreut. Du warst immer unser kleines Wunderkind. Weißt du noch, Tony?«

Tony nickte und lächelte, aber sprechen mochte er wohl nicht mehr.

»War es schön, als ich da war?«

»Es war phantastisch!«
»Wann war es? Um welche Uhrzeit bin ich geboren?«
»Ich kann mich nicht erinnern. Es war alles eine einzige große Aufregung.«
»Mittags«, nuschelte Tony freundlich.
»Champagner, Blumen, Glückwunschkarten. Weißt du noch, wie der Champagner überschäumte und du ihn den Krankenschwestern in Reagenzgläsern serviert hast?«
Patti betrauerte insgeheim eine tote Tochter und opferte ihre ganze Zeit einem angenommenen Sohn. Aber ich war zuerst da, noch vor dem Kuckuck im Nest. Wie konnte ich jemals bezweifelt haben, ihr erstgeborener Sohn zu sein?
Ich hatte mich neben ihr in den weichen Kissen so wohlgefühlt, daß ich ganz vergaß, wachzubleiben, als ich wieder in meinem Bett lag. Und ich sah einen Jungen mit ausgestreckten Beinen auf einem Pfad liegen und in den Himmel starren, die Arme locker an der Seite, als ob er sich ausruhte. Zwei Überschläge auf dem Boden, Shorts und ein T-Shirt. Das Mädchen lag mit dem Gesicht nach unten im Gras. Warum hatten sie keine Schuhe an? In der Ferne eine Reihe blauer Hügel. Unsere wunderschönen Hügel. Wie kann es dort so schön sein, wenn hier diese Kinder im Gras liegen?

Ha machte merkwürdige Sachen. Eines Morgens beschloß er, erst den Anorak anzuziehen und dann zu frühstücken. Patti mußte ihm die Jacke vom Haken holen und ihm dann beim Anziehen helfen. Oder wenn wir in der Stadt waren, kletterte er plötzlich aus der Kinderkarre, legte sich mitten auf den Bürgersteig und summte vor sich hin. Die Leute dachten, er hätte einen Anfall. Ich wußte, daß er keinen hatte. Er lächelte, wenn die Leute um ihn herumstanden.
»Macht es dir nicht doch manchmal was aus? Wenn er so komisch ist und die Leute ihn anstarren?«
»Natürlich macht es mir was aus«, sagte Patti. »Aber ich habe beschlossen, daß wir zu ihm halten und soviel für ihn tun müssen, wie wir können. Gott hat den normalen Kindern soviel Verstand

gegeben, daß sie allein zurechtkommen. Kinder wie Ha können das aber nicht.«

Ich hatte nicht gewußt, daß sie an Gott glaubte.

»Naja, nicht so richtig. Ich bin mir nicht sicher. Ich muß zugeben, daß ich nicht gewußt habe, daß Ha unsere ganze Liebe braucht, bloß um so bleiben zu können wie er ist. Aber so ist es nun einmal. Ich glaube nicht, daß ich eine richtige Mutter wäre, wenn ich nicht eine Menge für ihn aufgeben könnte.«

»Aber du bist doch gar nicht seine richtige Mutter. Du bist meine Mutter.«

»Eine Mutter ist die Person, die sich um dich kümmert und die dich liebt.«

Ich wünschte, ich wäre adoptiert. Dann wäre es vielleicht einfacher gewesen. Es schien mir einfach nicht normal zu sein, daß sie jemanden lieben wollte, der so eigenartig war.

»Ist dir das alles nicht manchmal zuviel?«

»Natürlich. Aber da muß ich eben durch. Das ist mein Leben. Wir haben ihn als Kind angenommen, und nun müssen wir ihn lieben. Ich muß aus meinem Leben das machen, was ich für richtig halte – genau wie du aus deinem Leben das machen mußt, was du richtig findest. Und im Moment bekommt ihr beide unsere Liebe, jeder auf eine andere Art.«

Für jemanden, der nicht richtig an Gott glaubte, war sie manchmal viel zu gut, als daß es wahr sein konnte.

In meinem Kopf schwirrten ständig Bilder herum, die nicht verschwinden wollten. Babys und Bäume und Dunkelheit und Licht und Lärm. Aber jetzt wußte ich, daß es nicht einfach nur Träume oder Visionen waren. Diese Bilder waren so wirklich, daß ich nur meine Hand auszustrecken brauchte, und dann konnte ich sie fühlen, sehen und hören. Und die Ursache dafür war Ha.

Babys, Bäume, Lärm und Licht waren leicht zu ertragen, weil ich sie benennen konnte. Es gab aber andere Bilder, für die ich keine Worte fand. Formen und Bilder von Furcht.

Wenn ein Mann, der einen Erdtunnel bewacht, auf eine Landmine tritt, die zwischen Moos und Farn versteckt ist, fliegen Teile von ihm durch die Luft, und die Haut von seinem Fuß löst sich.

Ich fürchte die unsichtbaren Augen der Männer, die mich suchen. Ich fürchte den Tod. Vielleicht war es gar nicht Ha, den ich loswerden mußte. Es waren die Bilder in meinem Kopf, die verschwinden mußten.

Ich mußte im Wald bleiben und anderen Menschen aus dem Weg gehen, sonst würde ich erschossen werden. Ich hatte mehr Angst vor dem Warten auf das Erschießen als vor dem Erschossenwerden.

Also rannte ich immer tiefer in den Wald, kroch durchs Unterholz, taumelte über nasse Blätter, krabbelte über vermodernde, mit Pilzen bewachsene Holzstämme bis hin zum Hochland. Hier war der Wald immer neblig und feucht, und in das Kreischen der Affen hoch oben auf den Bäumen mischte sich das Quaken der Frösche.

Im Hochwald war es kälter, ich zitterte die ganze Nacht. Um mich herum hörte ich das Rascheln und Knistern und Schlurfen all der Wesen, die sich ihren Weg durch die feuchte Vegetation bahnten. Ich fühlte, wie die Insekten über mich krochen, in meinen Ohren brummten und mich stachen. Ich fror, war müde und hungrig. Ich wollte mich hinlegen, aber ich hatte wegen der Skorpione, die sich im Unterholz verstecken und nachts herauskommen, um ihre Opfer zu stechen, sogar Angst, mich hinzusetzen.

Ich zitterte und dachte ans Essen. Ich dachte an ein Reisgericht. Als wir im Lager gelebt hatten, kochte meine Mutter unsere Reisrationen am Abend, wenn es dunkel war und es sonst nichts zu tun gab.

Der gekochte Reis glitzerte in dem schwarzen Topf, und meine Mutter nannte ihn Schweinereis, weil er dreckgesprenkelt und voller Strohhülsen war. Er war ungesalzen, und wir hatten auch keine Fischsauce. Aber trotzdem sah er so gut aus, daß ich von dem schwarzen Topf und dem weißen Reis hypnotisiert war.

Meine Mutter reichte mir die Eßstäbchen. Wir hatten nur noch ein Paar, weil ein großer Teil unseres Gepäcks auf dem

Transport verlorengegangen war. Ich stippte die Stäbchen in kochendes Wasser, um sie zu reinigen, und reichte sie dann an Großmutter weiter. Sie aß zuerst, aber ganz langsam. Sie hielt sich das Schälchen ans Kinn und genoß in kleinen Happen den weichen, geschmacklosen Schweinereis. Jeden Bissen zermalmte sie gründlich zwischen ihrem zahnlosen Gaumen. Sie bat nie um mehr, owohl ihre Portion sehr klein war. Wenn sie fertig war, wusch sie die Stäbchen in dem kochenden Wasser und gab sie dann Mutter. Mutter nahm sich selbst so wenig, daß man beinahe die einzelnen Körner in ihrem Schälchen hätte zählen können. Dann war ich dran. Und Mai war die letzte. Sie öffnete ihren Mund für jedes Krümchen, das Mutter ihr liebevoll fütterte. Dann war der Kochtopf leer. Der Reis war aufgegessen, und Großmutter erzählte uns von Tu Thuc, dem jungen Mandarin, der so weit gereist war. Von Kindheit an träumte er vom Land der Glückseligkeit, wo in den Seen goldene und silberne Fische schwimmen, wo pastellfarbene Wolken die Form von Lotusblüten haben und wo schillernde Blütenblätter wie Schneeflocken auf den Boden fallen.
Schließlich kam er ans Ziel. Er wurde von der Märchenkönigin begrüßt. Das Land der Glückseligkeit war noch viel schöner, als er es erträumt hatte. Märchenprinzessinnen mit pfirsichblütengleichen Wangen und in allen Farben des Regenbogens schimmernden Kleidern tanzten mit ihm. Es gab reichlich zu essen. Es herrschte ewiger Frühling im Land der Jugend und der Freude, wo er viele Tage voller Fröhlichkeit und Glück verbrachte. Aber nach hundert Tagen fühlte er sich trotz der Annehmlichkeiten und der Schönheit einsam, und er vermißte die Vertrautheit seiner Heimat.
Die Königin erlaubte ihm, heimzukehren. Aber als er dort ankam, hatte sich alles verändert. Niemand erkannte ihn. Alles war anders. Alle seine Verwandten und Zeitgenossen waren schon lange tot. Sogar sein Haus war nur noch eine zerfallene Hütte, die nicht mehr zu reparieren war. Tu Thuc wurde klar, daß er hundert Jahre fort gewesen war, weil im Land der Glückseligkeit ein Tag soviel ist wie ein ganzes Jahr.

Großmutter weinte immer, wenn sie die Geschichte von Tu Thuc erzählte, doch Mutter lächelte.
Dann wurde mir wieder bewußt, daß ich allein im Hochwald war, und ich ärgerte mich über mich selbst. Ich hatte über mein Essen nachdenken wollen und war mit meinen Gedanken bei Großmutter und Mutter und meiner kleinen Schwester angelangt.
Im Wald gibt es immer reichlich Nahrung, doch allein und ohne Waffen konnte ich sie mir nicht beschaffen.
Es gab kleine, schwarze Schweine, die eine Gruppe von Männern leicht jagen, mit einem Bogen abschießen und braten konnte. Es gab wilde Bienen, deren Honig in großen Waben in den oberen Ästen der Bäume hing. Es gab Schlangen, die man essen konnte. Einmal hatten die Männer eine große Boa gefangen, die über einen Stock gehängt größer als ein Mann war, und deren Fleisch allen Dorfbewohnern eine reichhaltige Mahlzeit bescherte.
Es war zu kalt und zu einsam im Hochwald. Ich hörte merkwürdige, fremde Geräusche, und ich fürchtete mich. Ich hörte es fauchen und kreischen und meinte, es wären die Schreie der hungrigen Geister der anderen Welt. Sie waren zu mir gekommen, damit ich ihnen Essen anbot. Aber ich hatte nichts. Wenn ich ihnen nichts gab, würden sie mich ewig quälen.
Als es hell wurde, stieg ich durch den Nebel wieder abwärts. Meine bloßen Füße streiften die dicken Blätter, von deren Unterseite schwarze Blutegel abfielen und sich in meiner Haut festsaugten. Alle paar Schritte mußte ich stehenbleiben und sie abnehmen, bevor sie mir mein ganzes Blut aussaugten. Statt etwas zu essen zu finden, wurde ich selbst zur Mahlzeit.
Hunger und Angst trieben mich aus dem sicheren Wald auf eine Lichtung, auf der früher einmal Land kultiviert worden war. Es war ein verlassenes Dorf mit Bombenkratern im Zentrum. Sie waren schon vor langer Zeit mit Wasser gefüllt worden, um Gemüsepflanzen zu setzen, die nur im Wasser wuchsen. Ich zog je eine Handvoll Brunnenkresse und Lotuswurzeln heraus und stopfte sie, so wie sie waren, in den

Mund. Dann rannte ich ein Stück weit über freies Gelände zu einem kleinen Hain mit Obstbäumen am Rande des Dorfes. Der Mangobaum war umschwärmt von Honigameisen, die bereits den größten Teil der Früchte verschlungen oder zumindest angefressen hatten. Aber ich fand einige unversehrte kühle und saftige Papayafrüchte.

Neben dem Dorf floß ein kleiner Fluß, und an der schmalsten Stelle fand ich die Überreste einer Fischfalle. Der größte Teil der Stangen und des hölzernen Gitterwerks war bereits weggeschwemmt, aber an einer Stelle war die Falle noch in Ordnung. Ich langte in das Becken, holte zwei kleine Fische heraus und aß sie so roh wie die Lotuswurzeln.

Als ich endlich satt genug war, um wieder einen klaren Gedanken fassen zu können, merkte ich, daß mir dieses zerstörte, verlassene, halb heruntergebrannte Dorf bekannt vorkam. Ich war schon einmal hier gewesen. Es lag nur ein paar Stunden Fußweg von unserem Dorf entfernt. Da wußte ich, daß ich in Sicherheit war. Ich wußte, wo ich entlanggehen mußte, um meinen Vater zu finden.

Als ich aufwachte und mir der Geruch von gebackenem Schinken und geröstetem Toast in die Nase stieg, fiel mir plötzlich ein, daß ich noch niemals in meinem ganzen Leben hatte hungern müssen. Noch niemals hatte mir der Magen vor Hunger geschmerzt, ich hatte allenfalls Verlangen oder Gier gespürt, aber nie wirkliche Schmerzen, nie Hunger, der deinen Bauch anschwellen läßt, Hunger, der dir die Haare ausgehen läßt, der deine Glieder schrumpfen läßt und dir die Zähne lockert.

Ich erinnerte mich an das Foto in dem beigefarbenen Ordner, wo Ha keine Haare auf dem Kopf hatte, seine Beine wie abgenagte Hühnerknochen und seine Augen wie verbrannte Rosinen aussahen. Für mich gab es immer drei Mahlzeiten am Tag, drei ordentliche Mahlzeiten, wie Mutter das nannte. Und oft sogar vier.

»Tut mir leid Ha, schon wieder falsch verstanden!« Beim Frühstück gab ich ihm meine beiden Speckscheiben, und ich aß nur einen Toast ohne Butter oder Marmelade.

Als ich den langen Pfad zwischen den Obstgärten betrat, paßte ich höllisch auf. Ich beäugte jedes Blatt, um zu sehen, ob es sich bewegte oder ob sich Augen im Grünen verbargen. Ich sah Gesichter auftauchen und wieder verschwinden. Die Hecken an der Seite waren so hoch, daß sie sich über mir fast zu einem dicken, grünen Baldachin schlossen, der das Licht abschirmte, so daß nur ein grau-grünes Dämmerlicht herunterdrang. Die feuchte Luft war warm und roch nach moderndem Kompost. Als meine bloßen Hände über das feuchte Gras streiften, stiegen Insekten auf. Durch die Hecke rankten allerlei Kletterpflanzen, Sprossen und Ranken, die sich aneinanderklammerten, sich beinahe gegenseitig erstickten – jede versuchte aus dem grünen Schatten hoch hinauf ins Licht zu wachsen.

In der Schulbibliothek gab es ein Buch, das »Die Welt der Waffen« hieß. Ich las es in der Mittagspause.

Die »Hüpfende Betty«, eine gebräuchliche, von Dschungelpatrouillen sehr gefürchtete Mine, wird nach der Zündung in ihrem Versteck am Boden etwa einen Meter hoch vertikal in die Luft geschleudert, wo sie dann explodiert. Die »Hüpfende Betty« ist eine der harmloseren Waffen, meistens fordert sie zwei, manchmal sogar nur ein Opfer. Wenn die Mine schon lange versteckt und dem Regen ausgesetzt war, können die drei Dorne des Zündungsmechanismus unter Umständen sichtbar aus der Erde ragen, und die Mine kann umgangen werden.

Als ich Vater fand, war er allein. Er bewachte Munition, die sorgfältig im Wald versteckt war. Ich rief ihn leise durchs Gehölz an, ich wußte ja nicht, ob er allein war. Er drehte schnell den Kopf, blickte in alle Richtungen. Sein Gewehr zielte auf mich. Ich dachte, er würde auf mich schießen – entweder mit Absicht oder aus Versehen. Dann sah er mich, erkannte mich, und ich kroch aus meinem Versteck und bahnte mir einen Weg zu ihm.

Vor mir auf dem Pfad waren drei gekreuzte Bambusstöckchen, die mich hätten warnen sollen. Aber ich hatte das alles vergessen und rannte mit ausgestreckten Armen auf Vater zu. Wie der Mandarin Tu Thuc, der wieder nach Hause, zu vertrauten Menschen wollte, mußte ich zu meinem Vater.

Aber er lächelte nicht. Er wollte mich nicht. »Nein, Ha!« schrie er. »Bleib da! Komm nicht her! Warte!« Aber ich wartete nicht. Ich rannte weiter auf ihn zu, weil er der einzige war, den ich noch hatte. Er kam mir entgegen, um mich aufzuhalten, und dann trat er und nicht ich auf die Mine, die er so sorgfältig auf dem Pfad versteckt hatte.

Eine Patrouille von US-Soldaten entdeckte mich. Ich saß immer noch bei der Leiche meines Vaters, auf der inzwischen weiße Ameisen herumkrabbelten. Die Soldaten wußten nicht, was sie mit mir machen sollten. Ich mußte mich mit den Händen über dem Kopf auf den Boden hocken.

»Den gefangennehmen? Spinnst du? Dann müssen wir ihm ein Bett, 'ne Decke und 'n Kissen besorgen, dazu drei Mahlzeiten am Tag und soundso viel Quadratmeter Lebensraum. Denk daran, die Genfer Konvention!«

»Unser Befehl lautet, systematisch zu eliminieren, und nicht, Gefangene zu machen.«

»Der ist doch noch viel zu jung, um irgendwelchen Ärger zu machen. Der ist doch höchstens sechs oder sieben Jahre alt.«

»Diese Schlitzaugen sehen immer jünger aus, als sie sind. Gestern haben wir einen VC geschnappt, der sah aus wie ungefähr vierzehn, ein Junge. Im Ausweis, den wir bei ihm fanden, stand aber, daß er einunddreißig war! Kannst du dir das vorstellen? Er sieht so aus, als hätte er noch nicht mal die Schule hinter sich und dabei ist er zehn Jahre älter als ich.«

»Das liegt an ihrem Essen. Die bleiben klein, verkümmert.«

Vier der Männer machten es sich bequem und zündeten sich Zigaretten an. Der fünfte stand ganz in der Nähe Wache, die Waffe feuerbereit in der Hand. Sie hatten offensichtlich keine Angst, daß ich flüchten könnte, sondern fürchteten irgend etwas anderes.

»Hast du schon mal gesehen, wie's in den Löchern von denen aussieht? Letzte Woche haben wir eins angesteckt – VC Hochburg – haben wir total abgefackelt. Du hättest mal sehen sollen, wie die leben. Das ist echt was anderes. Kein Licht, bloß diese Parafinfunzeln. Keine Medikamente. Sie kennen noch nicht einmal Aspirin. So wie die aussehen, hat bestimmt die Hälfte TBC und zudem jede Menge Hautkrankheiten.«
Ein anderer nickte. »Tja, und alles, was sie wollen, ist 'ne Handvoll Reis. Mehr brauchen die nicht, um glücklich zu sein.«
»Manchmal sind die wie Tiere. Essen nichts weiter als Reis. Ihr ganzes Leben lang dreht sich alles um Essen und Fortpflanzung. Und wenn sie Glück haben, dann haben sie noch ein Stückchen Land, um was anzubauen. Das ist alles. Sie haben kein fließendes Wasser in ihren Häusern, kein Gas, keinen Strom und verspüren offensichtlich nicht den geringsten Ehrgeiz, daran was zu ändern.«
Einer, der bis jetzt noch nichts gesagt hatte, meinte: »Wissen Sie, Hauptmann, ich glaub, wir machen in diesem Krieg was falsch. Ich weiß, was die brauchen. Ein richtiges saftiges Steak. Wenn wir all den Dschungelleuten ein ordentliches Steak verpassen würden, dann würden wir sie vielleicht eher auf unsere Seite kriegen.«
»Steak! Hör auf damit! Das halte ich nicht aus!«
»Mann, ein Steak, ein dickes T-bone-Steak, das so groß ist, daß es über den Teller lappt, so groß!« Er streckte seine Arme ganz weit aus. »In Butter gebraten, dann ein Berg Pommes frites, knusprig und heiß. Dazu jede Menge Relish.«
»Chili Relish!«
»Ja, und Dillgurken. Und zwei Dosen Budweiser.«
»Danach eine dicke Apfeltorte mit Sahne!«
»Blaubeertorte!«
»Gut, Blaubeertorte.«
Die Gedanken ans Essen hatten sie hungrig gemacht. Sie beschlossen, ihre Rationen zu essen. Jeder hatte Dosen mit Fleisch oder Obstsäften und Pakete mit Keksen im Gepäck.

Sie öffneten die Dosen und aßen mit ihren Messern.
»Jesus, ist das ein mieser Fraß«, sagte einer und tauschte mit einem anderen sein Fleisch gegen Obst. Einer schmiß seine leere Dose auf den Boden.
Der andere stieß sie weiter ins Unterholz und fuhr ihn an: »Du gottverdammter Hohlkopf! Hast du denn immer noch nichts begriffen? Du darfst nichts zurücklassen, was die Kanaken finden können. Du mußt alles wieder mitnehmen, klar?«
Der Mann, der die Dose weggeworfen hatte, kroch auf den Knien auf der Erde herum, bis er die Dose gefunden hatte. Er verstaute sie in seinem Gepäck.
Ich saß immer noch mit den Händen über dem Kopf gefaltet, als sie schließlich entschieden, weiterzugehen.
»Woll'n wir den Jungen nun verhör'n oder nicht?«
Sie wollten. Dann konnten sie über Funk melden, daß sie Kontakt mit dem Feind gehabt hatten.
»Das wird dem Hauptmann gefallen.«
Ich wollte nicht der Feind sein. Wenn sie anfingen, mich auszufragen, würde ich wissen, was ich zu antworten hatte.
»VC Nummer zehn«, sagte ich in ihrer Sprache und zeigte mit einer Hand auf meinen Vater, die andere behielt ich über dem Kopf. »VC Nummer zehn. US Nummer eins.« Ich deutete auf mich. »Ich Nummer eins. Nicht Nummer zehn.«
Der Mann, der die Dose weggeworfen und wieder aufgehoben hatte, sagte: »Was sagt der Junge? Was hat das Geplapper zu bedeuten?«
»So sprechen die eben. So 'ne Art Bildersprache. Nummer zehn, das heißt bei denen schlecht. Sie haben keine anderen Begriffe, um das auszudrücken. Wörter wie gut und schlecht haben die nicht. Sie sagen, zehn ist schlecht und eins ist gut. So 'ne Art Kauderwelsch.«
»Und dazwischen gibt es nichts?«
»Weiß ich nicht, ich glaub schon. Aber ich hab noch nie gehört, wie sie's gesagt haben.«
Sie hatten keinen Dolmetscher dabei, deshalb mußten sie auf die gleiche Art mit dem Verhör fortfahren.

»VC in deinem Dorf? Wo VC? Dein Vater VC? Deine Mutter VC?«

»Ich nicht VC Dorf. Ich Dorf Nummer zehn. Kein VC. Du US Nummer eins. Ich und du Nummer eins.«

Daraufhin gaben sie mir die Reste aus ihren Dosen. Ich war früher schon oft gewarnt worden, ihr Essen anzunehmen, weil es vergiftet sein könnte. Aber Hunger ist stärker als Angst.

Dann nahmen sie mich mit. Ich hatte sonst niemanden, mit dem ich hätte gehen können. Ich trug eine ihrer Packtaschen.

Wir verbrachten die Nacht in einem Fuchsbau, der voller Ameisen war. Und sie teilten wieder ihre C-Rationen mit mir. Einer sollte Wache halten, und die anderen wollten schlafen. Aber keiner schlief. Sie lauschten dauernd auf irgendwelche Geräusche, die auf einen Überfall hätten hinweisen können. Aber da draußen war niemand. Niemand griff sie an.

»Das ist doch alles für'n Arsch! Kein Charlie weit und breit!«

»Vielleicht hat er sich ja weiter unten versteckt.«

»Vielleicht weiß er ja nicht, wo wir sind?«

»Vielleicht ist er ja überhaupt nicht hier!«

»Charlie sechs. Hier spricht Charlie zwei. Alles in Ordnung. Lage unverändert. Wir ziehen weiter zu unserem Rendezvous mit der grünen Dame.«

Sie wollten einen vorher ausgemachten Ort erreichen, folgten Befehlen, die sie auf einem Stück Papier mit sich trugen, und nahmen immer wieder Kontakt mit ihrem Hauptquartier auf. Im Wald liefen sie im Gänsemarsch hintereinander und hielten einen Abstand von fünf Schritten. Der Mann, der vorausging und den Weg bahnte, wurde immer wieder abgelöst, weil der Platz an der Spitze der gefährlichste war. Wegen der möglichen Angreifer von hinten war auch der letzte Platz gefährlich. Die Soldaten trugen grüne Hosen, die sie zum Schutz gegen scharfes Gras und spitze Samenköpfe, die gegen unsere Beine schlugen, in ihre Schnürstiefel gesteckt hatten.

Manchmal war es für mich schwierig, mit ihnen mitzuhalten. Sie waren groß, und auch ihre Schritte waren viel größer als meine. Einer wollte mich loswerden.

»Wir sollen uns doch nicht mit den Gören einlassen. Ihr wißt ganz genau, daß sie uns das eingeschärft haben.«
Er hielt mich für einen feindlichen Lockvogel, der ausgeschickt war, um sie in die Irre zu führen oder um Zeichen zu geben. Aber die anderen meinten, ich solle bleiben. Ich sei so etwas wie ein Maskottchen für sie. Denn sie hatten, seit ich bei ihnen war, keinen Kontakt mehr mit dem Feind gehabt. Also blieb ich.
Auf ihre Art waren die Männer sehr mutig. Sie fürchteten sich sehr, marschierten aber trotzdem unbeirrt vorwärts. Über jedes Hindernis hinweg wählten sie immer den direkten Weg. Wenn ein Stück offenes Gelände überquert werden mußte und es außer einem Dornenbusch nichts gab, wo man sich hätte verstecken können, suchten die Männer nicht etwa einen sicheren Weg drumherum, sondern sie überquerten die Stelle geradewegs im Laufschritt. Immer einer nach dem anderen, während die übrigen ihre Gewehre schußbereit hielten.
Sie wateten, einer nach dem anderen, bis zur Hüfte versunken durch einen Sumpf mit dunkelrotem, faulig riechendem Schlamm, der so tief war, daß ich darin hätte ertrinken können. Aber einer von ihnen, der schon eine riesige Packtasche zu schleppen hatte, trug mich auf den Schultern, so daß er noch mehr einsank als die anderen. Ich hielt sein Gewehr über meinem Kopf, damit es nicht naß wurde.
Libellen schwirrten dicht über dem trüben Sumpfboden. Die Libellen kamen immer kurz vor der Regenzeit. Als wir auf der anderen Seite wieder auf festem Boden standen, hatte mein Träger die Beine voller Blutegel, die so groß wie die Zehen eines Mannes waren. Er tötete sie mit einer brennenden Zigarette.
Am Ende des zweiten Tages erreichten wir ihr Ziel, ohne daß wir bis dahin irgend jemanden gesehen oder gehört hätten, auf den man hätte schießen können. Es war eine ebene Stelle zwischen einigen verkrüppelten Bäumen und niedrigen Büschen. Sie warteten hinter den Bäumen. Dort löste jeder eine Handgranate von seinem Gürtel, entschärfte sie und warf sie in die

Mitte der Lichtung. Dicker, gelber Rauch stieg auf. Es mußte eine Art Signal sein, denn alle warteten ganz gespannt, ohne ein Wort zu sagen. Der Himmel war dick bewölkt, es war schwül und drückend. Sogar die Insekten, die sonst im Gras herumschwirrten, waren still.

Dann hörte ich über mir das Tuckern eines Motors, und ich wußte, worauf sie warteten. Ein kleiner Hubschrauber erschien über uns. Der Wind der Rotorblätter legte das scharfe, lange Gras flach. Sobald die Männer den Hubschrauber hörten, grinsten sie erleichtert und zufrieden. Sie entspannten sich und dachten nicht mehr daran, einzeln hintereinander zu gehen und den nötigen Sicherheitsabstand zu halten. Sie rannten voller Freude auf die Stelle zu, wo der Hubschrauber landen würde.

Aber als der schon fast am Boden war, kam plötzlich aus den Bäumen direkt gegenüber ein Feuerstoß. Rings um den Hubschrauber explodierten Granaten. Der Lärm hallte über die Lichtung, wurde zwischen den Bäumen hin und hergeworfen. »Heiliger Moses! Knallrote LZ«, kreischte einer der Männer. Alle fünf sprangen in Deckung, und der Helikopter schraubte sich schwankend wieder hoch in die Luft.

Der Mann, der das Funkgerät bediente, schrie in das Mikrophon. »Charlie zwei an Charlie sechs. Die Landezone ist heiß. Wir liegen unter Beschuß. Von außen? Natürlich, von wo denn sonst? Nein, ist mir scheißegal. Sieh zu, daß die runterkommen und uns verdammt noch mal hier rausholen. Und ein bißchen dalli, sonst ist das Verwundetenabzeichen für fünf steife Kämpfer fällig.«

Die anderen vier feuerten ununterbrochen auf die Gruppe von Bäumen auf der anderen Seite der Lichtung, obwohl dort nichts und niemand zu sehen war. Aber als der Helikopter wiederkam, knallten sofort wieder die Granaten. Diesmal kauerte ein Soldat an der offenen Einstiegsluke des Helikopters und beschoß von dort die Baumgruppe. Das Maschinengewehrfeuer prasselte wie ein Regen kleiner Steine auf die Bäume und fetzte die Blätter ab.

Der Hubschrauber senkte sich bis knapp über den Boden, ohne ihn zu berühren. Wie bei einer Libelle, die über dem Wasser schwebt, schienen auch seine Flügel zu zart für das Gewicht des ganzen Körpers. Die fünf Männer rannten gebückt, einer nach dem anderen, unter den wirbelnden Rotorblättern durch. Die übrigen schrien derweil laut, sicher vor Angst, aber auch, um sich Mut zu machen. Arme wurden aus dem Hubschrauber gestreckt und zerrten die Männer nach oben. Die ganze Zeit über beharkte der Mann mit dem Maschinengewehr die Bäume von gegenüber. Als der letzte Mann zur Hälfte hochgezogen war, seine Beine noch hilflos in der Luft baumelten, hob der Hubschrauber ab und flog davon.
Ich saß da und guckte ihm nach, bis er nur noch ein kleiner Punkt am Himmel und dann außer Sicht- und Hörweite war. Ich hatte einen Fehler gemacht. Wenn ich mit ihnen mitgerannt und meine Arme ausgestreckt hätte, dann hätten sie mich wahrscheinlich hochgezogen und mitgenommen.
Jetzt war niemand mehr hier. Wer immer dort hinter den Bäumen gesteckt haben mochte, wartete jedenfalls nicht auf mich.

Mitunter wurden während der täglichen morgendlichen Versammlungen in der Schule nicht nur die üblichen Mitteilungen über den Mißbrauch der Duschen oder über Änderungen der Essenszeiten verkündet, sondern der Direktor hielt uns einen Vortrag über Themen von nationaler Bedeutung.
»Krieg«, erklärte er uns, »ist manchmal ein notwendiges Übel. Der bis jetzt . . .« Er hielt inne, um seine verrutschte Robe zurechtzurücken. ». . . sehr schweren Herzens . . .« Wieder unterbrach er sich, um das Rednerpult in die richtige Position zu rükken. ». . . gegen Faschisten, Diktatoren und andere Starrköpfe, die kleinere Nationen unterjochen wollten, eingesetzt werden mußte. Nun denn. Politik hat für meine Begriffe in der Schule nichts zu suchen. Gar nichts.«
Reihenweise saßen die Jungen in der Versammlung und hörten Fischers morgendlichem Gerede zu. Oder auch nicht.

»Diese Schule hier steht, wie ihr alle wißt, außerhalb des politischen Lebens. Erziehung ist notwendigerweise eine apolitische Angelegenheit. Deshalb werden in dieser Schule auch keine politischen Themen diskutiert.«

Das wußten wir. Es war verboten, Ansteckknöpfe an den Aufschlägen des Jacketts zu tragen; ohne die Erlaubnis des Direktors durften keine Poster aufgehängt werden, weder für Wahlen noch für irgendwelche noblen Zwecke. Und solche Erlaubnis wurde bei jedem Anliegen, das auch nur entfernt politisch war oder gar aufrührerisch klingen mochte, verweigert. Was politisch oder aufrührerisch war, entschied jeweils der Direktor.

»Nun, Idealismus ist keine schlechte Eigenschaft, aber er kann auch durchaus unangebracht sein. Zweifelsohne betreibt diese neue ›Freiheitsgruppe für Jugendliche‹ ganz besonders verabscheuungswürdige, heimliche politische Propaganda.« Fischers Gesicht wurde immer röter, je mehr er sich in sein Thema hineinsteigerte. Ein aufrührendes Thema.

Langsam dämmerte mir, worauf er hinauswollte. In den vordersten Reihen rutschten ein paar Jungen unruhig auf ihren Stühlen hin und her. Einige der Oberstufenschüler hatten Friedensforschung als Prüfungsfach gewählt und heimlich eine Friedensgruppe gegründet. Da aber die meisten Jungen davon wußten, war es keine besonders geheime Angelegenheit. Winston Pelham gehörte auch dazu.

Während der Mittagspause hatten sie hinter dem Fahrradschuppen ein Theaterstück aufgeführt. Normalerweise wurde diese Ecke von den Rauchern benutzt, deshalb hatte es zwischen ihnen und der Friedensgruppe eine kleine Auseinandersetzung gegeben, bevor es losgehen konnte. Um ehrlich zu sein, die Show war für meine Begriffe ein bißchen sehr amateurhaft. Aber es wurde doch deutlich, daß die Gruppe ein wichtiges Anliegen hatte.

Das Stück erzählte von einer japanischen Familie nach dem Abwurf der Atombombe. Winston spielte eine Hausfrau, die zwischen ihren Papierwänden wirtschaftete. Andere aus der Oberstufe stellten ihre kleinen Kinder dar, die von den sengenden Strahlen des plötzlichen Sonnenscheins verbrannt worden waren.

Es war beinahe peinlich, wie diese riesigen Jungen mit ihren bunten Kreppapierschärpen über den grauen Wolljacken versuchten, japanische Kinder zu spielen. Aber niemand lachte.

Dann, als das Stück gerade zu der wesentlichen Aussage kam und uns Statistiken entgegengeschleudert wurden, die besagten, daß es seit dem zweiten Weltkrieg, der immer der einzige ist, an den die Leute denken, einhundertundsiebenundachtzig regelrechte Kriege gegeben hatte, und daß die Regierungen im Jahr millionen, trillionen, zillionen Dollar für Waffen ausgeben, Geld, das dringend für Nahrungsmittel gebraucht würde, tauchte ein Lehrer auf. Alle Lehrer wissen ganz genau, daß hinter dem Fahrradschuppen geraucht wird, und sie halten sich deshalb auch in der Regel fern. Aber dieser Lehrer mußte einen Tip bekommen haben. Jemand hatte die Sache verraten.

Und deshalb mußten wir nun Fischers Geschwätz über uns ergehen lassen.

»So. Die älteren Jungen, die maßgeblich an der Sache beteiligt waren, haben bereits ihren Verweis erhalten. Aber es gibt eine ganze Menge unter euch, deren Rolle in dem Verkleidungsspielchen noch nicht offenbar wurde. Wir werden keine Hexenjagd veranstalten, aber ich möchte die Gelegenheit nutzen, um euch noch einmal ein paar Dinge deutlich zu machen, die eurer Aufmerksamkeit entgangen zu sein scheinen.«

Ganz offensichtlich mußten wir uns auf eine seiner monströsen Dreiviertelstunden-Reden gefaßt machen, die einen immer die erste Stunde versäumen ließen. Alle machten es sich auf ihren Stühlen so bequem wie möglich. Die Köpfe sanken, die Schultern entspannten sich.

»Also. Frieden zwischen Ost und West.« Fischers Stimme leierte weiter.

»Und, von außerordentlicher Bedeutung.

Die jüngere Generation unserer Gesellschaft.

Eine sichere, eine ehrliche, eine demokratische Welt.

In der sie aufwachsen kann. Die Sicherheit der freien Welt kann durch die verschiedensten Mittel aufrechterhalten werden – auch durch eine angemessene Verteidigung.«

Wenn man sich nicht zu sehr konzentrierte, konnte man das Ganze sanft über sich hinwegplätschern lassen.
»Und das Gleichgewicht der Kräfte.
Manchmal mußte die Verteidigung auch die Grenzen unserer eigenen Gebiete überschreiten.
Und als Direktor dieser Schule.
Mitglied der Vereinigung der Direktoren.«
Ich. Ich. Ich. Immer nur ich. Er liebte es, über sich selbst zu sprechen. Bald würde er sich wieder über seine Schulzeit auslassen, als Jungen noch richtige Jungen waren.
»Ich unterstütze die Arbeit des Britischen Atlantikkomitees von ganzem Herzen.
Seine beiden gleichzeitigen Stoßrichtungen: Verteidigung und Entspannung.«
Dann kam er zu seinem Lieblingsthema:
»Der Weltkommunismus.«
Zur Debatte standen der stramme Vormarsch des Kommunismus oder die sich heimlich einschleichende Geißel des Kommunismus. Diesmal ging es um die schweren Stiefel der Kommunisten, die über Völker wie uns hinwegtrampelten.
»Die Menschen in diesen Ländern leben in Angst und Schrecken! In jeder Sekunde ihres Lebens! Und das ist der Kern der ganzen Angelegenheit.«
Seine Stimme wurde immer lauter, schallte durch die Aula, daß man gezwungen war, zuzuhören, auch wenn man es gar nicht wollte.
»Gibt es einen CND in Rußland? Ich möchte euch auffordern, einmal nur über diese Frage nachzudenken! Und was würden die Russen – falls sie jemals hierherkämen – als erstes tun? Würden sie hinter den Fahrradschuppen eilen, um eure kleine, pathetische Botschaft zu hören? Das kann ich mir kaum vorstellen! Die schweren Stiefel zerschmettern die kleinen Nationen mit unglaublicher Brutalität. Und deshalb ist der Krieg zwangsläufig ein notwendiges Übel.«
Wie konnte Krieg notwendig sein? Auch Krieg zerschmettert, so wie er es immer vom großen »K« behauptete. War Töten jemals

notwendig? Wußte er überhaupt, daß Krieg tötete? Nicht nur Soldaten, sondern auch Frauen und alte Männer und Büffel und Babys. Und wenn sie nicht durch Bomben oder Kugeln getötet wurden, dann durch Hunger und Mangel. Und selbst wenn sie nicht verhungerten, so zerstörte der Krieg doch die traditionellen Lebensformen der Menschen, ihr Vertrauen zueinander und die Gräber ihrer Vorfahren. Wie konnte Fischer so reden, als wüßte er alles, wenn er diese einfachen Tatsachen nicht kannte?

Ich schloß meine Augen, damit ich nicht sehen mußte, wie seine Lippen sich bewegten. Aber seine Stimme ließ sich nicht abschalten.

»Ohne adäquate Abschreckungsmittel. Die sogar aggressiven Charakter haben müssen.«

Ich versuchte zu summen.

»Würden sie längst über uns hergefallen sein. Genau wie über Ungarn, Rumänien, Albanien. Freiheit, wahre Freiheit ist das einzige, was zählt.«

Ich sagte Zahlen auf. Seine Worte drangen in meine Ohren. Ich steckte die Finger in die Ohren. Seine Worte krochen an meinen Fingern vorbei.

Dann ließ er sich über Gott aus. Schließlich war er bei seiner üblichen religiösen Botschaft angelangt, und ich beschloß, daß ich endgültig genug hatte. Ich stand auf und quetschte mich durch die Reihe, vorbei an zwanzig Paar tintenbekleckten Händen, zwanzig Paar grauen Trevira-Knien, stolperte über zwanzig Paar Schuhe Größe sechs. Mehrere Jungen starrten mich an und grinsten.

»Steht jetzt auf, Schüler!«

Tausend Jungen rappelten sich verschlafen auf. Als ich bereits den Gang zur Tür hinten im Saal entlangging, sangen tausend Jungen das Lied von dem guten Kampf, den sie mit aller Kraft ausfechten würden. Aber was war ein guter Kampf? Woher wollte man das wissen?

Dann mußten tausend Jungen für das Recht zu siegen beten. Aber wer hatte recht? Woran erkannte man die richtige Seite?

Die Lehrer saßen in den letzten Reihen und dösten vor sich hin.

Ich ging schnell an ihnen vorbei und verließ die Aula durch die Schwingtüren. Sie schlugen hinter mir mit einem leisen Ton zu. Ein Lehrer hatte mich gesehen und kam hinterher. Er holte mich ein und legte mir seine Hand auf die Schulter.

»Ist dir nicht gut?«

»Nein, Sir.«

»Alles in Ordnung?«

»Ja, Sir.«

»Und was ist los?«

»Ich mochte nicht, was er gesagt hat. Es scheint so, als wollte er, daß wir für den Krieg beten. Wie kann er sowas wollen? Was weiß er schon vom Krieg? Überhaupt nichts weiß er. Er kann ja denken, was er will, aber das heißt noch lange nicht, daß ich mir seine Meinung aufzwingen lasse und auch noch dafür bete!«

»Sind deine Eltern Quäker?«

»Nein, Sir. Sie sind Agnostiker, glaube ich. Meine Mutter sagt manchmal, sie sei vom katholischen Glauben abgefallen.«

»Ach so. Und du?«

»Buddhist, Sir. Vielleicht. Ich bin nicht sicher. Aber egal, ich kann trotzdem nicht für den Krieg beten.«

»Bist du im CND?«

»Nein, Sir. Ich bin noch nie irgendwo Mitglied geworden. Das scheint mir sicherer.«

Fischers Gebet neigte sich dem Ende zu. Die Gemeinschaft des Heiligen Geistes drang durch die verschlossene Tür.

»Na gut, akzeptiert. Du solltest jetzt aber in deinem Klassenraum verschwinden und dort still auf die anderen warten.«

»Danke, Sir. Übrigens finde ich, daß er sich selbst widerspricht. Er sagt, er verabscheut die Indoktrination der jüngeren durch die älteren Schüler, aber er selbst indoktriniert die ganze Schule. Aber bei mir hat er es nicht geschafft. Ich weiß, was Krieg bedeutet. Jedenfalls besser als er. Und ich würde mich nie hinstellen und dafür beten. Und beten ist sowieso absolut nichts für mich, auch nicht in den besten Zeiten.«

»In welcher Klasse bist du? Warum sprichst du nicht mal mit deinem Religionslehrer über deine Gefühle?«

»Das ist doch keine Frage von Gefühlen. Es geht um Fakten.« Meine Stimme schien immer lauter zu werden, wie die von Fischer.
Aus der Aula war das Scharren von Stuhlbeinen zu hören. Die Versammlung war beendet. Die Doppeltüren schwangen weit auf, und die Jungen strömten heraus. Dann schwebte Fischer auf den Flügeln seiner weitschwingenden Robe herbei.
»Ich kümmere mich um die Angelegenheit«, sagte er. Und damit war der Lehrer entlassen. Er reihte sich in den Strom der Schüler.
»Nun, wie heißt du denn, mein Junge?« fragte der Direktor. Ich sagte es ihm.
»Und ich nehme an, dein lärmender Abgang aus der Aula ist als eine Art infantiler Protest aufzufassen?«
»Nein, Sir. Eigentlich nicht, Also, meiner Meinung nach . . .«
»Jungen in der achten Klasse haben keine eigenen Meinungen, jedenfalls nicht hier bei uns. Und dabei bleibt es bis zum 11. Schuljahr. Du hast dich auf das Lernen von Fakten zu konzentrieren. Geh bitte in mein Büro und warte dort auf mich.«
Ich ging in sein Büro. Ich wußte nicht, wie lange ich dort warten sollte, noch was er mir sagen würde, ob ich sitzen oder stehen sollte. Ich wußte nicht, was er mit mir vorhatte. Ich wußte nicht, ob er mich verhören wollte. Ich wußte nicht, welche Antworten richtig, welche falsch waren.
Warum ist der Kommunismus schlecht?
Ich weiß nicht, Sir.
Warum ist militärische Grausamkeit gerecht?
Ich weiß nicht.
Warum ist Krieg normal und notwendig?
Ich weiß nicht.
Warum ist es ratsam, Menschen niederzumetzeln?
Ich weiß es nicht.
Wissen Sie, was passiert, wenn ein Mann auf eine Mine tritt?
Nein.
Wissen Sie, warum Kinder verhungern?
Wissen Sie, warum mir so übel ist? Wissen Sie, warum ich hier weg muß? Wissen Sie, warum ich mich auflösen muß?

Ich verließ den Ort, wo der Überfall stattgefunden hatte. Ich hatte Hunger. In der Nacht, die wir in dem Fuchsbau verbracht hatten, hatte mir einer der Soldaten einen Adler, den er aus einem Stück rosa Seife geschnitzt hatte, geschenkt. Ich nahm die Seife aus der Tasche und versuchte sie zu essen. Ich hatte nichts anderes. Dann traf ich eine alte Frau, die am Straßenrand hockte und Reis in einen flachen Korb siebte. Sie war klein und gebückt. Einen Moment lang war ich ganz sicher, sie wäre meine Großmutter. Aber dann erinnerte ich mich daran, daß wir Großmutter in dem Lager zurückgelassen hatten.
Ich sprach die Frau an. Ich bot ihr die Seife zum Tausch gegen Reis an. Aber sie antwortete nicht. Sie nahm überhaupt keine Notiz von mir. Sie schüttete den Reis in ihren Korb, als wäre ich gar nicht vorhanden. Sie schien alles vergessen zu haben. Wußte sie denn nicht, daß um sie herum ein Krieg tobte? Daß Männer versuchten, sich gegenseitig umzubringen? Hatte sie nicht den Lärm von dem Feuergefecht gehört?
Ich kauerte mich auf die schmutzige Straße, und das war das Ende. Ich starb. Ich habe nie wieder zu leben angefangen. In das Land der Glückseligkeit führte kein Weg mehr zurück.

Und was geschah dann? Irgend etwas muß doch passiert sein.
Ich kann mich nicht erinnern.
Du mußt dich erinnern. Ich muß es wissen. Du bist nicht ewig auf dieser Straße sitzengeblieben. Hör zu, Ha, ich kann mir das nicht alles allein zusammenreimen. Deine Geschichte ist wichtiger als meine. Ich will deine Geschichte. Erklär mir, was geschah.

Ich wartete nicht auf den Direktor. Ich ging einfach. Aber ich wußte nicht wohin. Ich hatte schon mehrmals darüber nachgedacht, was wohl geschähe, wenn sie mich aus der Schule werfen würden. Früher hatte ich immer gedacht, ich könnte dann nach Hause gehen. Zu Hause war mein Zufluchtsort – Nest, Sicherheit, Urhöhle. Das Lager, das jeder Bär braucht. Doch jetzt – keine Höhle. Es war nicht mehr meine Höhle, sondern Has.
Nach der Sache mit der Katze hatte ich gedacht, ich müßte unsere

Familie von Ha befreien. Doch ich hatte versagt. Ich hatte alles falsch verstanden. Nicht Ha mußte weg. Ich mußte weg. Ich war derjenige, der da nicht hingehörte, der den ganzen Ärger verursachte, der sich sperrte und haßte. Er hatte gelitten, während ich einfach wie die Made im Speck gelebt hatte.
Mörder und Verbrecher auf der Flucht suchen Schutz in Kirchen. Heiliger Ort – sicherer Ort. Also lief ich durch die Obstgärten und durch die Wohnsiedlung in die Stadt, bis ich eine Kirche fand, die erste, die am Weg lag. Sie stammte aus dem 14. Jahrhundert und war hinter einem Kino und einem Gemüseladen versteckt.
Vor der Kirche war ein Friedhof, und ein alter Mann in gebückter Haltung schnitt das Gras um die Gräber herum.
»Entschuldigen Sie«, sagte ich. Er antwortete mir nicht. Er widmete sich ganz seiner Arbeit, drehte sich noch nicht einmal um.
»Entschuldigen Sie bitte.«
Ich wollte in seiner Kirche Zuflucht suchen, und er antwortete mir noch nicht einmal.
Erst als er sich aufrichtete, konnte ich sein Gesicht sehen, und ich merkte, daß mit dem Mann irgend etwas nicht stimmte. Er gab einen merkwürdigen, gutturalen Laut von sich, den man kaum als Sprechen bezeichnen konnte. Wie die Kinder in Has Schulbus. Er winkte mit den Händen und deutete zum Vorbau der Kirche, dabei machte er noch mehr merkwürdige Geräusche. Also ging ich weiter.
Patty und Tony gingen nie in die Kirche. Patti war früher manchmal hingegangen, aber das war schon lange her. Da sie mich nie mit zum Gottesdienst genommen hatte, wußte ich nicht, wie ich mich verhalten sollte. Ich wußte aber, wie das in Filmen aussieht. Der Schauspieler trägt den Talar eines Priesters, steigt auf die Kanzel und hält eine wütende Predigt. Die Schauspielerin hat einen schwarzen Spitzenschleier vor dem Gesicht, schlüpft still in die schwarze Bank, kniet nieder und richtet den Blick auf die gewölbte Decke. So war es im Film. Ich wußte allerdings, daß die Wirklichkeit anders war.
Vorsichtig, damit ich die Leute, die sich im vorderen Teil der

Kirche versammelt hatten, nicht störte, schloß ich die knarrende Tür hinter mir. Alle waren ganz still, gaben überhaupt keine Geräusche von sich. In den Filmen hört man immer Musik. Hier nicht. Ich kniete in einer der letzten Reihen und schloß schnell die Augen, damit es so aussah, als betete ich.
Sie schienen recht lange zu beten. Ich öffnete meine Augen. Die anderen knieten inzwischen nicht mehr. Jetzt saßen sie. Immer noch wurde kein Wort gesprochen. Sie verständigten sich mit den Händen, in Zeichensprache, sogar der Priester. Sie zogen Grimassen und gaben gelegentlich grunzende, unartikulierte Laute von sich.
Ich begriff. Ich war in einer Kirche von Behinderten gelandet. Sie waren alle nicht richtig im Kopf, und sie alle wußten, was los war, nur ich blieb ausgeschlossen.
Eine der Frauen entdeckte mich. Sie kroch aus ihrer Bank und kam mit ausgestreckter Hand und einem entsetzlichen Lächeln auf mich zu. Sie schielte und trug dicke Brillengläser. Mit einer ähnlich merkwürdig krächzenden Stimme wie der Gärtner sagte sie etwas zu mir. Ich konnte sie nicht verstehen.
Sie wiederholte es und benutzte gleichzeitig ihre Zeichensprache. Schließlich begriff ich. Sie versuchte mir zu sagen, daß sie heute Christi Himmelfahrt feierten, und lud mich ein, mit zu ihnen nach vorne zu kommen.
Ich machte, daß ich aus der Kirche kam. Das war kein Zufluchtsort für mich. Ich gehörte nirgendwohin. Sogar die Deppen hatten einen Platz. Ich war ein aufgeweckter Oberschulknabe, der nirgends hingehörte. Ich wünschte, ich wäre tot, dann wäre für alle alles einfacher.
Ich lief aus der Kirche und rannte durch die Innenstadt bis zum Ring. Über dem wimmelnden Verkehr hing eine giftige Abgaswolke. Magischer Kriegsgeruch.
Den Ring zu betreten war, als ob man sich in einen tiefen, schnellen Strom begab, wo rechts und links Wasser an einem vorbeirauscht. Ich hatte schon die Hälfte hinter mir und war noch immer unversehrt. Ich lief stur weiter. Irgendwann mußte ich doch erwischt werden. Ich war beinahe auf der anderen Seite.

Dann, noch ziemlich weit entfernt, machte ich meine letzte Chance aus: eine rote Limousine. Ich warf mich auf die schmierige Straße, direkt vor die Räder. Ich knallte gegen das Auto, aber es tötete mich nicht. Ich stürzte auf den Grünstreifen am Straßenrand, hielt mir den Kopf und schaukelte hin und her, um den Schmerz zu lindern.

Ein jämmerlicher Zug kroch die Straße entlang. Flüchtlinge schoben ihre Habseligkeiten auf überladenen Handwagen oder trugen sie in Körben, die sie sich auf die Schultern gebunden hatten. Die meisten waren Frauen und Kinder, aber es gab auch ein paar ältere und einige verwundete jüngere Männer. Ich ließ sie an mir vorbeiziehen und wußte nicht, wo sie hinwollten. Ich wollte mit ihnen gehen, aber ich war zu müde und deshalb rollte ich weiter in den Graben hinein.

Steh auf, Ha! Du kannst nicht einfach im Graben liegenbleiben. Du mußt weiter.
Warum?
Das müssen alle Flüchtlinge.
Was ist ein Flüchtling?
Ein Flüchtling ist eine unerwünschte Person, die Ansprüche an die Menschlichkeit ihrer Mitmenschen stellt, ohne dafür etwas geben zu können. Wer will denn schon ein Stück Seife.

Später hörte ich das Knarren hölzerner Räder, das Gerumpel eines Fahrzeugs. Ich kroch aus dem Graben und sah, wie sich die halbmondförmig gebogenen Hörner eines Büffels gegen den Himmel abzeichneten. Ich rannte auf die Straße. Der Büffelkarren rumpelte langsam voran, nur ein Mann saß darauf. Er transportierte vier Körbe mit Früchten. Der alte Mann döste unter seinem Strohhut.
Ich winkte ihm zu, und er grunzte, daß ich hinten aufsteigen konnte, wenn ich wollte.
Wir überholten die Gruppe der zu Fuß gehenden Flüchtlinge. Es waren Leute, die den Kämpfen in ihren Dörfern entkom-

men waren und in die Stadt fliehen wollten. Der alte Mann sagte: »Es ist völlig egal, wo sie hingehen. Wir sind alle wie die Fliegen in der Falle. Es ist der Krieg von Amerika, Rußland und China. Aber nicht unserer. Die Leute aus dem Süden werden getötet, genau wie die Männer aus dem Norden. Aber wir sind ein Volk oder wären es jedenfalls, wenn man uns in Ruhe ließe. Das alles dauert schon viel zu lange. Bald wird es unmöglich sein, sich von all dem jemals wieder zu erholen.«

Als wir die Stadt erreichten, sah ich so viele Menschen wie nie zuvor in meinem Leben. Die Gebäude waren hoch, sie hatten Fensterläden und Glasscheiben in den Fenstern. Die Straßen waren breit und gepflastert, so daß die hölzernen Räder des Karrens ruhiger liefen. An den Straßenrändern wuchsen rotblühende Flammenbäume, die den Vorübergehenden Schatten spendeten. Die Luft war voller Düfte.

Manchmal stauten sich die Kolonnen von Lastwagen, Taxis und Fahrradrikschas, Motorrädern und Fahrrädern in den Straßen. Leute flitzten durch den fließenden Verkehr. Der Dunst von Abgasen und der Lärm der Motoren, der qietschenden Bremsen und Hupen hingen in der Luft. Andere Büffelkarren sahen wir nicht. Unser Wagen, der so langsam vorankam, trug auch einiges zur Verstopfung der Straßen bei, so daß schließlich ein Polizist dem alten Mann einen schrillen Pfiff hinterherschickte und ihm sagte, er solle gefälligst machen, daß er weiterkäme.

Obwohl Militärlastwagen und Soldaten zu sehen waren, schien es hier keinen Krieg zu geben. Die Soldaten sprengten keine Häuser und schossen auch nicht in die Menge. Die Leute waren alle gut gekleidet, sie lachten und schwätzten und schienen überhaupt keine Angst zu haben.

Als der Wagen eine schmale Straße entlangfuhr, sprangen plötzlich drei Jungen vor dem Büffel auf die Straße und lenkten den alten Mann ab. Währenddessen zerrte ein anderer Junge so schnell und geschickt einen Korb mit Limonellen von der Ladefläche, auf der ich lag, daß ich kaum begriff, was geschah.

Ich hätte den Jungen davon abhalten sollen, aber ich war zu schlaff. Alle vier Jungen verschwanden in der Menge.
»Diebe!« murmelte der alte Mann. »Eine Stadt voller Räuber und voller Korruption. Sie machen uns kaputt, wo sie nur können.«
Ein Stück weiter hielten uns zwei Soldaten an. Sie wollten die Gewerbeerlaubnis sehen und den Wagen nach Waffen durchsuchen. Ich hatte Angst, daß sie mich verhören würden, denn ich hatte die richtigen Antworten vergessen. Ich rutschte vom Karren und mischte mich unter die Leute, die sich durch die Straßen schoben und drängelten.
Zwischen den Reichen gab es auch Schuhputzerjungen und Bumsmädchen, Taschendiebe, Händler und Hausierer. Einbeinige Bettler und Bettler ganz ohne Beine und gierige, wilde Kinder, die sich gegenseitig schubsten und kratzten und die Fremden um Süßigkeiten und Kaugummis anbettelten. Ein Junge langte in meine Tasche, um zu überprüfen, ob ich Geld bei mir hätte. Alles was er fand, war das Stück rosa Adlerseife, aber auch das nahm er mit.
Händler verkauften frisch gepreßte Obstsäfte und gebratene Stücke Katzenfisch und Nudelsuppen. Die Konkurrenz war groß. Einer versuchte, die Kunden mit einer Holzrassel anzulocken. Einer hatte eine kleine Messingglocke. Ein anderer pries seine Ware lauthals. Ich starrte auf die Schälchen mit der Nudelsuppe. Sie roch wunderbar, aber der Mann jagte mich davon: Ich würde ihm die Kundschaft vertreiben. Dann, als es dämmerte, leerten sich die Straßen schlagartig. Die Menschenmenge löste sich in Nichts auf. Bald war nur noch Militärpolizei in Jeeps unterwegs, die durch die Straßen patrouillierte, und alles, was noch auf dem Bürgersteig geblieben war, waren die verlassenen Stände, haufenweise Müll und Kinder, die nicht wußten, wo sie hinsollten.
Die Stadt war nicht das Land der Glückseligkeit. Die gepflasterten Straßen waren zu breit. Man konnte sich nirgends verstecken. Die hellen, roten Bäume waren zu weit auseinandergepflanzt, als daß sie hätten Unterschlupf bieten können. Und

in der Ferne hörte ich das dumpfe Getöse von Bomben, und ich wußte, daß trotz allem immer noch Krieg war.
In einem Haufen Abfall fand ich einen Pappkarton. Ich kroch hinein und schlief.

Die runde Stoßstange war gegen mein Bein geknallt und hatte mich auf den Grünstreifen befördert. Als ich stürzte, schlug ich mit dem Kopf auf den Rinnstein, und meine Brille rutschte herunter. Ich schrie und schrie. Es tat nicht weh, aber ich schrie so laut ich nur konnte. Ich fiel immer tiefer, der Himmel wirbelte über mir, die Bäume standen auf dem Kopf und drehten sich. Am Horizont erschien eine Formation von Hubschraubern, die wie kleine grüne Enten kopfüber am Himmel schwammen und auf und ab tanzten.
Der Verkehr brauste vorbei. Es war so laut, daß mich niemand schreien hören konnte. Ob ich sterben würde? Aber ich wußte, daß ich nicht sterben konnte. Ich war gezwungen, genauso lange zu leben wie Ha. Dann beugte sich der Mann über mich. Es war, als ob sich ein schwarzer Berg gegen den Himmel abhob.
»Ich hätte dich totfahren können!« schrie er mich wütend an. »Du dummer Bengel! Was zum Teufel hast du dir bei diesem Spielchen bloß gedacht?« Sein Mund wirkte wie ein riesiger auf und zu schnappender Krater. »Mir direkt vor die Räder zu laufen! Du hättest einen schweren Unfall verursachen können. Hinter mir waren doch noch mehr Autos! Die hätten auf uns draufknallen können. Warum könnt ihr Jungen denn nicht die Fußgängerübergänge benutzen. Was glaubst du wohl, wofür die da sind?«
Ich rappelte mich auf, ich schwankte noch etwas. Die Stelle am Bein, wo die Stoßstange mich getroffen hatte, tat weh. Ich umfaßte mein Bein, drückte es und schaukelte hin und her, um den Schmerz zu lindern.
»Bist du verletzt?« fragte er etwas freundlicher. Sein Auto stand halb auf dem Seitenstreifen, die Fahrertür war offen.
»Nein«, sagte ich, »nichts passiert.«
»Hab ich dich angefahren? Ich hatte so das Gefühl.«

»Bloß mein Bein. 'n paar blaue Flecke, mehr nicht.«
»Du solltest zur Ersten Hilfe gehen. Auf alle Fälle. Ich bring dich hin. Wie heißt du? Du bist ja so gut wie ohnmächtig geworden. Vielleicht hast du mehr abgekriegt, als du denkst.« Er rannte um sein Auto herum und langte hinein, um die Beifahrertür zu öffnen. Dann kam er zurück und wollte mir ins Auto helfen.
Ich schubste ihn weg. »Hören Sie, es war meine Schuld«, schnauzte ich ihn an. »Das haben Sie selbst gesagt. Und mir ist nichts passiert. Tut mir leid. Reicht das?«
Ich hob mein Jackett und meine Brille auf und humpelte in Richtung des Fußgängerübergangs.
»He, Junge, wenn du nun doch verletzt bist . . .« Erst wollte er mir hinterher, doch dann ließ er es. Sein Auto behinderte den Verkehr auf der Hauptstraße. Die Autos mußten bremsen und drumherum fahren.
»Mir ist nichts passiert, das habe ich doch schon gesagt! Und ich entschuldige mich vielmals.«
»Hör mal, laß dir wenigstens meine Adresse geben!« rief er hinter mir her.
»Es ist nicht üblich, daß jemand die Schuld zugibt – Ihrer Versicherungsgesellschaft würde das gar nicht gefallen. Lassen Sie mich in Ruhe.« Ich hinkte zum Fußgängertunnel. Hierher konnte er mir mit seinem Auto nicht folgen. Als ich auf der anderen Seite wieder hochkam, war sein Auto nicht mehr da, und der Verkehr floß wieder ungestört.
Ich hatte versucht, mich umzubringen. Doch alles, was ich zustande gebracht hatte, war, einen Mann aufzuregen und ihn zu erschrecken. Aber jedenfalls wußte ich jetzt, daß ich nicht vor Ha sterben konnte, und Ha wurde von den Geistern seiner Vorfahren geschützt.

Zwei junge Frauen weckten mich in meinem Karton. Sie hatten runde Augen und trugen eine Art Uniform, aber sie waren keine Soldaten. Sie sahen auf mich herunter, ihre weißen Gesichter waren wie Monde.
Sie fragten mich aus wie die Soldaten, aber doch anders. Kein

»Wo VC? Du VC?« Stattdessen fragten sie: »Wo ist dein Vater? Wo ist deine Mutter? Sind deine Angehörigen tot? Wo sind deine Vorfahren begraben?«
Ich sagte nichts. Sie halfen mir aus dem Karton und nahmen mich mit. Sie hatten einen Wagen voller aufgesammelter Kinder: amputierte, behinderte, verrückte, schwachsinnige und verwundete Kinder.
Ich wußte nicht, wer diese Frauen waren, wohin sie uns brachten und warum sie das taten. Ich ging aus Angst mit ihnen. Angst vor einer ungewissen Zukunft kann nicht so schlimm sein wie die Angst vor der Vergangenheit.

Ein unbekanntes rotes Auto parkte vor unserem Haus. Es war das, in das ich hineingerannt war.
Sie waren alle da, waren alle zusammen in der Küche. Miss Spaark und Patti und Tony und der Mann vom Ring. Dann fuhr Has Minibus vor, und er schlurfte am Arm des Busbegleiters ins Haus und gesellte sich zu dem Haufen von Leuten, die sich bei mir zu Hause versammelt hatten, obwohl ich nichts weiter wollte als Frieden und Ruhe.
Ich hätte mir denken können, daß es so sein würde. Fragen über Fragen. Alle redeten zur gleichen Zeit.
»Simon!«
»Ja, das ist der Junge. Ich erkenne ihn. Und das Jackett. Ich habe die Uniform sofort erkannt.«
»Wo im Himmel hast du gesteckt?«
»In der Kirche. Ich habe nachgedacht.«
Das Telefon klingelte. Noch jemand wollte kommen und sich einmischen. Ha zappelte neben mir herum, zerrte an meinem Ärmel und grabschte nach meiner Schultasche.
Patti hielt Tony den Hörer hin. »Fischer. Für dich.«
»Wer?« fragte Tony.
»Fischer. Von der Schule. Er sagt, ihm ist der Unfall auf dem Ring gemeldet worden.«
»Das war ich«, sagte der Mann. »Ich kannte das graue Jackett. Ich habe es ihm gemeldet.«

»Und er sagt, Simon war während der vergangenen Woche kaum in der Schule.«
Wirklich? Das war merkwürdig. Ich war der Meinung, ich wäre dagewesen. Das schillernde Licht an der Decke tanzte auf und ab, wie gelbe und weiße Sterne. Ich sah in die Runde der neugierigen Gesichter. Tony guckte mich an, als käme ich von einem anderen Stern.
»Ein Unfall?« fragte er. »Was für ein Unfall?«
»Explosion.«
»Wo?«
»Außerhalb der Stadt. Ein Munitionsdepot. Sie glauben, es war einer der Rebellen. Der hat dort wahrscheinlich schon monatelang als Wachposten gearbeitet.«
»Sicherheit ist nicht gerade ihre Stärke. Wieviel Verluste?«
»Ein Dutzend. Das ist aber nicht das Schlimmste. Viel schlimmer ist der Verlust der Waffen. Zum Glück waren keine Atomwaffen dabei, sonst würden wir jetzt alle verschmoren.«
Der Himmel glühte golden. Ein Regen von glitzernden, silbernen Funken folgte einer Reihe heftiger Detonationen, als ob ein Panzer nach dem anderen explodierte. Aber es gab kein Munitionsdepot am Rande unserer Stadt. Ich mußte das verwechselt haben. Wir leben in einer sicheren Gegend im Südosten. Aber die glitzernden Funken waren wirklich da. Das silberne Licht zuckte vor meinen Augen, so daß ich halb blind war.
»Was ist mit dir, Simon?«
»Wir haben uns deinetwegen so schreckliche Sorgen gemacht! Was ist bloß los?«
Ich hörte ihre Stimmen von ganz weit aus der Ferne, und ich spürte ihre Sorgen.
»Tony!« schrie ich. »Ich kann nichts sehen! Ich bin blind! Hilfe!«
In meinem Kopf dröhnte es, und ich spürte starke Schmerzen. Er brachte mich hinauf in mein Zimmer und legte mich behutsam aufs Bett. Wie hatte ich nur glauben können, mein Vater liebte mich nicht? Er zog die Vorhänge zu.
»Tony, mir geht's so schlecht. Ich glaube, ich muß sterben. Ich glaube, ich werde krank.«

Ich hörte, wie er in der Kommode nach einem Schlafanzug suchte. Ich sah kaum, wie er mich anzog, ich fühlte es vielmehr. Ha stand dabei und guckte zu. Ich konnte ihn wegen der blitzenden Lichter nicht sehen, aber ich wußte, daß er da war.
»Ja, ja, ja, ja. Schimo krank, krank, krank, krank. Yippie, yippie, yippie, yippie. Ah.«
Ich hätte beinahe gelacht, aber der Schmerz in meinem Kopf war zu heftig.
»Das reicht, Ha«, sagte Tony leise. »Ärger ihn nicht, ihm geht's nicht so gut.«
Im Hintergrund dröhnte ein ununterbrochenes Klopfen, das im selben Rhythmus schlug, in dem die Lichter blitzten und das Blut durch meine Adern pulsierte.
Später kam Patti zu mir. Sie war nicht so beruhigend wie Tony. Sie redete. Sie zerrte an den Vorhängen. Sie zog meine Bettdecke zurecht. Sie strich mir über den Kopf. Und sie trat so fest auf, daß ihre Schritte in meinem Kopf hallten. Aber sie hatte immerhin eine Erklärung für meinen Zustand.
»Du hast eine Migräne, Simon, mein Schatz. Das ist alles.«
»Ich bin blind«, sagte ich.
»Nein, du hast nur sehr starke Kopfschmerzen. Morgen ist das vorbei. Brechkopfschmerzen hat Großmutter das genannt.«
Kopfschmerzen? Das waren keine Kopfschmerzen. Ich spürte, wie sich mein ganzer Kopf ablöste.
»Du hast das wahrscheinlich von ihr geerbt. Ich nehme fast an, es liegt an dem ganzen Streß.«
Wenn sie doch bloß aufhören würde zu reden und so still bei mir bleiben könnte wie Tony. Das Reden schmerzte genauso wie das Licht, das durch einen kleinen Spalt in den Vorhängen drang, seit sie daran herumgezuppelt hatte.
»Das kann verschiedene Ursachen haben. Allergie gegen Apfelsinen zum Beispiel. Haben wir heute Apfelsinen gegessen? Manche Leute meinen auch, es könnte an Schokolade liegen. Oder am niedrigen Blutzucker. Du hast wahrscheinlich noch nichts zu Mittag gegessen, oder? Oder du hast eine Gehirnerschütterung von dem Unfall.«

Es war kein Unfall. Es war ein Zwischenfall. Wenn sie doch bloß aufhören könnte zu reden!
»Es kann auch mit Bluthochdruck zusammenhängen, der sich unter der Schädeldecke aufbaut und Druck auf die weichen Gehirnlappen ausübt, direkt unter dem Knochen.«
Tony kam herein. »Patti, Liebling«, sagte er freundlich. »Ich würde ihm jetzt keinen medizinischen Vortrag halten. Wir sollten es ihm jetzt so angenehm wie möglich machen und uns dann später um die Ursachen kümmern.«
Sie machten sich Sorgen. Das merkte ich daran, wie leise sie die Türen schlossen. Und auch daran, daß sie mit gedämpften Stimmen sprachen und mitten im Satz innehielten, wenn ich das Zimmer betrat.
Zum erstenmal ging es um mich und nicht um Ha.
Patti blieb dabei, daß es sich um Migräne handelte, und ich wurde zum Arzt gebracht, der überprüfen sollte, ob ihre Diagnose stimmte.
Kein Gehirntumor. Kein Bluthochdruck. Das Herz klopfte immer noch. Augen in Ordnung. Nächste Überprüfung in einem Jahr. Der Arzt fragte: »Simon, fällt dir irgend etwas ein, das für deine Begriffe das Ganze ausgelöst haben könnte?«
Oh ja, Herr Doktor, ich bin der Überzeugung, ich verwandle mich in meinen Bruder. Natürlich ist er nicht mein Bruder. Er ist das Pflegekind meiner Eltern, und ich verwandle mich auch nicht wirklich in ihn. Das ist eine Übertreibung. Es ist eher so, daß ich in letzter Zeit unglaublich viel über ihn nachdenke. Und mir Sorgen um ihn mache. Und Bücher über seine Heimat lese. Ich mag ihn noch nicht einmal besonders, daher gibt es eigentlich keinen Grund für mich, dauernd über ihn nachzudenken. Ich kann aber nichts daran ändern. Ich habe diesen Drang, den Dingen auf die Spur zu kommen, und dann passiert mir alles, was auch ihm passiert ist.
»Hast du irgendwelche besonderen Probleme, Simon? In der Schule, zu Hause oder mit irgendwelchen Prüfungen?«
Patti war bei der Untersuchung dabei.
Ja, man könnte sagen, daß es eine ganze Menge Streß verursachte,

wenn man mit ansehen mußte, wie die eigene Schwester im Umsiedlungslager starb, die Mutter im Graben erschossen und der Vater von einer selbstgelegten Tretmine zerfetzt wurde. Und ich weiß nicht, was noch passieren wird. Wir sind allein und verlassen. Und das Schlimmste ist, daß alle Welt von diesen Dingen weiß, aber keiner sich erinnern will. Sogar Ha hat angefangen zu vergessen. Ich hoffe nur, daß es mir nicht auch so gehen wird.
Aber der Arzt schien so uninteressiert und kühl, daß ich ihm auch nichts gesagt hätte, wenn ich mit ihm allein gewesen wäre.
»Nein, ich glaube nicht«, sagte ich. »Alles ist eigentlich ganz normal, danke.«
Ich merkte, wie erleichtert Patti war. Aber ich hatte immer noch Kopfschmerzen, deshalb schickte sie mich zur Erholung zu Tante Claire, so wie die Truppen zur Erholung und Erfrischung nach Hongkong oder Sydney geschickt wurden, wenn die Kämpfe zu anstrengend geworden waren.

Während ich bei Tante Claire war, hatte ich keine Träume, gab es keine aufblitzenden Lichter, gar nichts. Diesmal gaben sie mir Sophies Zimmer, das mit Puppen und Bilderbüchern vollgestopft war. Aber das nahm ich kaum zur Kenntnis. Zwei Tage lang schlief ich tief und fest. Als ich schließlich aufwachte, waren die Kopfschmerzen weg. Ich fühlte mich ausgeruht und bei klarem Verstand.
Es war früh am Abend. Badezeit für Sophie und Ben. Sie schwammen wie dicke, fette, rosa Fische in der Wanne, gluckstem und kicherten im Schaum. Klein-Ben konnte schon allein sitzen. Er saß am einen Ende der Wanne, Sophie am anderen. Sie zeigte ihm, was man mit dem Plastikbadewannenspielzeug alles anstellen konnte.
»ßo mußt du daß machen, Ben«, sagte sie. »Du ßiebst eß durchß Waßßer, daß eß ganß ßnell geht.«
Claire saß auf dem Badewannenrand und las Zeitung.
»Oh, da ist ja euer großer Cousin Simon. So wach wie Rip van Winkle. Wie fühlst du dich nach deinem hundertjährigen Schlaf?«
Ich sagte, mir gehe es besser.

»Gut, dann geh runter und mach's dir bequem. Mike kommt bald nach Hause, und dann essen wir. Nun los, ihr beiden Knirpse. Waschen und dann ab ins Bett. Dann kann ich mich um euren Daddy und um den hungrigen Simon kümmern.«
Sophie schrubbte ihrem kleinen Bruder den Hals. Sie war nicht besonders sanft, aber es schien ihm trotzdem zu gefallen.
Claire hob erst das eine, dann das andere Kind aus der Wanne, wickelte sie in Handtücher und setzte sie auf ihre Knie.
»Welche Geschichte darf's denn heute abend sein?« fragte sie.
»Keine«, sagte Sophie. »Ich lese allein, und ich lese Benny vor.«
»Kann sie denn schon lesen?« fragte ich. Sie ging noch nicht in die Schule.
»Nein, natürlich nicht. Die Wörter kann sie nicht lesen. Aber sie kennt die Geschichten, und die erzählt sie Ben zu den Bildern. Sie krabbelt in sein Bettchen und liest ihm die Bilder vor.«

Wir verbrachten einen schönen Abend miteinander. Nach zwei Tagen Schlaf hatte ich Hunger. Tante Claire kocht ganz anders als Mutter. Bei Claire kommt alles ofenfertig aus der Tüte oder der Dose. Nie gibt es Mahlzeiten, deren Zubereitung Zeit kostet. Heute gab es zwei enorme Pizzas aus der Tiefkühltruhe, Kohlsalat aus Plastikschälchen, Dosen mit Cola. Sie machte sich auch nicht die Mühe, den Tisch zu decken. Wir saßen mit den Tellern auf dem Schoß rund um den Kamin, und der Fernseher lief. Sie stellten mir keine Fragen und führten keine ernsthaften Diskussionen. Sie wollten einfach, daß ich mich wohlfühlte. Ich wußte, daß ich das nicht verdient hatte.
Wahrscheinlich hätte ich wochenlang so bequem leben können. Den ganzen Tag inmitten von Sophies Puppen verschlafen und dann am Abend ein ordentliches Essen und Fernsehen. Verwöhnt und umsorgt von Onkel und Tante, von meiner kleinen Cousine mit gebührendem Abstand bewundert. Aber ich konnte nicht bleiben. Ich mußte zurück. So wie die Soldaten in den Erholungszentren in Hongkong: Man kann nicht vergessen, wo man herkommt, jedenfalls nicht, wenn man weiß, daß man wieder zurück muß.

»Du kannst doch jetzt noch nicht gehen«, sagte Tante Claire. »Du solltest hierbleiben, bis du dich voll und ganz erholt hast.«

»Hab ich«, sagte ich. »Ich fühle mich großartig.«

»Aber alle erwarten, daß du mindestens eine Woche hier bleibst.«

Onkel Mike nickte und reichte mir ein Päckchen gesalzene Cashewnüsse.

»Hast du keine Angst mehr vor den Träumen, von denen du erzählt hast?« fragte Claire.

»Nein. Ich will einfach wieder nach Hause.«

Es war ein entscheidender Fehler gewesen, zu denken, denkende Menschen müßten aus dem Weg geräumt werden. Ich hatte eine Lösung gesucht, die viel zu schwierig, zu gewalttätig, zu zerstörerisch war. Ha brauchte genausowenig zu verschwinden wie ich. Niemand mußte aus dem Weg geräumt werden. Es war viel einfacher. Wir mußten beide bleiben. Und ich mußte herausfinden, wie ich mit Ha im selben Haus leben konnte, ohne von seiner Gegenwart abgestoßen zu werden.

»Möchtest du nicht wenigstens bis morgen hierbleiben?«

»Ich möchte schon heute abend gehen, wenn es euch nichts ausmacht. Und danke, daß ich bei euch bleiben konnte.«

»Nun, du mußt es ja am besten wissen«, sagte Claire immer noch zweifelnd. »Wir rufen deine Mutter an. Sie wird sich jedenfalls freuen, daß dir ihr Essen besser schmeckt als meins.«

»Es liegt nicht am Essen, ehrlich. Dein Essen ist prima. Es ist nur . . ., ach, ich kann's nicht erklären, aber ich muß unbedingt Ha sehen.«

Mike fuhr mich in seinem Rover nach Hause. Patti erwartete mich an der Tür. »Willkommen daheim, mein Schatz!« sagte sie. »Wie geht's dir?«

Als ob ich eine Ewigkeit fortgewesen wäre. »Wir freuen uns, daß du wieder zu Hause bist, obwohl ich es besser gefunden hätte, wenn du noch ein bißchen länger bei Tante Claire geblieben wärst und die ganze Sache wirklich hinter dich gebracht hättest.«

»Was denn? Ich muß doch morgen in die Schule. Ich habe schon genug versäumt.«

Sobald ich im Haus war, wußte ich, daß irgend etwas nicht stimmte. Das Haus war wie ein Friedhof, es herrschte Grabesstille.
Tony brachte Kaffee auf einem Tablett, zwei starke schwarze und einen mit Milch, so wie immer, und wir saßen ruhig und gelassen zusammen.
»Wie geht's Ha?« fragte ich.
»Prima«, sagte Patti. »Immer noch der gleiche Zappelphilip.«
Ich wollte fragen: Hat er mich vermißt? Hat er überhaupt bemerkt, daß ich nicht da war? Statt dessen fragte ich: »Ist er schon im Bett?«
Patti schielte zu Tony, dann sah sie mich an. »Er ist nicht mehr hier«, sagte sie.
»Was soll das heißen, nicht mehr hier?« Ich sprang auf und verschüttete meinen Kaffee auf dem Teppich. Jetzt war mir klar, was mir so fremd vorgekommen war. Von Ha war jede, aber auch jede Spur verschwunden. Seine witzigen, unförmigen Schuhe lagen nicht mehr im Flur herum, keine Haufen von Legosteinen in den Ecken. Sein Bild auf dem Kaminsims, ja sogar sein Geruch fehlten.
»Ist er wieder im Kastanienheim?«
»Nein, er ist bei einer anderen Pflegefamilie, in einer sehr guten.«
»Wie konntet ihr nur!« Ich setzte mich wieder hin.
»Wir können ihn in den Ferien sehen. Vielleicht kann er auch ab und zu mal ein Wochenende bei uns verbringen.«
»Das hättet ihr nicht tun dürfen!« schrie ich.
»Simon, mein Schatz!« Patti fing an zu weinen.
Has Mutter hatte nie geweint. Auch nicht am Ende. Has Mutter war eine starke Frau, nicht so verwöhnt und verweichlicht vom westlichen Komfort.
»Wenn's Probleme gibt, dann flüchtest du dich in deine Tränen«, sagte ich.
»Simon«, sagte Tony. »Sprich nicht so mit deiner Mutter.«
Aber er bemühte sich nicht, sie zu trösten. Auch er war kalt und tot.
»Sie weint nicht, weil sie traurig ist«, sagte ich. »Sie weint, weil

sie sich schuldig fühlt. Sie weiß, daß es falsch war, ihn wegzuschicken.«
Patti schluchzte noch lauter. »Das stimmt nicht. Ich weiß überhaupt nicht, warum ich weine.«
»Und außerdem haben wir ihn gar nicht weggeschickt«, sagte Tony, »die Sozialarbeiterin hat ihn geholt.«
»Typisch«, sagte ich. »Und wo hat sie ihn hingebracht? Wenn ihr ihn nicht haben wollt, dann gehe ich eben zu ihm.«
»Wir haben keine Adresse«, sagte Tony.
»Willst du damit sagen, du weißt noch nicht einmal, wo sie ihn hingebracht hat?«
»Miss Spaark hat gesagt, wenn wir wollten, könnten wir jederzeit über sie Kontakt zu der neuen Familie aufnehmen. Sie sagte, so würde es für alle Beteiligten am einfachsten sein. Man müßte einen klaren Schlußstrich unter die Sache ziehen.«
Keiner von beiden sagte, daß sie es meinetwegen getan hatten. Sie erklärten mir nicht, daß sie die Wahl zwischen zwei Söhnen gehabt hätten und mich wollten. Als Ha noch hier war, erzählten sie mir andauernd, wie sehr sie mich liebten. Jetzt war er nicht mehr hier, und von Liebe war keine Rede mehr. All ihre Liebe war mit Ha durch die Tür verschwunden.
»Wir müssen uns die positiven Seiten vor Augen halten«, sagte Tony.
»Zum Beispiel?« Mir fiel absolut nichts ein, was hätte positiv sein können.
»Na, denk doch mal an all das, was wir für Ha tun konnten, was nie geschehen wäre, wenn er nicht zu uns gekommen wäre. Er schreit nicht mehr. Die neue Pflegemutter soll gesagt haben, sie könne sich überhaupt nicht vorstellen, daß er jemals Schreianfälle gehabt habe, er sei ein so sanfter kleiner Kerl. Ist es nicht toll zu wissen, daß wir ihm immerhin in der Beziehung haben helfen können? Und er beißt nicht mehr. Und er dreht nicht mehr durch. Und er spuckt nicht mehr.«
Das war doch alles negativ, alles Dinge, die er nicht mehr tat.
»Mir fällt nur eines ein, was an der ganzen Sache positiv war«, sagte ich. Ich hatte feststellen können, daß wir einander über-

haupt nicht nahestanden und vertrauten – hatten wir wahrscheinlich noch nie. Sie waren ein Paar, das nicht mehr sehr viel füreinander übrig hatte. Und ich war der schwierige Sohn, ein Dorn in ihrem Fleisch. Solange Ha noch hier war, konnten sie wenigstens das Gefühl haben, für jemanden da zu sein.

»Und deshalb müssen wir einfach daran denken, was wir alles für Ha erreicht haben, und uns darauf konzentrieren, wieder eine richtige Familie zu sein.«

»Schöne Familie!« sagte ich. Wir würden nie wieder eine Familie sein. Wir hockten alle in verschiedenen Ecken, jeder für sich. Ha war in unseren Haushalt eingedrungen wie die Wurzeln eines Unkrauts, das in jede Mauerritze kriecht. Jetzt hatten sie ihn herausgezerrt, und es blieb nur noch Leere zurück.

»Gott, ich wünschte, ich wäre nie geboren!« sagte ich und ging aus dem Zimmer. Damit kannst du deine Eltern immer auf die Palme bringen. Das ist für sie wie ein Schlag ins Gesicht.

Ich schlief nicht gut. Patti und Tony wahrscheinlich auch nicht. Ich vermißte Ha. Am meisten sein Geschaukel. Ich versuchte, selber zu schaukeln, aber es war nicht dasselbe.

Ich wußte, daß ich ihn wieder zurückholen mußte. Eigentlich war es nicht Ha, den ich wollte, sondern sein Geschaukel, seine Träume.

Ich war versessen auf Krieg, nicht auf irgendeinen, sondern auf seinen. Ich konnte so viele Bücher lesen wie ich wollte, aber das war nicht dasselbe. Nur mit Ha konnte ich die Gewalt, die Furcht, den Geruch vermodernden Fleisches, die Blutegel so deutlich spüren, als wäre alles wirklich.

Während der Mittagspause ging ich zu Miss Spaarks Büro. Ich wußte ihre Telefonnummer nicht. Hätte ich doch bloß nicht ihre Karte weggeschmissen.

In der Eingangshalle des Gebäudes saß eine Frau hinter einem Glasfenster. Sie schob es auf. »Ja bitte?«

»Miss Spaark«, sagte ich.

»Hast du einen Termin?«
»Nein.«
»Dann ruf ich mal durch, ob sie da ist. Welchen Namen soll ich ihr sagen? Hallo? Ja, Zentrale hier. Ist Janice da? Da ist ein junger Mann, der . . . Nein, in Ordnung.«
Die Frau in der Pförtnerloge wandte sich an mich. »Sie scheint im Moment nicht in ihrem Büro zu sein, obwohl ich mir ganz sicher bin, daß sie vorhin noch da war. Ich kann ja deinen Namen notieren und ihr dann sagen, daß du hier warst, ja?«
Dann sah sie mich genau an, als wollte sie sich meine Gesichtszüge gründlich einprägen, und dabei lehnte sie sich ganz weit vor, fast aus ihrem kleinen Fenster heraus.
»Ist es was Wichtiges, mein Lieber? Ich meine, möchtest du vielleicht mit jemandem anders sprechen? Ganz im Vertrauen natürlich, wenn es was Persönliches ist.«
Vielleicht starrte sie meine Haare an. Ich fühlte nach, um zu kontrollieren, ob sie zu Berge standen. Mir war klar, daß ich einen merkwürdigen Eindruck machen mußte. Ich hatte mein Jackett in der Schule gelassen. Von der Rennerei bis hierher war ich ganz verschwitzt, und mein Hemd hing halb aus der Hose. Ich stopfte es eilig hinein. Vielleicht dachte sie, ich wäre eines von Miss Spaarks zahllosen Heimkindern, und ich wäre irgendwo abgehauen.
»Nö«, sagte ich. »Ist egal.«
»Du kannst ihr gerne eine Nachricht hinterlassen.«
»Sagen Sie ihr einfach, ein Freund wäre hiergewesen.«
»Ich muß doch einen Namen haben.«
»Das spielt wirklich keine Rolle«, sagte ich, »ist nicht weiter wichtig.«
Warum habe ich das gesagt, wenn es doch unglaublich wichtig war?
»Aber hör mal!« Die Frau rief mir durch ihr kleines Schiebefenster hinterher, aber ich war längst auf der anderen Seite der Eingangshalle. Ich mußte hinaus und mir etwas anderes einfallen lassen. Plan B war an der Reihe. Wenn es doch bloß einen Plan B gegeben hätte, aber es gab ja noch nicht einmal einen Plan A.

Ich drückte die Schwingtüren auf und prallte mit Miss Spaark zusammen, die gerade hereingesaust kam.
»Herrgott noch mal!« kreischte sie, hob ihre Handtasche auf und strich sich ihr Haar zurück. »Du hier?«
Ich folgte ihr durch die Halle, ein paar Treppen hinauf, einen Flur entlang bis zu ihrem Büro. Es war grau. Grauer Linoleumfußboden, graue Wände, graue Plastiklampe. Wie langweilig. Ich hatte gedacht, daß diese Frau mit dem gelbblonden Haar, den roten Hosen und den scharlachroten Fingernägeln in einem regenbogenfarbenen Büro arbeiten würde.
Sie ließ sich in einen kleinen Stuhl hinter ihrem Schreibtisch fallen.
»Ich bin gekommen, um dafür zu sorgen, daß Ha wieder zu uns kommt«, sagte ich.
Sie lachte. »Simon, es war doch nur ein Versuch. Das wußtest du doch die ganze Zeit. Manchmal klappt so was gleich auf Anhieb, manchmal eben nicht. Du brauchst nicht zu denken, daß deine Familie in irgendeiner Weise versagt hätte. Niemand hat versagt. Die kurze Zeit, die Ha bei euch verbracht hat, war enorm wichtig für ihn. Die abwechslungsreiche Umgebung, die Anregungen und die Stabilität, all das hat ihm sehr gut getan.«
Ich glaubte nicht, daß wir versagt hatten. Ich war auch nicht der Meinung, daß es nur ein Versuch war. Genausowenig wie ich meinte, er hätte viel von uns gehabt. Das war genau dasselbe Garn, was sie meinen Eltern vorgesponnen hatte. Aber ich unterbrach sie nicht. Ich blieb auch still, als sie mir erzählte, wie glücklich Ha in ihr Auto gestiegen sei, als sie ihn bei uns abgeholt hatte, um ihn zu seiner neuen Pflegefamilie zu bringen. Er hatte nicht geweint, sich überhaupt nicht aufgeregt. Es schien, als habe er ganz genau verstanden, worum es ging.
»Er war wirklich so einfühlsam, er hat all sein Spielzeug allein eingepackt.«
»Ja, ich weiß. In meinen Rucksack«, murmelte ich.
»Vielleicht liegt es an der Zeit bei euch«, schwätzte Miss Spaark weiter, »daß er sich so schnell in der neuen Familie eingelebt hat.«

Auch das mochte ich nicht glauben.
»Alle ihre vier Kinder sind schon erwachsen, und jetzt hat sie drei Pflegekinder.«
Das bedeutete, daß sie schon ziemlich alt sein mußte. Älter als Patti, älter als Has erste Mutter, vielleicht sogar älter als Has Großmutter.
Ich sagte: »Seine andere Mutter war sehr jung und sehr hübsch.«
»Und sie ist sehr erfahren. Wir haben diesmal extra eine professionelle Pflegemutter ausgewählt.«
»Professionell? Was soll denn das heißen? Wird sie dafür bezahlt?«
»Ja.«
»Aber man kann doch nicht jemanden dafür bezahlen, daß er ein Kind liebt. Das ist doch genauso, als ob man im Krieg Söldner anwirbt, Männer als Killer für irgendeine Sache bezahlt, an die sie noch nicht einmal glauben.«
»Wir haben eine Reihe von professionellen Pflegeeltern, die ganz besonders wegen ihrer pädagogischen Fähigkeiten ausgesucht wurden. Und so wie der Fall jetzt liegt, sind wir der Meinung, daß das für Ha die beste Lösung ist. Es entwickelt sich alles ganz wunderbar für ihn.«
»Wo wohnt sie denn, diese professionelle Frau?«
»In der Nähe. Wir wollten, daß er weiterhin in dieselbe Schule gehen kann.«
Wir. Wir. Als ob Ha ihr Eigentum wäre. Ich hatte nicht bemerkt, daß ihr Ha gehörte, als er nachts schrie oder sein Lätzchen gewechselt haben mußte oder als er Patti so in den Arm gebissen hatte, daß es blutete.
»Wie ist die Adresse?«
»Ich fürchte, daß sein genauer Aufenthaltsort vertraulich bleiben muß. Das ist für ihn besser so und für dich auch – sozusagen für den Seelenfrieden aller Beteiligten.«
»Gut. Ist mir auch recht. Sie brauchen mir nicht zu sagen, wo er ist.« Ich ging zur Tür. »Sie müssen ihn nur zurückholen. Mehr will ich nicht. Er muß wieder zu uns zurück, und das wissen Sie ebensogut wie ich.« Ich schlug die Tür hinter mir zu.

Eine Woche lang ging ich jeden Tag in ihr Büro. Wenn sie nicht da war, wartete ich, bis sie kam. Und ich sagte immer dasselbe. Aber offenbar genügte es nicht, zielstrebig und hartnäckig zu sein. Ich probierte eine neue Methode.
»Sie haben mir gleich am Anfang gesagt, daß die Gefühle der eigenen Kinder der Familie genauso wichtig sind, wie die der Pflegekinder, stimmt's? Darüber haben Sie sich lang und breit ausgelassen, erinnern Sie sich? Und wie wichtig ich bei der ganzen Angelegenheit wäre. Sie sagten, es sei nicht gut, nur für das Glück des einen Kindes zu sorgen und das des anderen zu vernachlässigen. Also gut, Sie haben mein Glück zerstört, als Sie Ha weggeholt haben, ohne mich zu fragen. Erst das ganze Gerede, wie wichtig meine Meinung wäre, und dann, als Sie ihn wegholten, haben Sie sich keinen Deut um meine Meinung geschert.«
Miss Spaark wickelte sich eine Strähne ihres Haares um die Finger.
»Was ist? Haben Sie das gesagt oder nicht?« brüllte ich quer über ihren Schreibtisch. »Daß ich eine Rolle spiele? Daß meine Meinung zählt?« Ich schrie lauter als ich beabsichtigt hatte.
»Simon, das war von Anfang an ein schwieriger Fall. Ha ist ein sehr ungewöhnliches Kind, das uns immer wieder mit schwierigen Problemen konfrontierte. Das weißt du so gut wie ich.«
»Ich rede nicht davon, was irgendwelche Leute zu wissen glauben. Ich rede darüber, was Sie gesagt haben. Der ganze Kram, daß ich, der neue Bruder, der wirkliche Experte sein würde. Daß ich ja am besten wüßte, was gut für Ha wäre, wahrscheinlich besser als irgend jemand. Haben Sie das vergessen? Oder sagen Sie das zu allen Familien, die Kinder adoptieren? Haben Sie das bloß gesagt, um sich bei mir einzuschmeicheln?«
Sie langte über ihren Tisch nach einem Stift und fing an, sich irgendwelche Notizen zu machen, vermutlich über mich und mein unmögliches Benehmen.
»Er ist für Sie vielleicht nur irgendein schwieriger Fall. Aber für mich ist er ein Bruder!« Ich war selber überrascht, als ich mich das sagen hörte. Es war mir herausgerutscht.
»Miss Spaark, würden Sie mich bitte angucken, wenn ich versu-

che, mit Ihnen zu reden? Ich mag ja vielleicht nur ein kleiner Aspekt bei diesem Fall sein, aber bitte behandeln Sie mich wie ein menschliches Wesen, solange ich in diesem Raum bin. Und bitte beantworten Sie mir die Frage, die ich Ihnen jetzt zum drittenmal stelle. Haben Sie mich angelogen, als Sie mir sagten, meine Meinung über Ha wäre wichtig und würde berücksichtigt werden?«
»Natürlich bist du wichtig, Simon. Aber du bist offensichtlich ein sehr gefühlsbetontes Kind, das schon einige alarmierende Zeichen von Verstörtheit gezeigt hat.« Sie griff nach dem grauen Telefon, aber ich war schneller. Ich legte mich quer über den Tisch, schnappte den Apparat und schmiß ihn auf den Boden, wo er mit einem hohlen Geklapper und einem einzigen zarten »Kling« landete.
Sie sah mich beinahe furchtsam an. Sozialarbeiterin ganz allein einem gestörten Jugendlichen ausgeliefert. Sie schien unsicher, was ich als nächstes tun würde. Ich war mir selber unsicher.
»Ist gut, Miss Spaark. Ich werde ganz bestimmt nichts Gefährliches machen – gesetzt den Fall, Sie widmen mir Ihre ganze professionelle Aufmerksamkeit. Weil ich ein schwer gestörtes Kind bin. Wenn Sie sich nicht um meine Probleme kümmern, dann könnte ich auch bei der Fürsorge landen. Das würde sich wahrscheinlich nicht so gut in ihren Akten machen, oder? Beamtin von der Adoptionsstelle begutachtet Familie und gibt ihre Zustimmung. Sie bringt ein Kind in die Familie, das plemplem ist. Dann ändert sie ihre Meinung und bringt das bekloppte Kind woanders unter. Das natürliche Kind wird verrückt und landet ebenfalls in der Fürsorge. Zwei Kinder bei der Fürsorge statt einem. Wenn ich jedoch nicht durchdrehe und alles ordentlich läuft, dann haben Sie einen Erfolg zu verbuchen. Zwei glückliche Kinder. Der Gemeinde Geld gespart. Beförderung.« Was das letzte betraf, da war ich mir nicht ganz so sicher. Vielleicht brauchte sie gar keine Beförderung mehr, vielleicht war sie schon ganz oben?
Sie lächelte schüchtern. »Das hast du dir alles sehr gut ausgedacht, Simon. Aber solche Dinge brauchen Zeit. Das ist ganz wichtig, um zu verhindern, daß die Kinder hin- und hergestoßen

werden. Außerdem gehört noch eine ganze Menge Papierkram dazu, und der kann nicht von einer Minute auf die andere erledigt werden.«
Oh nein? Als sie Ha woanders unterbringen wollte, war alles ganz schnell gegangen. Soweit ich mir das zusammenreimen konnte, hatte es genau einen Tag gedauert.
»Er muß zurückkommen«, sagte ich.
Sie verließ den Schutz ihres Schreibtisches, bückte sich und hob das Telefon auf. »Darf ich«, fragte sie und wählte eine Nummer, »meine Sekretärin anrufen?« Jetzt schmeichelte sie mir.
»Hallo Jean. Wenn in der nächsten Stunde irgendwelche Anrufe für mich kommen, dann sag, ich wäre in einer Konferenz. Ich rufe später zurück.«
In einer Konferenz sein war eine großartige Umschreibung für ein Gespräch führen.
»Wir gehen raus«, sagte sie. »Manchmal redet es sich im Freien leichter.«
Richtig. Ohne den Druck der grauen Wände in ihrem Büro fühlte ich mich sicherer. Draußen konnte sie auch keine Notizen machen, während ich sprach. Aber ich hatte trotzdem das Gefühl, daß sie sich in Gedanken Notizen machte. Es muß schrecklich sein, als Kind der Fürsorge ausgeliefert zu sein und zu wissen, daß dein Sozialarbeiter jede deiner Bewegungen notiert.
Sie war gräßlich, aber nicht ganz so gräßlich wie ich anfangs angenommen hatte. Sobald sie sich entschieden hatte, mir zuzuhören, tat sie das sehr gründlich und geduldig. Ich sprach über Has Land, über das Klima, wie die Leute in den Dörfern leben, die Feste, die sie feiern, und die Nahrung, die sie essen.
»Ich wollte ihm ein kleines Heft über sein Land anlegen. Besonders über das Essen, weil er so gerne ißt. Zum Beispiel über Maniok und Nuam Nuoc Sauce. Das essen sie zu allem dazu. Und über Avocados.«
»Ich habe gedacht, dort essen sie nur Reis.«
»Das mußten sie während des Krieges, weil sie nicht in ihren Dörfern bleiben und sich um ihre Ernte kümmern konnten. Der Reis, der ihnen zugeteilt wurde, war sehr alt und schlecht. Mei-

stens bekamen sie Weizengrütze, die zu lange gelagert worden war. Es war kein Vitamin C mehr drin, wie im frischen Reis oder in den meisten anderen Getreidesorten.«
»Das hätte ich nicht gewußt. Du bist wirklich ein heller Knabe!«
»Naja, meine Mutter ist schließlich Ernährungswissenschaftlerin«, sagte ich. »Deshalb interessiere ich mich für solche Sachen vielleicht ein bißchen mehr als andere in meinem Alter.«
»Das mit dem Notizheft ist eine gute Idee. Tatsächlich machen wir eigentlich für alle Pflegekinder, wenn sie zur Adoption freigegeben werden, so ein Buch. Mit Fotos von ihren natürlichen Eltern, alten Geburtstagskarten und so weiter. Das scheint ihnen zu helfen, zurechtzukommen. Aber in Has Fall ist das irgendwie versäumt worden. Außerdem bin ich mir nicht so sicher, ob er sowas auch verstanden hätte.«
Da ihr die Idee mit dem Buch offensichtlich gefiel, erzählte ich ihr lang und breit, wie ich aus den farbigen Beilagen der Sonntagsblätter Anzeigen mit exotischen fernöstlichen Bildern, tropischen Fischmärkten und wunderschönen schlitzäugigen Stewardessen der Malaysia Airlines gesammelt hatte.
»Damit er sich mit seiner eigenen Rasse identifizieren kann«, erklärte ich. »Ich weiß, daß die Malaysier nicht genauso aussehen wie sein Volk, aber es ist immerhin ein Anfang.«
Was für einen Blödsinn ich erzählte. Ich hatte überhaupt nicht damit angefangen, so ein Buch anzulegen, geschweige denn, Bilder auszuschneiden. Alle Notizen, die ich hatte, hatte ich im Kopf, und das waren vor allem keine Bildchen von Touristenreisen. Aber ich sagte ihr nichts von dem, was ich wirklich über Has Land wußte. Wie es war, in der stickigen Hitze unter dem Gewicht von Leichen im Graben zu liegen, und von der Angst, ganz allein zu sein.
An der Stelle, wo die Uferpromenade die Hauptstraße überquert, ist eine neue Imbißbude.
»Ich nehme an, du hast noch nichts gegessen, stimmt's?«
Das stimmte. Sie kaufte mir eine Tüte Pommes. Ich denke, es tat ihr gut, mir die Pommes zu kaufen und mir beim Essen zuzusehen. Etwas für mich zu tun, was mir offensichtlich guttat, schien

auch für sie sehr befriedigend zu sein. Füttere ein hungriges Kind, und dir ist gleich viel wohler.

Wir saßen auf der Böschung am Fluß. Büroangestellte sonnten sich im Gras, und Enten watschelten auf der Suche nach Brotrinden am Ufer entlang.

»Es ist so«, sagte ich. »Es gibt eine Menge Gründe, warum es in der ersten Zeit so schwierig war.« Ich erklärte ihr, wie es war, plötzlich kein Einzelkind mehr zu sein. »Obwohl ich beinahe eine Schwester gehabt hätte – wenn Pattis Baby überlebt hätte.«

Sie sagte nichts, aber sie schien überrascht. Sie hatte noch nie etwas von dem totgeborenen Kind gehört.

Ich aß die Pommes auf.

»Das sind die Gründe, warum es so schwierig war. Aber ich denke, das haben wir jetzt hinter uns, und wenn er zurückkäme, könnten wir ihm wirklich all die Liebe geben, die er verdient.«

Ich mochte diesen Satz. Er hätte auch von ihr stammen können. Die Liebe, die er verdient.

Ich hatte das Gefühl, recht erfolgreich den Eindruck einer im Grunde ruhigen und empfindsamen Person vermittelt und den Ausbruch von vorhin wieder wettgemacht zu haben. Natürlich sagte ich ihr nicht, warum ich Ha wirklich zurückhaben wollte. Das hatte überhaupt nichts mit Liebe oder mit Maniok oder mit Pattis totem Baby zu tun. Aber ich fürchtete, wenn ich ihr erzählte, daß ich Ha wiederhaben wollte, weil ich nachts das Geräusch des Gewehrfeuers und das Dröhnen der Rotorblätter vermißte, dann hätte sie ihn vermutlich so weit entfernt wie möglich untergebracht, irgendwo in Aberdeen oder Penzance.

»Das Gespräch mir dir war sehr aufschlußreich, Simon«, sagte sie. »Und ich werde über das, was du gesagt hast, nachdenken. Aber jetzt solltest du schleunigst wieder in die Schule.«

Wir standen auf und liefen zurück in Richtung Stadt. »Das, was du vorgeschlagen hast, Simon, könnte tatsächlich die Lösung sein.« Und dann begriff ich, warum sie mir so geduldig zugehört hatte. Das hatte nichts mit mir oder einem guten Eindruck von mir zu tun. »Sieh mal, Simon, es ist so, daß Ha für mich immer noch ein Problem ist. Ich will offen mit dir reden.«

Prima. Großartig. Danke dir, Sozialarbeiterin. Endlich Offenheit.
»Das sage ich dir jetzt ganz im Vertrauen, hörst du? Die neue Pflegefamilie kommt mit Ha nicht zurecht. Mrs. Blishen, die Pflegemutter, hat mich gestern angerufen. Sie sagt, er könne nicht bei ihr bleiben.«
»Warum nicht?« Ich versuchte, ruhig zu klingen.
»Sie hat das Gefühl, das wäre nicht der richtige Platz für ihn. Er ist so seltsam. Er bringt die anderen Pflegekinder durcheinander. Aber da du auch ein bißchen merkwürdig bist . . .« Miss Spaark lachte. »Nun, vielleicht sollten wir es noch einmal versuchen.«
Begriff sie immer noch nicht, daß Has Gegenwart andere Kinder ein bißchen seltsam werden ließ?
Also würde Ha zu uns zurückkommen. Sein Aufenthalt bei Mrs. Blishen wurde nicht als Fehlschlag, sondern als vorübergehende, sinnvolle Atempause betrachtet. Und niemand verlor dabei sein Gesicht, am allerwenigsten Miss Spaark.

Ich kam aus der Schule, und Ha war wieder da. Ich hätte ihn beinahe umarmt, aber er war so ins Fernsehen vertieft, daß er mich gar nicht bemerkt hätte. Außerdem mußte ich mich erstmal im Haus zurechtfinden. Alles sah anders aus. Patti und Tony hatten alles umgeräumt.
»Warum um Himmels willen habt ihr alle Möbel umgestellt?« fragte ich. Sie mußten Stunden damit zugebracht haben, Betten, Bücher, Tische und Stühle hin- und herzuräumen. Die Treppe auf und ab. Das Eßzimmer sollte ihr Schlafzimmer sein. Das Schlafzimmer war Has Zimmer, mit Gummiunterlage, alten Haferflockenschachteln, dem pelzigen Karnickel und so weiter. Das einzelne Etagenbett sah so winzig aus, wenn man sich daran erinnerte, daß dort vorher ein Doppelbett gestanden hatte, während unten das Doppelbett das Eßzimmer regelrecht sprengte. Es sah überhaupt nicht aus wie ein Schlafzimmer.
Ich hatte mein Zimmer behalten. Es sah aus wie früher. Bevor Ha kam. Bevor ich irgend etwas wußte.
Ich sagte zu ihnen: »Ihr müßt Has Bett wieder in mein Zimmer

stellen und alle seine Sachen auch. Die Zimmer sollen so bleiben, wie sie vorher waren.«
»Aber Schatz, wegen Ha hast du doch immer so schlecht geträumt. Er macht nachts so viel Lärm. So ist es doch viel besser.«
»Ich möchte mit Ha zusammen schlafen«, sagte ich. »Wir müssen die Betten noch heute abend umstellen. Ich helfe euch.«
Also stellten wir alles wieder so hin, wie es sein sollte, und Ha schlief in dem Bett unter mir.
Ich ging früh ins Bett. Und dann passierte nichts. Wenn ich überhaupt irgend etwas träumte, dann war es irgend etwas Schönes, nichts Nützliches. Und Ha schlief die ganze Nacht durch, lag wie ein kleines Baby auf dem Rücken, die Arme weit über den Kopf gestreckt, kleine, offene braune Handflächen, keine geballten Fäuste mehr. Die Beine ausgestreckt, der Mund leicht geöffnet. Kein Geschaukel.
So war es auch in der zweiten Nacht. Noch nicht einmal zwei Wochen war er bei der professionellen Pflegemutter gewesen und schon hatte er aufgehört zu schaukeln.
»Er ist trocken«, sagte Patti, »ist das nicht erstaunlich. Diese Atempause bei der Pflegemutter muß ihm wirklich gutgetan haben. Das war wohl genau das richtige für ihn.«
Sie hatte ihm das Sabbern und das Summen abgewöhnt. Sie hatte ihm abgewöhnt, seinen Anorak vor dem Frühstück anzuziehen. Sie hatte ihm das Schaukeln abgewöhnt. Sie hatte Wunder vollbracht.
»Aber die wollte ihn nicht behalten, nicht wahr?« sagte ich. »Sie war nichts weiter als eine bezahlte, professionelle Pflegemutter, die ihren Job gemacht hat, so wie ein Soldat fürs Töten bezahlt wird.«
Ich beobachtete Ha im Schlaf. Er streckte seine Beine in ganzer Länge aus, weil er nicht mehr im Zelt, im Wald, in einem Fuchsbau oder in einem Karton auf der Straße schlief, sondern in einem Bett.
Ha schlug die Augen auf und lächelte. »Schimo«, sagte er, »netter Junge.« Er drehte sich um und schlief wieder ein.
»Warum schaukelst du nicht mehr, Ha? Na los, mach schon!«

brüllte ich ihn an. »Schaukel, los!« Normalerweise reagierte er auf Brüllen, aber jetzt nicht mehr. Ich schüttelte ihn an den Schultern.

Ich packte den Metallrahmen und rüttelte ihn kräftig, damit Ha anfing zu schaukeln. Er schaukelte nicht. Aber immerhin war er wach, setzte sich auf, lächelte sein vertrauensvolles Lächeln und knuddelte sein blaues Stoffkaninchen. Ich ließ das Bett los und setzte mich neben ihn. »Na, gefällt es dir hier mit Tony und Patti als deinen Eltern?«

»Nicht reden«, sagte Ha und grinste zahnlos. Aber er würde nicht mehr lange zahnlos bleiben. Ein neuer, schiefer Zahn war schon zu entdecken. Das lag an all dem herrlichen Kalzium, das Patti ihm mit dem eiweißreichen Frühstück verpaßte.

»Wir müssen reden. Das ist wichtig. Du mußt dich erinnern. Was waren das für Leute, die dich aus dem Karton geholt haben? Wo haben sie dich hingebracht? Bist du in ein anderes Lager gekommen oder in ein Gefängnis oder wohin?«

»Nicht zuhören.«

»Na gut. Du brauchst nicht zuzuhören. Aber ich werde reden. Ich werde dir eine Geschichte erzählen, selbst wenn du nicht zuhörst. Von einem Jungen im Dorf, der alles verlor als die Soldaten kamen, sogar seine Familie. Und es herrschte Krieg um ihn herum mit Schüssen und Krach.«

»Nein«, sagte er. »Nein, nein, nein. Nicht zuhören.«

»Und dann ist irgendwas mit ihm passiert. Guck dich doch an, Ha. Du kannst dich nicht allein anziehen. Du kannst nicht richtig laufen. Aber früher konntest du einmal eine ganze Menge. Du konntest den ganzen Tag auf dem Feld arbeiten. Du hast sogar geholfen, eine M-113 auseinanderzunehmen. Du konntest ganz hervorragend für dich selber sorgen, als du allein im Wald warst.«

Plötzlich fing er an zu weinen, aber er stieß nicht wie sonst diese verrückten, sinnlosen Schreie aus. Es war ein ganz gewöhnliches, trauriges Weinen mit Tränen.

Ich legte meinen Arm um ihn und drückte ihn. »Weißt du, Ha, ich weiß eine ganze Menge über dich, das Schreckliche genau wie das andere. Aber ich weiß nicht alles. Und ich will alles wissen.«

»Weiß überhaupt nix.«
»O doch! Ich weiß, daß du es weißt, du hast mir das schon ganz deutlich gezeigt. Ich habe dich hierher zurückgeholt. Und jetzt müssen wir herausfinden, wie wir am besten miteinander leben können. Wir sind wie die Männer vom Norden und vom Süden. Wir müssen uns denselben Platz teilen. Aber für mich, Ha, ist das ein bißchen schwieriger, weil ich zuerst hier war. Deshalb muß ich erstmal alles teilen, mein Zuhause, meine Eltern, meine Legos, meine Spielsachen, mein Zimmer. In der Beziehung hast du nichts. Deshalb mußt du etwas anderes mit mir teilen, verstehst du? Du mußt diesen Krieg mit mir teilen. Und weil du zu blöd bist, mir das in Worten zu erzählen, mußt du es auf eine andere Art tun. Jetzt rutsch ein bißchen und mach mir Platz.«
Ich stieg zu ihm ins Bett. Die Gummiunterlage schnarrte. Wir legten uns hin, und ich hielt ihn und sein Karnickel im Arm. Ich schaukelte hin und her, bis das ganze Bett mit uns beiden wie eine Hängematte schaukelte. Dann umfing uns wieder die stikkige, feuchte Hitze, und wir waren mitten in seinem Krieg.

Kurz darauf fanden die Frauen mit den Mondgesichtern, die die Verrückten und die Schwachsinnigen und die Verschreckten von der Straße aufsammelten, ein Baby. Es bewegte sich nicht mehr, aber sie nahmen es trotzdem mit.
»Das arme kleine Ding. Schrecklich, so einfach hier im Schmutz abgelegt.«
Der Wagen hielt in einem staubigen Hof vor einem riesigen Gebäude. Wir stiegen aus, wie uns gesagt wurde, das tote Baby fiel heraus. Die Frauen wußten nicht, was sie mit ihm tun sollten. Eine hob es auf und wiegte es in den Armen.
»Wenn wir doch nur ein bißchen früher gekommen wären. Wir hätten es retten können.«
»Wir müssen es begraben.«
»Das können wir nicht. Da müssen doch irgendwelche Formalitäten eingehalten werden. Wir brauchen eine Bescheinigung oder Registrierung. Wenn wir gegen die Vorschriften verstoßen, könnten sie uns die Genehmigung entziehen.«

Meine Beine waren so müde. Ich setzte mich auf den Boden. Der Platz, zu dem sie uns gebracht hatten, war schon voll. Händler schlurften an der offenen Veranda vorbei. Die Kinder saßen im Hof, die Babys lagen.
Aber obwohl sie jetzt noch viele andere Babys hatten, schienen die beiden Frauen sich viel mehr um das tote zu bekümmern. Die Frau, die das Baby auf dem Arm hielt, rannte über den Hof und dann auf die Straße.
»Geh nicht raus, Pam!« rief ihr die andere hinterher. »Bitte nicht, warte bis nach der Ausgangssperre. Du wirst bloß festgenommen!«
Aber sie ging trotzdem, und ich sah, wie sie mit einem Uniformierten sprach. Sie kam langsam zurück und weinte.
»Was hat er gesagt?« fragte die andere Frau.
»Ich habe ihn nicht genau verstanden. Irgendwas wie: Er wäre Polizist und kein Totengräber.«
Ihnen schien sehr viel an dem Baby zu liegen. Sie begruben es in einer Ecke des Hofes und legten rosa Blumen auf den Grabhügel. Aber wer würde zum Fest der Gräber kommen und das Grab in Ordnung bringen, Papiergeld darüber verbrennen und Gebete sprechen? Das Kind hatte keine Nachkommen, die sein Grab versorgen konnten, deshalb würde seine Seele wahrscheinlich für immer ruhelos herumwandern.

Hattest du Angst, Ha, daß du sterben könntest und so begraben werden würdest?

Nein, ich war viel zu müde, um Angst zu haben.
Ich blieb an der Wand sitzen und sah mich um. Ein großer Kessel mit Reis wurde gekocht, und alle Kinder rannten hin und stellten sich in einer Reihe auf. Jedes erhielt ein kleines Schälchen. Ich sah zu, aber ich stellte mich nicht dazu. Meine Beine wollten sich nicht bewegen, sie wollten mich nicht weitertragen. Ich betrachtete sie, wie sie da ausgestreckt vor mir auf dem Boden lagen. Und ich war nicht besonders überrascht, als ich bemerkte, daß sie mir den Dienst versagten.

Als die Frau sah, daß ich nicht gehen konnte, setzte sie mich auf eine Bank und brachte mir ein Schälchen mit Reis. Aber die anderen Kinder hatten schnell heraus, daß es leicht war, mir den Reis wegzunehmen. Sie konnten mich schubsen und von der Bank stoßen. Deshalb trug mich die Frau ein paar dunkle Stufen hinauf in ein Zimmer im ersten Stock. Sie legte mich in eine Wiege, die an den Seiten hölzerne Gitterstäbe hatte. Die Größe war für ein Baby gerade richtig. Ich mußte meine Beine anwinkeln, um hineinzupassen. Aber das spielte keine Rolle, weil ich sie sowieso nicht mehr brauchte.
Ich hatte in die Hosen gemacht, die Frau säuberte mich mit einem feuchten Tuch und band mir dann einen anderen Lappen lose um, den sie mit einer Nadel des Babys aus der Nachbarwiege feststeckte.
Sie hatte keinen Namen. Sie hatte ein Gesicht, das zu jeder Frau gepaßt hätte. Ich würde mich weder an ihren Namen, noch an ihr Gesicht erinnern. Sie war einfach die Frau, die sich um mich kümmerte. Manchmal mag es wohl auch eine andere Frau gewesen sein, aber das war egal, weil dieser Platz jetzt mein Zuhause war.
Ich werde hierbleiben, wochen- oder auch jahrelang oder sogar für den Rest meines Lebens. Und ich werde niemals wieder laufen, kriechen oder sprechen müssen. Sie haben mir etwas zu essen gegeben und einen Platz, wo ich mich hinlegen kann. So wie auch die Hennen, die Ziegen und die Büffel ihr Futter und ihren Liegeplatz bekommen.

Ha! Du mußt aufwachen! Du mußt dich aufsetzen und dich umsehen. Du bist in ein Waisenheim gekommen. Es wird nicht genug Nahrung für euch alle geben. Wenn du krank wirst, werden nicht genügend Medikamente zur Verfügung stehen. Bald wird dein Körper verkrustet sein, dein Haar verklebt vor Dreck. Du wirst in deiner eigenen Pfütze liegen, bis du wund bist. Wenn sich Fliegen auf dich setzen, bist du zu schlapp, um sie wegzujagen. Ha, du mußt dich aufsetzen, bevor es zu spät ist. Du mußt aufwachen und weggehen.

Ich erinnere mich noch an die Geschichte von Tu Thuc, die mir Großmutter erzählt hat. Tu Thuc machte den größten Fehler seines Lebens. Er fand das Land der Glückseligkeit, das Land der ewigen Jugend, wo er niemals alt wurde, niemals zu schuften brauchte, wo immer Essen für ihn bereitstand. Aber der junge Mann wurde unruhig. Er bat darum, das Land der Glückseligkeit verlassen zu dürfen, um sein Dorf zu besuchen. Doch sobald er das Land der Glückseligkeit verlassen hatte, konnte er nicht mehr den Weg dorthin zurückfinden.
Das werde ich nicht tun. Ich werde für immer im Land der ewigen Jugend bleiben.

Ha, siehst du nicht die schwarzen Fliegen über dir? Siehst du nicht die Kakerlaken in den Ritzen der Wände? Siehst du nicht das Ungeziefer auf dem Boden? Siehst du nicht die dreckverstopften Abflußrohre? Riechst du nicht den Gestank von ungewaschenen Kindern? Spürst du nicht die merkwürdige, unnatürliche Stille von Kindern ohne Hoffnung, die niemals schreien?

Nein, ich sehe nichts, wovor ich mich fürchten müßte, höre nichts, was mich stören könnte, rieche nichts, was mich ekeln könnte. Ich bin im Land der Glückseligkeit, wo alles perfekt ist. Ich beschränke mich auf meine eigene Welt, denn wenn ich den Kopf wende und durch die Gitterstäbe gucke, dann sehe ich, daß die anderen um mich herum häßlich sind. Ihre Bäuche sind rund und geschwollen. Ihre Beine dünn wie Äste. Ihre Rippen wie Stäbe im Vogelkäfig. Ihre Haut sitzt straff über den Knochen. Ein Glück, daß ich nicht so aussehe.

Aber hör doch, Ha! Du siehst ganz genauso aus!

Ich bin ein Baby, ich kann nicht hören, was du sagst.

Ich sagte, du siehst ganz genau wie die anderen aus. Alle Kinder in dem Zimmer sind Kinder von der Straße, und du bist genau wie sie zu einem Teil des menschlichen Abfalls geworden.

Ich mag das. Das bedeutet Sicherheit.

Immer, wenn sie den Fußboden mit einem Schlauch abspritzten, brachten sie die Babys und die Behinderten nach unten in den Hof an die frische Luft. Wir saßen an die Wand gelehnt und spielten mit den Zehen in den Pfützen und beobachteten die schlaueren Kinder, die in den mit Wasser überfluteten Rinnsteinen planschten.
Aber bald waren wir zu viele, es dauerte zu lange, uns in den Hof zu schaffen und wieder hochzubringen. Außerdem kamen immer andere Frauen. Und jede von ihnen hatte eine eigene Arbeitsmethode.
Die neuen Helferinnen brachten uns auf den Balkon vor unserem Zimmer. Nachdem sie den Boden abgespritzt hatten, spülten sie auch uns dort, wo wir saßen, mit dem Schlauch ab. Das Wasser floß vom Balkon auf den Hof und bespritzte die Kinder, die unten spielten.

Wir konnten sie nicht sehen, aber wir hörten ihre Stimmen. Der Balkon war kühl. Der schwarzweiß gekachelte Fußboden war weich. Ich betrachtete die akkuraten Muster, eine quadratische Kachel ordentlich an der anderen.
Aber da fiel ein Junge mit einer schwachen Wirbelsäule langsam um und landete genau vor mir auf den schwarzweißen Kacheln, die ich gerade betrachtet hatte. Sein Kopf knallte auf die Steine. Er war mir im Weg. Deshalb lehnte ich mich vor und berührte ihn. Meine Finger bekamen seine schwarzen, verfilzten Haare zu fassen.
Es fühlte sich gut an. Ich packte kräftiger zu und zog. Das war gut. Er stöhnte. Die Frau kam. Sie setzte ihn auf und schlug mir auf den Kopf. Das war auch gut. Es gefiel mir, daß sie meinen Kopf berührte. Ich mochte das Gefühl, angefaßt und geschlagen zu werden und das Klingen im Ohr. Ich schrie, so daß sie mich noch einmal schlug.
»Jetzt ist's genug. Hoch mit dir!« Ich kämpfte, weil ich auf der

Veranda bleiben wollte. Ich schrie und versuchte ihr klarzumachen, daß ich auf dem schwarzweißen Muster bleiben wollte. Aber sie verstand mich nicht. Ich hatte alles aufgegeben, jetzt ließ ich sogar meine Sprache verkümmern. Je mehr ich mit den Armen strampelte, um so fester packte sie mich. Deshalb biß ich sie. Und dann kam eine andere von den namenlosen Frauen und trug mich zurück in unser stickiges Zimmer.

Einige der Frauen sahen so aus wie wir, hatten dunkles Haar und dunkle Haut. Einige waren rundäugig, hatten helle Haare und helle Gesichter.

Zwei neue Frauen kamen, um uns zu waschen. Aber sie machten es nicht mit dem Schlauch, sondern sie wuschen uns einzeln nacheinander in einer Wanne. Sie schnitten mit einer Rasierklinge, die sie vorher in einer hellen Flamme erhitzt hatten, die Eiterbeulen auf und reinigten die Wunden.

Eine dieser Frauen mochte unser Heim nicht. Sie starrte uns an, dann nahm sie eines der Kinder hoch und knuddelte es an sich, als ob sie sich selber trösten wollte.

»Leg es wieder hin, Jane. Für sowas haben wir keine Zeit. Wenn du hier arbeiten willst, dann mach dich ran. Wir haben hier zweiunddreißig, die gefüttert werden müssen. Und dann kommen noch die Gesunden von nebenan und die von unten!«

»Aber es ist so schrecklich! Wie kannst du das nur ertragen? Sie sind alle so entsetzlich schmutzig, und wenn du die einen sauber hast, dann sind die anderen schon wieder dreckig. Und genug zu essen haben sie auch nicht.«

»Es sind Menschen, Jane, genau wie du und ich. Sie sind weder Hunde noch irgendwelche Gegenstände. Wir sind hier, um zu helfen, und nicht, um über die Ursachen von all dem Elend nachzudenken.«

»Aber wenn sie doch sowieso alle sterben, was soll's dann?«

»Dann haben wir zumindest die Gewißheit, daß sie wenigstens mit einem Minimum an Würde gestorben sind.«

»In diesem Haus gibt es keine Würde.«
»Du wirst dich schon dran gewöhnen. Guck mal, du bist noch neu hier. Du wirst schon noch begreifen, daß du deine Zeit verschwendest, wenn du dich zu sehr um ein einzelnes Kind kümmerst. In der Zwischenzeit stirbt hinter deinem Rücken vielleicht schon ein anderes. Also, beiß die Zähne zusammen und tu, was du kannst.«
Mitunter erinnerte ich mich an einiges, und ich hätte es gerne jemandem erzählt.

Ich höre dir zu Ha, mir kannst du es erzählen.

Vor langer Zeit, erinnerte ich mich, gab es eine Frau mit dikkem, schwarzem Haar in einem lockeren weißen Kittel, die mich anlächelte, wenn sie neben unserem Haus über dem Feuer Gemüse kochte. Der Mann, der die Frau liebte, die mich liebte, lebte in einem Erdtunnel im Wald. Das kleine Baby, das ich auf dem Schoß hatte, krähte und gluckste. Aber die Erinnerung verblaßte, so wie dieses Land verblaßte und die Gräber der Vorfahren in der Erde verschwunden waren. Es war niemand mehr da, dem ich etwas hätte erzählen können. Und es gab auch nichts mehr, worüber ich hätte reden können.

Doch, Ha. Ich will es wissen. Mir ist es wichtig. Erzähl's mir.

Das kleine Mädchen in der Wiege neben mir hieß Phuong. Nur wenige Kinder in unserem Zimmer hatten Namen. Als die Frau mit den Milchflaschen hereinkam, sah sie in das Bett und berührte das Bündel. Es rührte sich auch nicht, als sie es aufhob. Die Frau gab mir seine Milchflasche, und dann trug sie Phuong weg.
Früher hatte ich eine andere Art des Sterbens erlebt, heftig und plötzlich, und das Gesicht des Kindes war mit Angst gezeichnet gewesen. Phuong hatte keine Angst.
Das neue Kind, das in die Wiege gelegt wurde, nannten sie

auch Phuong. Vielleicht hieß ja die Wiege Phuong und nicht das Kind? Dann war ich nicht Ha, sondern das Bett, in dem ich lag, war Ha. Die Welt, in der ich von Kopf bis Fuß hinter Gittern abgeschirmt war, war Ha, und solange ich sicher in dieser Welt lag, war ich Ha. Aber wenn ich diese Welt verließ, war ich nicht mehr Ha. Wenn ich nicht mehr Ha war, war ich gar nichts mehr.
Früher, vor langer Zeit, lebte ich in einem Dorf. Aber sie holten uns aus dem Dorf und steckten uns an einen Ort, wo wir in Zelten leben mußten. Danach war ich an der Seite der Frau mit dem lächelnden Gesicht durch eine Kautschukplantage gelaufen. Und danach war ich allein.
Jetzt lebe ich hier, in diesem kleinen Käfig. In einem Zimmer für kranke und behinderte Kinder.

Du bist kein Krüppel, Ha! Du bist ein Opfer des Krieges.

Tag für Tag, wenn ich sicher zwischen meinen Gitterstäben liege, habe ich Zeit, mich an den Ort zu erinnern, wo wir in Zelten gelebt hatten.
Es hatte dort viele Schweine gegeben, aber keinen Platz, wo man sie hätte halten können. Die Leute, die ihre Schweine mitgebracht hatten, mußten sie an die Zeltpfosten anbinden, damit sie nicht durchs Lager streunten. Es war heiß im Lager, und mittags hatten die Schweine nur einen Wunsch: Schatten. Deshalb legten sie sich ins nächstbeste Zelt, manchmal sogar auf die Leute da drinnen, bloß um Schatten zu bekommen.
Die Familie nebenan hatte ein riesiges, ausgewachsenes Schwein, es war grau, schmutzig und borstig. Es wollte sich immer in unser Zelt legen, und die alte Frau mit den rotgefleckten Zähnen, mit der ich zusammenlebte, versuchte es hochzuhieven und stupste es mit einem Stock, um es hinauszujagen. Aber sie war nicht stark genug. Als das Schwein zum erstenmal bei uns eingedrungen war, hatte es in unserem Kochtopf herumgeschnüffelt und die Hälfte von unserem Reis aufgefressen.

Alle waren so wütend, daß die Eigentümer des Schweins eine ihrer Schlafmatten als Geschenk brachten. Das wog zwar nicht den Verlust des Reises auf, aber es zeigte doch, daß sie in Frieden mit uns leben wollten.
Danach banden sie das Schwein mit einem dickeren Seil fest. Aber das Schwein war immer noch stärker. Mitten in der Nacht brachte es das Zelt über den Nachbarn zum Einsturz, und sogar Mutter mußte lachen. Wir halfen ihnen, das Zelt wieder aufzubauen.
»Ich verstehe nicht, warum sie dieses arme, gequälte Vieh nicht einfach im Busch freilassen«, meinte Mutter. »Dann sind sie den ganzen Ärger los.« Aber das meinte sie nicht im Ernst. Niemand würde sein Vieh freilassen, da wir ja bald wieder zu Hause sein würden. Vielleicht war Mutter sogar neidisch, weil wir kein Schwein hatten, sondern nur eine Henne und eine Ziege, die keine Milch mehr gab. Die Ziege hatte immer Hunger. Es gab einfach nicht genug Grünzeug für sie, und deshalb fing sie an, Löcher in die Zeltwände zu knabbern. Das war dann für die Leute nebenan ein Grund zum Lachen. Aber als die Ziege die Spitzen der keimenden Bohnen abfressen wollte, war es nicht mehr komisch. Deshalb warf ich meinen Kopf hin und her und erfand eine beruhigende, schaukelnde Bewegung, die mich besänftigte. Und ich hörte auf, an die Zeit zu denken, in der wir in einem Zelt gelebt hatten.

»Die werden ja wie Tiere gehalten! Wie kann man das denn verantworten!«
»Für mich war der Gestank am schlimmsten. Am Anfang war mir immer schlecht, bloß von dem Gestank. Aber man gewöhnt sich dran.«
Als die Frau mich über die Wanne hob, um mir den Rücken zu waschen, sah ich mich in einem kleinen Stückchen eines zerbrochenen Spiegels, der über dem Wasserhahn hing. Ich sah das Gesicht eines Affen, dunkle, tiefliegende Augen wie schwarze Steine. Auf dem Kopf war so gut wie kein Haar, nur blanke Stellen und ein paar spärliche Büschel.

Ich starrte mich an und wollte etwas sagen. Ich wußte nicht mehr, wer ich war. Ich glaube, ich wollte sagen, daß ich nicht immer da gelebt hatte. Es gab einen Ort, wo ich hingehörte, und ein Volk, zu dem ich gehörte. Aber als ich darüber nachdachte, konnte ich mich nicht mehr erinnern, wer ich war. Ich langte mir an den Kopf und griff eines der schwarzen Büschel und zog daran. Das Haar ging ganz leicht ab.

Du fängst an zu verhungern, Ha. Du bist ein Opfer des Krieges. Und der Krieg spielt sich nicht mehr nur irgendwo weit weg in den Wäldern ab. Er kommt näher. Er kommt in die Stadt. Nachts hörst du Bomben fallen und Granaten explodieren. Du hörst knatterndes Gewehrfeuer. Du hörst Flugzeuge durch die Luft dröhnen, und durchs Fenster siehst du ihre schwarzen Umrisse mit den rotblinkenden Lichtern an der Unterseite.
Du spürst das Rumpeln der Erde.

Nachts war es in unserem Zimmer dunkel, und wir waren allein. Einige Kinder schliefen durch. Nur wenn ein heftiger Lärm den Raum erschütterte zuckten sie und wälzten sich im Schlaf. Die Geräusche waren sehr nah. Manchmal roch ich Brandgeruch. Manchmal hörte ich auf der Straße Schreie und Rufe und davonlaufende Füße. Aber niemand kam, um uns zu erklären, was das bedeutete.
Dann wurde unser Zimmer plötzlich von einem bunten Licht erleuchtet. Ich sah die Bettreihen mit den anderen Kindern. Ein Fenster zersprang, und die glitzernden Scheiben flogen durchs Zimmer. Einige fielen auf den Zementfußboden, einige fielen in Phuongs Bett. Phuong fing an zu weinen und weckte damit die anderen. Bald wimmerte es im ganzen Zimmer. Niemand kam.
Aber wir waren nicht allein. Etwas war in unserem Zimmer und schlich am Boden entlang. Ich sah einen dunklen Schatten, der auf mein Bett zukroch. Er blieb direkt unter mir liegen, und ich hörte ihn atmen. Als es hell wurde, sah ich einen verwundeten Mann.

Gegen Morgen hört das Gewehrfeuer immer auf. Der Hahn kräht. Die Sperrstunde endet, und von draußen hörst du das Geplapper und Geschnatter, wenn die Händler ihre Stände auf dem Bürgersteig aufbauen. Sogar im Krieg.
Endlich kamen die Frauen mit ihren Flaschen. Sie warfen je eine Flasche in die ersten zehn Betten, während sie die Kinder in den nächsten zehn Betten wuschen. Die Flaschen wurden erneut gefüllt und in den nächsten Betten verteilt. Sie hatten es immer eilig. Ich streckte die Hände aus und schnappte mir meine Flasche. Wer zu langsam war, dem wurde die Flasche abgenommen, bevor er sie ausgetrunken hatte.
Der Mann streckte seine Hände aus, griff durch die Gitterstäbe meiner Wiege und tappte suchend über die Matratze. Dann erschien sein Gesicht hinter den Gittern, und der Mann sah mich an. Er schien direkt durch mich durchzugucken. Ich knurrte und fletschte die Zähne. Ich rollte hinüber, biß ihm in die Hand und schmeckte Blut. Aber ich hatte ihn nicht blutig gebissen, das Blut war schon vorher da. Ich hielt meine Flasche so fest ich nur konnte und schaukelte heftig hin und her. Ich würde ihn abschütteln. Milch lief mir über den Hals. Ich konnte ihn nicht abschütteln. Seine suchende Hand war stark. Seine langen braunen Finger umschlossen mit festem Griff meine Flasche und nahmen sie mir weg. Der Soldat steckte den Schnuller in den Mund.
Als er die Flasche leergetrunken hatte, suchte er meine Hand. Er strich mir sanft über mein bloßes Bein. Aber ich wußte, daß er mich nicht berühren durfte.
Die Frau hörte mich schreien. Sie kam und schlug mich, doch dann sah sie den Mann auf dem Boden.
»Wie zum Teufel ist denn der hier reingekommen?«
»Ich glaube, das ist Co Anhs Mann!«
»Geh sie holen. Es soll sie jemand herholen!«
»Co Anh! Co Anh! Komm schnell her!«
Co Anh warf sich auf ihren Mann und weinte und wiederholte immer wieder seinen Namen. Sie brachten ihn hinaus und vergaßen, mich zu waschen.

Später sahen sie, daß Phuong Glassplitter in ihrem Bein hatte.

»Sie müssen sich doch entsetzlich langweilen! Den ganzen Tag immer nur in diesen Kojen! Sie können überhaupt nichts lernen oder wenigstens sehen, was sonst noch los ist.«
Sie hatten nie Zeit, mit uns zu reden, aber ich hörte oft, wie sie über uns sprachen.
»Ich würde mir keine Gedanken machen, ich glaube nicht, daß sie sich langweilen. Sie denken nicht viel. Das ist auch ganz gut so. Wenn sie darüber nachdächten, was um sie herum geschieht, dann würden sie vielleicht noch ein bißchen schneller draufgehen.«
»Du bist aber ganz schön verbittert. Hast du vergessen, daß du hier in Gottes Auftrag arbeitest? Weißt du, als ich noch Lernschwester war, hatte ich einmal eine Vision, deshalb weiß ich genau, daß ich hier bin, um Gottes Werk zu vollbringen.«
»Gut für dich.«
»Aber ist das für dich denn nicht auch so?«
»Vielleicht früher mal. Aber wenn du diese Arbeit, so wie ich seit dreizehn Monaten vierzehn Stunden am Tag unter den gleichen schlechten Bedingungen gemacht hättest, dann würdest du auch aufhören, der Sache einen Sinn geben zu wollen. Du fängst an zu glauben, daß Gott sich vielleicht alles ganz anders vorstellt, und wir dürfen es nur nicht wissen. Oder vielleicht ist er ja auch ein Witzbold, und das ist hier sein großer Anti-Schöpfungswitz. Wer weiß?«
»Du bist ja völlig abgestumpft!«
»Erinnerst du dich an das Baby, das wir letzte Woche bekommen haben? Es war absolut gesund. Und guck es dir jetzt mal an. Eine Woche ist es hier, und schon hat es die Ruhr und wird bald sterben. Ich glaube nicht, daß ich dafür einen Sinn finden kann.«
»Diese einheimischen Mädchen, die sind doch alle absolut hoffnungslos, die können überhaupt nichts ordentlich machen. Ich habe ihnen gesagt, wascht die Kinder jeden Morgen. Aber sie tun's nie.«

»Das ist doch nicht ihre Schuld. Sie haben keine Ausbildung.«
»Sie haben nicht die geringste Ahnung. Sie kennen nicht einmal die primitivsten Grundregeln der Hygiene. Sie wechseln die Windeln, dann füllen sie die Flaschen, ohne sich zwischendurch die Hände zu waschen. Den Kindern die Nase zu putzen, halten sie für Zeitverschwendung. Man sollte doch meinen, daß sie zumindest das tun, was wir ihnen gezeigt haben.«
»Würdest du dir noch irgendwelche Mühe geben, wenn dies hier dein Land wäre, wenn du hättest mitansehen müssen, wie alles zertrümmert und deine Familie getötet wurde? Das ist zum Beispiel Binh passiert, der Frau mit dem langen Zopf, die immer lächelt. Ihre ganze Familie wurde ausgelöscht, während sie gerade auf dem Markt war. Als sie zurückkam, war buchstäblich nichts mehr da. Es ist erstaunlich, wie sie das durchhält. Wenn so was bei uns zu Hause passierte, dann würdest du wahrscheinlich für eine Weile in psychiatrische Behandlung kommen, oder was meinst du? Ich weiß genau, ich könnte das nicht so durchhalten wie sie. Ich würde mich einfach hinlegen und mich nicht mehr rühren.«

Dann kamen zwei Amerikaner zu euch. Sie unterhielten sich mit den Frauen, die ihre Sprache sprachen. Manchmal brachten sie Geschenke, Trockenmilch oder Schokoladenpulver oder Vitamintabletten, die die Frauen sehr gerne nahmen. Einer der Soldaten war schwarz, der andere weiß. Sie trugen beide Uniform, aber keine Gewehre. An ihrem freien Tag kamen sie auf dem Weg vom Hotel Suzy beim Waisenhaus vorbei. Nachdem sie sich in der Stadt mit den einheimischen Mädchen herumgetrieben hatten, fühlten sie sich nach einem Besuch bei euch, nach einem Blick in eure schmierigen Kojen und nach einem Gespräch mit den europäischen Krankenschwestern edel und rein.
Du hast ihnen zugehört. Als sie das erstemal kamen, waren sie über dein Zimmer sehr überrascht.
»Wenn man sich ein paar von den Kleinen hier anguckt, dann fragt man sich, was zum Teufel wollen wir eigentlich hier. Wir

haben überhaupt kein Recht, hier zu sein. Wir haben diese Kinder zu Waisen gemacht, wir sind für ihren Hunger verantwortlich.«

»Ich sag dir, daß es in diesem Krieg noch mal ganz schön rundgehen wird. Ich wette, daß sich die US bald zurückzieht. Die werden das nicht bis ganz zum Schluß durchziehen. Präsident LBJ* hat alles falsch gemacht.«

»Was wird dann bloß aus den Kindern?«

»Wir werden so lange weitermachen, wie wir gebraucht werden. Wenn die Stadt fällt, dann werden vielleicht einige von ihren Verwandten abgeholt werden. Vor kurzem war eine Frau hier, die schon seit zwei Monaten nach ihren Kindern suchte. Als ihr Haus zerstört wurde, wurde der Junge von IVS Leuten mitgenommen. Diese Frau war in jedem Waisenheim der Stadt. Dann hat sie den Jungen hier gefunden. Es war wie ein Wunder.«

Einer der Soldaten, es war der schwarze, interessierte sich besonders für dich.

»Ich hätte Lust, irgend etwas für die Kinder zu tun«, sagte er. »Dieser kleine Kerl hier. Wenn ich ihn mit nach Hause nehmen könnte, würde ich es tun. Meine Frau würde mich verstehen. Sie hat als Erzieherin gearbeitet. Zu Hause habe ich einen Jungen, der ungefähr im gleichen Alter ist.«

Er nannte dich Harvey, weil sein Sohn zu Hause in den Vereinigten Staaten auch Harvey hieß. Er beugte sich zu dir herunter und sprach durch die Gitterstäbe mit dir. Er war meistens betrunken.

»Weißt du, Harvey, es ist nicht recht, zu töten. Ich weiß das auch. Aber wir sind im Krieg. Ich habe Leute umgelegt. Und genau dasselbe haben Millionen anderer Männer gemacht. Eure Leute und meine Leute. Ich habe getan, was man mir befohlen hat. Ich war bei zwei Feldzügen in Korea dabei. Da habe ich auch schon getötet. Ihr seid also nicht die ersten. Irgendwie passiert das eben. Aber denkst du, ich würde das nicht bereuen? Denkst du, ich hätte keine Gewissensbisse? Weißt du, Kleiner, wenn ich wieder zu Hause bin, werde ich so manche Nacht wachliegen und an dich denken und mir überlegen, was wohl aus dir gewor-

* Lyndon B. Johnson, Präsident der USA 1963–1969

den ist. Dann werde ich mich schlecht fühlen, weil du mein ganz besonderer Freund bist.« Er steckte seine Hand zwischen die Gitterstäbe und streichelte dir über den Handrücken.

Er nahm einen Flachmann aus der Tasche und kippte einen Schluck. »Manche Leute meinen, wenn du siehst, daß dein Kumpel in die Luft fliegt, bist du wild auf Rache. Aber dieser Krieg hat nicht viel mit Rache zu tun, jedenfalls nicht für mich. Mir tut's leid, daß wir euch alles kaputtgemacht haben. Und ich weiß, was du denkst. Du meinst bestimmt, dieser Krieg ist nicht gerecht. Aber Harvey, die VC machen auch 'ne ganze Menge schlimme Sachen. Hier in deiner Koje kriegst du davon natürlich nichts mit. Sie haben mit ihren eigenen Leuten auch ganz schön krumme Dinger gemacht und sie ohne fairen Prozeß zerhackt und hingerichtet. Einige sagen, der Kommunismus wäre wie Krebs, so richtig teuflisch und so schlüpfrig wie 'ne verschlagene Schlange. Ich selber halte nix vom Kommunismus, aber ich glaube auch nicht, daß sie diese bösen Sachen wegen dem Kommunismus machen. Genausowenig wie wir töten, weil wir gottesfürchtige Amerikaner sind. Ich wünschte bloß, ich könnte das alles verstehen. Du bist ein komisches Gör, du sagst nie was. Aber du guckst mich immer so an, als wüßtest du, was ich sage.«

Du kannst nichts sagen, stimmt's Ha? Du weißt nichts. Du bist nichts. Du bist ein Tüpfelchen, eine Ziffer der Statistiker. Du bist eines der tausend heimatlosen Kinder, eines von hunderttausend, eines von achthunderttausend. Du bist bloß eine Verlustziffer.

Der Soldat wurde immer betrunkener und fing an zu weinen. Er ließ seine dicken Tränen an der Seite deiner Wiege heruntertropfen. Was er gesagt hatte, hatte für dich keinen Sinn ergeben, schließlich bist du eingeschlafen. Als du aufwachtest, war er nicht mehr da. Er kam nie wieder. Aber einige Zeit später kam eine der Frauen und brachte dir einen roten Plastikball vom Markt. Du hattest noch niemals so ein Spielzeug besessen.

»Guck mal, Harvey. Ein Geschenk. Von deinem Freund. Erinnerst du dich an deinen Freund, den netten Soldaten?«

»Ist er hier? Hat er Penicillin mitgebracht? Er sagte, er wollte es versuchen.«

»Nein, er ist auf eine Mine getreten. Ist als Kriegsinvalide nach Hause entlassen worden. Er hat seinen Leutnant gebeten, dies hier vorbeizubringen. Guck mal, Harvey, ist das nicht schön?« Die Frau legte dir den Ball in die Wiege, und du spieltest damit, bis ein Kind von unten in dein Zimmer kam und ihn dir wegnahm.

Als mein roter Ball weg war, spielte ich mit meinen Fingern. Ich hatte an jeder Hand Finger. Wenn ich sie gegen das Licht hielt, bewegten sie sich. Und ich hatte Nasenlöcher. Ich steckte einen Finger der einen Hand in ein Nasenloch und einen Finger der anderen Hand in das andere Nasenloch. Zwei Hände, zwei Nasenlöcher. Ich blies Luft aus der Nase und krähte. Ich war nicht tot wie Phuong in der Nachbarwiege. Ich lebte.

Ich fand an der Seite meines Kopfes Ohrlöcher. Ich blies die Luft heraus, und ich krähte, und ich hörte Geräusche wie von wehendem Wind. Ich hatte einen Nabel in meiner Mitte. Ich hatte zwei Arme. Ich hatte einen Körper mit verschiedenen Teilen und Löchern, mit denen ich spielen konnte. Ich hatte einen mit Latten beschlagenen Käfig wie das Federvieh. Es roch hier so freundlich wie im Hühnerstall. Ich hatte Urin, der warm über mich floß, und Exkremente, die sanft und angenehm aus mir hinausglitten.

Das größte Loch war in meinem Gesicht. Ein Mund, der sich öffnete, wenn ich meine Finger hineinsteckte und an ihnen saugte. Und wenn ich saugte, rollte mein Kopf von einer Seite zur anderen.

In der Nacht kreischte der Himmel, und die Babys wimmerten, und die Moskitos sirrten. Aber ich hatte Nasenlöcher, mit denen ich spielen, und Finger, an denen ich saugen konnte.

»Vielleicht ist er taub? Vielleicht spricht er deswegen nicht?«
»Ich glaube nicht, daß er taub ist. Er schreit beim Alarm. Er ist auch nicht blind, er beobachtet mich.«
»Wir können ja ein paar Tests mit ihm machen.«

»Was denn zum Beispiel? Ihm ins Ohr brüllen und gucken, ob er zusammenzuckt? Sei nicht so naiv. Und selbst wenn du nachweisen könntest, daß er taub ist, was würde es nützen? Er kann nicht allein essen und kaum aufrecht sitzen. Solche haben keine große Chance mehr, was immer du auch beweisen magst.«
»Aber was passiert, wenn wir weggehen? Wer wird sich dann um sie kümmern?«
»Dann wird's so sein wie vorher, nehme ich an. Zweimal am Tag gefüttert, einmal gewaschen. Die einheimischen Frauen müssen dann eben übernehmen.«
»Wir müssen beten. Der Herr weiß bestimmt einen Weg.«
»Die Wege des Herrn sind bislang aber höchst eigenartig gewesen. Vielleicht hast du das falsche Gebet gesprochen?«
»Wie viele sind in deinem Zimmer?«
»Siebenundzwanzig. Eins hat Würmer. Siebzehn haben Hautinfektionen. Aber wir haben keinen Talkum-Puder mehr. Die Frauen stibitzen ihn und verkaufen ihn auf dem schwarzen Markt.«
»Wir können keine Kinder mehr aufnehmen. Wir müssen nein sagen.«
»Wir können sie doch nicht einfach wegschicken!«
»Wir müssen ihnen sagen, sie sollen die Kinder zur Caritas bringen. Wir haben demnächst eine Inspektion. Da dürfen sie nicht auf Matten auf dem Boden liegen.«
»Wer kommt denn?«
»Einer von der Regierung und einer vom Roten Kreuz.«
»Warum? Sie haben sich früher doch auch nicht für uns interessiert? Jedenfalls nicht, wenn wir um Chinin oder Tetracyclin oder Milchpulver gebeten haben.«
»Ich glaube nicht, daß sie damals schon die internationale Presse auf dem Hals hatten, oder?«
»Hast du gehört, wir sollen die Kinder in verschiedene Gruppen einteilen.«
»Was soll denn das heißen?«
»Eine neue Verordnung. Ein Versuch, die Institutionen nach einem bestimmten Standard auszurichten, damit sollen die Nichtoffiziellen etwas unter Druck gesetzt werden. Damit sie besser

funktionieren. Alle Kinder müssen Karteikarten haben, Papiere und Ausweise wie alle anderen auch.«
»Aber die Hälfte von denen hat ja noch nicht einmal einen richtigen Namen, geschweige denn irgendwelche Papiere. Das Innenministerium wird niemals Papiere ausstellen für Kinder, deren Herkunft wir nicht kennen.«
»Wir müssen die eben aussortieren und sehen, was wir machen können.«
»Wie sollen wir denn für so was Zeit haben, wenn es schon den ganzen Tag dauert, bis wir alle gefüttert haben? Wir können doch nicht jetzt noch mit Buchhaltung anfangen!«
»Komm runter ins Büro, wenn du fertig bist. Mal sehen, was wir machen können. Ich habe noch zwei Bier im Schrank versteckt.«
»Ich seh schon, der Herr hat deine Gebete bereits erhört bevor du überhaupt Zeit hattest, zu beten!«

Sie begannen, bestimmte Kinder auszuwählen. Sie guckten in die Betten und holten die Babys. Dich hob niemand auf. Du warst zu alt, du warst ein Junge.
Sie wollten hübsche, kleine, weibliche Kinder mit ordentlich funktionierenden Gliedern. Manchmal nahmen sie weniger hübsche Jungen, aber nur die mit lockigem Haar, dicken vollen Lippen und dunkler Haut, wie die Farbe von reifen Feigen.
Manchmal wurde Geld herübergeschoben. Wieviel? Hundert Piaster? Oder zweihundert? Oder soviel wie für einen Wasserbüffel? Wieviel ist ein Kind wert?
Sie bereiten sich für das Ende vor, Ha. Räumen alles auf, sammeln die Waisen mit dem schwarzen Blut. Wenn sie abziehen, dann wollen sie keine Spuren ihrer Besatzung hinterlassen.
Tut mir leid, Ha. Dich wollen sie nicht. Du bist kein schwarzer Mischling.

»Warum nehmen sie nur die Normalen, die Gesunden? Das ist doch ungerecht. Wir sollten lieber die Schwächsten heraussuchen und die anderen hierlassen.«
»Wir müssen die auswählen, die die beste Chance haben, die

Reise zu überstehen. Wir können uns keine Fehlschläge erlauben. Die Adoptionen sollen erfolgreich sein.«
»Aber die Schwachen müssen gerettet werden! Sie sind diejenigen, die am meisten leiden, wenn alles zusammenbricht.«
»Das soll doch keine Rettungsaktion sein. Außerdem müssen wir uns nach dem Beschluß der Kommission richten. Die hat eindeutig entschieden, keine zweifelhaften Fälle aufzunehmen – das betrifft die psychische und physische Gesundheit. Sie sagten, etwas anderes wäre weder dem Kind noch den Adoptiveltern gegenüber fair. Sie wollen nur Kinder, die eine hundertprozentige Chance haben, sich in Großbritannien in ein normales Familienleben einzufügen.«
»Ich dachte, die künftigen Adoptiveltern wären Christen? Ich dachte, sie wollten helfen und nicht ein perfektes Kind präsentiert bekommen, das sorgfältig gegen alles abgeschirmt und mit reichlich Vitaminen aufgepäppelt wurde und frei ist von Syphilis.«

»Zum Beispiel der da, den sie Ha nennen.«
»Ich kann mir nicht alle ihre Namen merken. Das sind ja sowieso nicht ihre richtigen Namen. Einige haben einfach Namen, die sich irgendwer ausgedacht hat, als sie zu uns kamen.«
»Egal, ich meine jedenfalls den großen Jungen im dritten Bett im Mittelgang.«
»Und was ist mit dem?«
»Ich möchte mal wissen, warum der in diesem Zimmer ist. Er ist zu groß für die Wiege. Er scheint auch nicht krank zu sein. Warum ist er nicht unten bei den anderen?«
»Nur Gott weiß, warum diese Kinder überhaupt hier sind.«
»Was meint denn der Arzt?«
»Wir haben keinen Arzt. Alle Ärzte sind beim Militär beschäftigt.«
»Und der Beamte von der Gesundheitsfürsorge?«
»Es gibt für die ganze Stadt nur sieben Beamte.«

Es kamen neue Leute. Irgend etwas schien sich zu tun. Ich sah, wie sie von Wiege zu Wiege gingen, durch alle Reihen. Einer hatte einen Fotoapparat um den Hals hängen. Ich guckte durch die Gitterstäbe und sah, wie er Babys fotografierte. Ich hatte schon einmal einen Mann mit einer Kamera gesehen. Das war in der Vergangenheit gewesen. Mit der Erinnerung kommt das Wissen. Da hatte ich angefangen, etwas zu verlieren. Doch ich wußte nicht mehr, was es war.

»Und der hier?«

»Wissen wir nicht. Ungefähr zwischen neun und dreizehn. Wie Sie sehen, hat er keine Zähne.«

»Kinderlähmung? Aber er kann die Arme bewegen. Der Muskeltonus scheint normal.« Ein Mann hob eines meiner Beine hoch und ließ es wieder fallen. Er nahm meine Hände und setzte mich aufrecht hin.

»Eine der Krankenschwestern, die Australierin, meint, er wäre autistisch. Sie hat in Melbourne mit autistischen Kindern gearbeitet.«

»Er reagiert kaum. Nur beim Essen. Und er lächelt. Das müßte Autismus ausschließen.«

Der Mann betrachtete mich, hielt meinen Kopf und betastete meine Arme bis zu den Fingerspitzen. Das war ein schönes Gefühl, als ob ein Strom Wasser herabrieselte. Aber was war ein Strom?

»Eines der Mädchen, das hier war, als ich hier anfing, sagte, daß sie ihn laufen gesehen habe. Sie sagte, daß sie sich ganz bestimmt daran erinnere, daß er bei seiner Ankunft über den Hof gelaufen sei. Aber ich weiß nicht, wie lange das her ist.«

»Was steht denn in den Akten über seinen Zustand, als er hier ins Heim kam?«

»Damals wurden noch keine Akten geführt.«

Der Mann bewegte noch einmal meine Beine, meine Arme. Ich mochte das Gefühl.

»Wo ist die Frau, die meint, ihn laufen gesehen zu haben?«

»Das ist schon eine Weile her. Sie ist schon seit drei oder vier Jahren nicht mehr hier.«

»Schade. Wenn wir sagen könnten, daß sein schlechter Zustand ausschließlich auf ein heilbares Trauma zurückzuführen ist und weder durch eine Infektion noch durch eine Krankheit verursacht wurde, könnten wir ihn ins Flugzeug kriegen.«
Ich hörte ihnen zu. Ich betrachtete sie. Ich wußte, daß wir in zwei Gruppen geteilt wurden.
Eine der Frauen kam immer wieder zu mir und weckte mich mitten am Tag auf. Sie setzte mich unter Druck. Sie wollte, daß ich Dinge tat, die ich nicht konnte. Sie stopfte mir eine gerollte Decke in den Rücken, so daß ich sitzen mußte. Sie lächelte mich an, so daß ich zurücklächeln mußte. Manchmal redete sie mit mir.
»Du bist ein viel zu großer Junge für diese kleine Wiege, nicht wahr? Los, mein Junge, versuch mal, aufzustehen, nur für einen Moment. Dann haben deine Beine mehr Platz.«
Aber wenn ich müde war, und das war ich sehr oft, kippte ich seitwärts um.
»Hör auf zu wimmern. Na los, du mußt munter und frisch aussehen. Ich weiß, daß du es kannst, wenn du dir Mühe gibst. Wenn nicht, dann sieht's schlecht für dich aus.«
Sie ängstigte mich. Was sah dann schlecht aus? Was, wenn ich nun nicht gut genug aussah? Also wimmerte ich noch mehr, und sie quälte mich weiter.
Manchmal blieb sie bei meiner Wiege stehen und sagte: »Hallo!« Manchmal lächelte ich sie an. Aber wenn ich zu sehr lächelte, setzte sie mich auf oder hob mich sogar aus der Wiege und versuchte, mich zum Stehen zu bewegen. Dann hatte ich Angst, mich selbst zu verlieren. Solange ich hinter den Gitterstäben war, fühlte ich mich sicher.

»Guck mal! Ich habe im Büro einen Ausweis gefunden. Es könnte sogar seiner sein. Er paßt zu keinem anderen. Jedenfalls kann er ihn haben und dann kann er auch mit. Er scheint aus der Nähe von Mi Mung zu stammen.«
»Kennst du die Gegend? Vielleicht gibt es dort ja noch Angehörige, die ihn aufnehmen könnten?«

»Nein, das ist eines der Umsiedlungsgebiete innerhalb des Eisernen Dreiecks. Das Dorf gibt es nicht mehr.«
»Und die Leute?«
»Flüchtlingslager. Wurde vor sechs Monaten geschlossen.«
»Nguyen Thanh Ha. Bist du sicher, daß er das ist?«
»Warum nicht? Spielt das eine Rolle? Das einzige, was zählt, ist, daß er einen Ausweis hat. Dann können wir die Emigrationspapiere aufsetzen. Nguyen Thanh Ha. Klingt wunderbar.«

Wie bist du hierher gekommen? Ich wollte es wissen, aber du konntest dich nicht erinnern, konntest es mir nicht sagen. Also mußte ich Patti fragen.
»Er kam mit dem Flugzeug, über eine Luftbrücke, so wurde das genannt. Ein Flug der Barmherzigkeit. Barmherzigkeit! Ich glaube nicht, daß irgend jemand daran geglaubt hat, daß da irgendwelche Barmherzigkeit im Spiel war. Es war eher so was wie eine öffentliche Show für die Zeitungen.«
»Warum haben sie es denn gemacht?«
»Täglich sind Flugzeuge in die Stadt geflogen, um den kämpfenden Truppen Nachschub zu bringen: Filme, Getränke, Zeitungen, Hamburger, Cola, Seife. Und natürlich Bomben und Waffen. Auf dem Rückweg waren die Flugzeuge leer. Dann hatte jemand die geniale Idee, daß man mit diesen Flugzeugen ja auch Dinge nach draußen transportieren könnte. Eines der Flugzeuge, das auf dem Rückflug Waisenkinder in die USA bringen sollte, hatte Motorschaden und stürzte kurz nach dem Start in einem Sumpf ab. Alle Babys waren sofort tot.«
»Aber wenn sie umgekommen sind, wie ist Ha dann hierhergekommen?«
»Auch nach dem Absturz waren die Leute noch der Meinung, es wäre eine gute Idee. Bald haben Gruppen aus den verschiedensten Ländern Kinder aus dem Land geflogen. Sie haben geglaubt, sie würden sie retten. Leute aus der westlichen Welt übernahmen Patenschaften für die Flüge.«
»Und ihr also für Ha.«
»Nein. Wir hatten ein kleines Mädchen namens Phuong über-

nommen, ein Baby. Sie war in einem der behelfsmäßigen Waisenhäuser irgendwo in der Stadt. Wir wollten sie adoptieren, doch es hat nicht geklappt. Ich weiß nicht, was aus ihr geworden ist.«
»Und warum dann Ha? Warum gerade ihn?«
»Er kam auch auf einem dieser Barmherzigkeitsflüge. Aber nach der Ankunft war er in einem so schlechten Zustand, daß sie meinten, so könne er nicht zur Adoption freigegeben werden, das würde schiefgehen.«
»Da hatten sie recht. Es klappt doch nicht. Es ist schrecklich. Das wird niemand von uns überleben. Er zerstört uns alle.«
»Also haben wir ihn nicht adoptiert, sondern die Patenschaft für ihn übernommen und sind für seinen Unterhalt aufgekommen. Wir haben damit kurz nach seiner Ankunft angefangen und danach jeden Monat bezahlt. Also ist er im Grunde schon seit mehreren Jahren dein Bruder. Schon lange bevor du ihn gekannt hast.«
»Ich habe ihn immer gekannt.«
So war das also, als du aus einem Kriegswaisenheim hierher geschickt wurdest. Über eine Luftbrücke der Barmherzigkeit. Aber du wußtest nicht, was Barmherzigkeit war. Und als sie dich für die Abreise fertiggemacht haben, kam eine Frau in einer langen, wallenden Robe in dein Zimmer.
»Schwester Thérèse von St. Thomas ist da«, hörtest du eine der Pflegerinnen sagen.
»Was will die denn hier? Hat sie dort nicht genug zu tun?«
»Sie will sie taufen.«
»Als Christen? Verrückt! Wozu denn bloß? Sie sind doch fast alle Buddhisten oder Konfuzianer.«
»Falls sie sterben.«
Die Frau in dem Gewand, die sie Schwester Thérèse genannt hatten, stand an einem Ende eures Zimmers.
»Das erste der sieben Sakramente ist die Taufe. Durch sie werden wir zu Christen, zu Kindern Gottes, zu Mitgliedern seiner christlichen Kirche und zu den Erben des Himmels.« Sie sprach mit lauter, singender Stimme.
»Wenn sie sich sterbender Kinder annehmen will, dann fände ich

es wichtiger, wenn sie sich um ihren eigenen Mist in ihrem eigenen Waisenheim kümmerte, anstatt unsere Kinder zu taufen. Was will sie denn jetzt machen? Sie alle in ein spitzenbesetztes Taufkleidchen stecken?«

»Hast du's nicht gehört? Eines der Flugzeuge ist kurz nach dem Start abgestürzt. Alle Babys wurden getötet. Schwester Thérèse sah, wie sie in Leichensäcken weggebracht wurden. Keines war getauft gewesen. Das hat sie völlig aus der Fassung gebracht.«

Die Frau, die Schwester Thérèse genannt wurde, kam mit einem Wasserbecher in der Hand zu jeder Wiege. Sie berührte deinen Kopf mit Wasser und machte mit den Fingerspitzen ein Zeichen auf deiner Stirn. Sie taufte dich auf den Namen Anthony, den Namen ihres Bruders, den sie seit fünf Jahren nicht mehr gesehen hatte.

Also heißt du jetzt Anthony. Sie beugte sich herab und berührte deine Wange mit ihren Lippen. Du mochtest ihr Gesicht, ihre singende Stimme, die Berührung ihrer Hände. Du wolltest, daß sie bei dir blieb. Aber sie ging weiter zur nächsten Wiege und taufte das Mädchen dort auf den Namen Ursula.

»Königin des Himmels! Frohlocke! Halleluja!«

Als sie alle getauft hatte, sang sie ein Lied über eine Mutter. Die Mutter von irgend jemandem.

»Heilige Jungfrau aller Jungfrauen. Mutter des Christus. Mutter von göttlichen Gnaden. Die reinste aller Mütter.«

Was ist eine Mutter?

»Unberührte Mutter. Unbefleckte Mutter.«

Habe ich eine Mutter?

»Bewundernswürdigste Mutter aller Mütter. Mutter des weisen Rates, hab Barmherzigkeit mit uns. Bete für uns.«

Ich erinnerte mich an eine Mutter. Eine alte Frau mit rotgefleckten Zähnen, die roten Speichel spuckte. Die Mutter meiner Mutter.

»Mutter unseres Schöpfers, bete für uns!«

Ich erinnerte mich an meine Mutter. Mit der Erinnerung kommt das Wissen. Mit dem Wissen kommt der Schmerz.

»Mutter unseres Schöpfers, bete für uns!«
Ich will nicht an das denken, was ich verloren habe. Ich werde meinen Kopf von der einen Seite auf die andere werfen, bis ich die Frau nicht mehr sprechen höre. Bis ich einschlafe.
Ich schaukelte. Ich döste. Ich erwachte, und sie war immer noch da, sang immer noch ihr Lied.
»Königin der Engel. Königin der Märtyrer. Königin des Friedens. Lamm Gottes, erlöse die Welt von ihren Sünden. Verschone uns.«

Die Leute in der Stadt glaubten, es würde ein Blutbad geben, die Waisen und die Krüppel würden in ihren Betten ermordet werden. Sie wollten einen schnellen, ehrenhaften Frieden. Aber schließlich war es doch eine andere Art von Frieden.
In höchster Eile wurdet ihr alle für den Flug fertiggemacht. Aber niemand erklärte euch, was euch bevorstand. Sie machten ein Foto von dir und hängten dir ein braunes Schild um. Darauf schrieben sie den Namen und das Alter, so wie es in dem Ausweis stand, den sie dir mitgaben. Dann wurdest du aus deiner Wiege gehoben und aus dem Zimmer getragen, den Flur entlang die Steintreppen hinunter über den staubigen Hof durch das Eisentor und dann in den wartenden Bus.

Es war das erste Mal, daß ich den Raum verließ, seit ich bin, seit mein Leben begonnen hat. Der Himmel draußen schien zu hell. Es war zu laut. Ich wußte nicht, was geschah. Ich hatte Angst und ich schrie. Ein anderes Kind schrie mit mir.

»Ist schon gut, Kleiner, hab keine Angst. Es wird ganz schön werden. Du wirst in einem wunderschönen Flugzeug fliegen. Keine Angst. Ich bleibe bei dir.«
Diejenigen, die sitzen konnten, wurden im Bus auf die Bänke gesetzt. Die anderen wurden auf Decken auf den Boden gelegt.
Als der Bus die löchrige Straße entlang rumpelte, hatte jedes Kind sein eigenes braunes Schild um den Hals hängen.
Der Bus hielt am Flugplatz Tan Son Nhut. Du wurdest herausge-

hoben, und von der schwarzgeteerten Piste und den laufenden Motoren schlug dir die Hitze entgegen. Der kräftige Qualm des Dieselöls, die süßen, giftigen Gerüche des Krieges. Je ein Erwachsener trug ein Kind. Sie rannten einzeln hintereinander über die Piste zu dem großen Flugzeug, das mit offenem Schlund darauf wartete, dich in Empfang zu nehmen. Die braunen Schildchen tanzten im Wind. Vor langer Zeit hattest du Jungen und Männer mit flatternden, braunen Schildchen um den Hals gesehen, denen waren die Hände auf dem Rücken gefesselt, und sie mußten auch über eine Brücke in eine dunkle Öffnung rennen. Sie wurden mitgenommen, und du hast sie nie zurückkehren sehen.

Ich wurde ans Fenster gehoben.
»Guck mal! Jetzt starten wir. Das wird ein kleines bißchen rütteln. Und schon sind wir oben, fliegen in der Luft. Ist das nicht toll? Guck mal die kleinen Häuser da unten!«
Um uns herum waren Qualmwolken zu sehen.
Eine Frau schrie, wir wären unter Beschuß geraten.
»Heilige Maria von Gottes Gnaden!«
»Diese Betrüger! Sie haben versprochen, die Evakuierung nicht zu behindern!«
»Ich glaube, das kommt gar nicht von außen, das sind wir!«
Ich sah wie das Land sich immer weiter entfernte. Bäume, grünes und weißes Wasser, alles wurde immer kleiner. Ich wollte schreien, beißen, mich durch das Fenster zwängen, bevor es zu spät war. Ich gehörte zu dem hellen, glitzernden Wasser und den grünen Feldern. Ein strohgedecktes Haus mit zwei Räumen und einer Ecke für eine Kuh und für einen Hühnerstall. Helles Sonnenlicht, das sich in den Reisfeldern spiegelte. Und grüngesprenkelte Schatten über den Gräbern der Vorfahren.
Jetzt konnte ich ihr Gesicht ganz deutlich sehen.
Innen in der Kabine war es dämmerig, und das Gebrumme der Motoren verschluckte alle anderen Geräusche. Die Fremde, die mich auf dem Schoß hielt, sprach mit mir, aber ich hörte nichts. Ich sah nur die große dunkle Öffnung ihres Mundes, die sinnlose Worte formte.

Unter uns suhlten sich Büffel im Wasser. Unter uns, da hatte ich einmal eine angebundene Kuh im Stall zurückgelassen. Als ich ging, wer holte sie heraus und gab ihr Futter? Ihr Euter würde zum Bersten voll mit Milch sein, wenn niemand zu ihr ging, und sie würde brüllen vor Schmerzen. Aber jetzt konnte ich nichts mehr machen.
Ich drehte mich weg vom Fenster. Jetzt erinnerte ich mich an alles, aber jetzt war es zu spät.
Ich kratzte mich am Kopf, zerrte an meinen Haaren bis es schmerzte, damit ich mich an den Ort und die Menschen, wo und mit wem ich gelebt hatte, erinnerte.
»Ich glaube, es ist sein Ohr. Wahrscheinlich der Druck. Versuch ihn zum Schlucken zu bewegen.«
Bringt mich zurück. Ich kann mich wieder erinnern.
»Guck mal, er weint richtige Tränen! Ob er begreift, was geschieht?«

Vierter Teil

BRÜDER

Blitze vor meinen Augen und Schaukeln und Lärm, und ich beobachtete, wie sie mich durch die Tür ins Kastanienheim brachten.

»So, jetzt sind wir zu Hause. Dies ist dein Zuhause, Ha. Jetzt wird alles gut.«

»Hören Sie doch auf, diesen gräßlichen Namen zu benutzen. Er heißt jetzt Robert. Und das andere Kind, das sie Pham Thi Loan genannt haben, ist ab jetzt Jane.«

»Aber finden Sie es denn richtig, ihre Namen zu ändern? Das ist doch nun wirklich das einzige, was ihnen geblieben ist.«

»Wie können Sie mit solchen albernen Namen auf einen englischen Spielplatz gehen? Selbstverständlich müssen die Namen geändert werden.«

Sie brachten dich in ein Kinderheim, Ha, ins Kastanienheim. In England. Dies hier ist England, ein grünes und angenehmes Land. Aber es ist ein anderes Grün als das, das du gewöhnt bist. Es ist ein kühleres, sanfteres Grün, und es ist auch nur in der einen Hälfte des Jahres zu sehen, im Frühjahr und im Sommer. Und ein Kinderheim ist ein Ort, wo Kinder leben können, die keine Eltern haben. So wie du. Da bist du hingekommen. Da bist du jahrelang geblieben, bis Patti kam.

Essen. Jeden Tag. Mehrmals am Tag. Es gab Essen. Es wurde auf flachen Tellern gebracht, die auf den Tisch gestellt wurden. Wir blieben nicht in unseren Betten. Wir mußten am Tisch sitzen und essen. Ein Teller wurde vor mich hingestellt, und ich wurde gefüttert. Ich wollte es so. Ich schrie nach dem Essen auf dem Teller, das außer Reichweite meines Mundes war. Deshalb fütterten sie mich.

»Gott weiß, wer hier die Ölrechung bezahlt! Zum Glück ist es nicht meine!«
»Warum stellen sie denn die Heizung so hoch?«
»Wegen der gelähmten Kinder. Sonst können sie nicht richtig atmen.«
So heiß? Dir schien es so kalt. Vielleicht weil die Farben so kalt waren. Blaßblau und blaßgrün. Kalte Farben. Und von der Mitte der Decke hingen schwache Glühbirnen. Kalte, dämmerige Lichter.

Und kalt war es jeden Tag. So ein Gefühl hatte ich noch nicht gekannt. Sie zogen mir noch mehr Sachen an. Sie zogen mehr Kleider über meine Beine. Sie zogen mir wollene Sachen an, die am Hals kratzten und an meinen Ohren zerrten, wenn sie mir über den Kopf gezogen wurden. Enge, helle Sachen, so daß ich kaum atmen konnte. Aber mir war wärmer.
Essen. Kleider. Und dann Spielzeug.
Sie hüllten mich in dicke Schichten von Kleidern, zogen sie über meine Beine, meine Brust, meinen Unterkörper, meine Arme und setzten mich auf den kalten, glänzenden Fußboden. Sie gaben mir Spielzeug. Ich sollte spielen. Wenn ich eindöste, weckten sie mich.
»Na los, Robert. Jetzt ist keine Heia-Zeit. Wach auf! Guck, jetzt legen wir ein Puzzle. Guck dir die Teile an. Nimm eines. Hier, nimm's in die Hand. Guter Junge.«
Ich hielt das Teil in der Hand.
»Nein, du sollst es nicht essen. Leg es jetzt zu den anderen Teilen, dann wird ein schönes Bild daraus. Kannst du schon erkennen, was für ein Bild das wird?«
Fragen. Viel zu viele Fragen. Kannst du sehen? Wann hast du zuletzt gesehen?
Hast du jemals den Feind gesehen?
Warum bist du nachts ausgegangen?
War da ein lautes Geräusch?
Warum bezahlst du Steuern?

Ich mochte das Spielzeug nicht. Ich mochte die Kleider nicht. Und ich mochte die Kälte nicht. Aber ich mochte das Essen. Ich wollte essen und essen. Weiter nichts. Essen hieß leben. Das Essen kam regelmäßig, dreimal am Tag. Es wurde auf Tellern an den Rand des niedrigen Tisches gestellt, und wir wurden auf die Stühle gesetzt. Das Essen war weich. Manchmal war es weich und würzig. Manchmal war es weich und süß. Manchmal weich und warm, seltener weich und kalt. Es hatte schöne Farben. Das Essen war gelb, braun, rot und grün. Aber nie blau. Blau waren die Wände des Raumes, in dem wir saßen.

»Robert ist ein seltsames Kind, nicht wahr? Er ißt und ißt und scheint überhaupt nicht zu wachsen. Weder in die Höhe noch in die Breite. Er wird überhaupt nicht dicker. Ich hoffe, er bekommt bald Zähne.«

»Es wird langsam Zeit, daß er lernt, allein zu essen. Ein so großer Junge sitzt im Kinderstühlchen und wird zusammen mit den Kleinen gefüttert! Ich bin sicher, er könnte allein essen, wenn man es ihm zeigen würde.«

Eine von ihnen nahm meinen Löffel und versuchte, es mir beizubringen. Aber mir war das zu langsam. Das weiche, bunte Essen gelangte nicht schnell genug in meinen Mund.

»Na los, Robert, stell dich nicht so an! Du kannst das bestimmt! Lieber Junge! Ich wette, du kannst es. Nein, du mußt es lernen. Ich werde dich nicht ewig füttern. Ich werde nicht immer hier sein, und die andern werden das auch nicht übernehmen wollen.«

»Robert, wach auf! Du kannst nicht am Tisch einschlafen!«

Sie hob meinen Kopf hoch. Ich war mit dem Gesicht in den weichen Brei gefallen. Weich, süß und warm.

»Oh Gott, wie der aussieht! Er hat seinen Kopf auf den Teller gelegt, in die Eierkrem! Ist das nicht widerlich? Das hat er bestimmt mit Absicht gemacht!«

Sie hielt meinen Kopf fest und wischte mir mit einem Tuch den Brei aus dem Gesicht. Ich biß sie.

Mehrere Male am Tag gab es zu essen, und danach konnte ich schlafen. Immer nur schlafen, solange es ging. Essen war gut und half mir zu schlafen.

Ich saß auf dem harten, glänzenden Fußboden und schaukelte meinen Körper hin und her. Ich schrie. Als ich mich von einer Seite auf die andere drehte, klang der Schrei anders. Er drang in das eine Ohr und entfernte sich von dem anderen, wie ein Geräusch, das kommt und geht. Ich schrie gerne. Es erinnerte mich an vergangene Empfindungen, an Angst, an Lärm. Mein Schreien erinnerte mich an Dinge, derer ich nie ganz habhaft werden konnte. Aber wenn ich lange genug schrie und schaukelte, fing ich an, mich zu erinnern. Ich wußte nicht ganz genau, was es war, aber es war da, und mir war klar, daß ich mich im Grunde gar nicht wirklich erinnern wollte. Ich hörte Luft in meinen Ohren zerplatzen, und ich fühlte mich verwirrt und verloren. Ich brüllte laut, um den Lärm und die Angst zu ersticken. Aber das Entsetzen verschwand nicht. Die einzige Erleichterung war das Essen.

Die Leute mochten mein Schreien nicht. Einige schlugen mich. Andere nahmen mich auf den Arm und sangen mir etwas vor. Einige setzten mich nach draußen in den dunklen Flur weit weg von den anderen Kindern. Andere trugen mich die Treppe hinauf und legten mich ins Bett. Einige gaben mir zu essen, damit ich nicht mehr schreien konnte.

Wenn ich aufhörte zu schreien, dann holten sie mich aus dem Flur oder aus meinem Bett oder sie drückten mich noch ein bißchen mehr und sagten mir, ich wäre brav, und sie würden mir eine Geschichte erzählen.

Eine Frau nahm mich auf den Schoß und klappte ein Buch mit bunten Bildern auf. Sie hielt das Buch so, daß ich die Bilder sehen konnte, und zeigte darauf. Sie waren alle klar und glänzend. Auf einem Bild war etwas zu essen abgebildet.

»Apfel. Das ist ein Apfel, nicht wahr?«

Ein Bild zeigte etwas, in das man Essen hineintun konnte, einen Behälter für Reis.

»Korb, Einkaufskorb. Erkennst du den Einkaufskorb, so wie auch die Oberin einen hat?«
Ein Bild von einem Tier, sein Essen steht in einer Schüssel vor ihm auf dem Fußboden.
»Katze. Miezekatze. Wir haben hier auch eine Katze, nicht wahr?«
Die Schüssel von diesem Tier stand in dem Raum, in dem sie kochten. Sie luden Berge von rosa Futter auf den Teller des Tieres. Ich rutschte auf dem Hintern den glänzenden Flur entlang bis zu der Ecke und aß das Futter von dem Tier. Aber das Vieh kam und zerkratzte mir das Gesicht.
Die Frau zeigte mir noch mehr Bilder mit Essen und mit Maschinen und mit Tieren. Und dann kam ein Bild mit einem großen Flugzeug am Himmel.
»Jet«, sagte sie. »Ein Flugzeug. Wir nennen das Jet. Jet mit ›Dsch‹ vorne. Siehst du, hier. Es fliegt hoch am Himmel und kann eine Menge Leute mitnehmen, es bringt sie in den Ferien dorthin, wo die Sonne scheint. Du bist doch auch mit einem Jet geflogen, nicht wahr? Ihr seid alle mit einem großen Jet hergekommen. Es gibt nicht viele Jungen, die so wie du mit einem Jet um die halbe Welt geflogen sind. Hast du's nicht gut?«
Der Jet auf der Seite sprang direkt auf uns zu, hüllte uns in Lärm und Dunkelheit, kreischte auf uns zu, rote Lichter blitzten an der Unterseite. Ich griff nach dem Buch. »Nein!« schrie ich und zerrte an der Seite.
»Was hast du denn bloß, mein Kleiner? Ist ja schon gut, beruhige dich!«
»Nein, nein, nein, nein«, schrie ich.
Dann fing auch sie an zu schreien. »Jean, hast du gehört? Er hat gesprochen! Er hat etwas gesagt! Er sagte ›nein‹!« Sie umarmte mich. »Du bist ein kluger Junge, Robert, du hast ›nein‹ gesagt. Hast du gehört? Er hat wirklich gesprochen. Ein richtiges Wort. Als wir ein Bild von einem Flugzeug angeguckt haben. Aber mit dem Bild ist irgendwas, er mag es nicht.«
»Gib mir das Buch, ich lege es für eine Weile an die Seite.«

»Robert, jetzt hör auf zu schreien. Ist ja gut.«
»Gib ihm doch einen Keks. Das beruhigt ihn meistens.«

In der Nacht, wenn alle anderen im Kinderheim schliefen, kamen manchmal Männer, die mit dir sprachen. Wenn sie dir Fragen stellten, hattest du furchtbare Angst, du könntest die falschen Antworten geben. Aber trotzdem freutest du dich, wenn sie kamen, denn sie kamen aus einer anderen Zeit, als du noch an einem anderen Ort lebtest. Du konntest dich nicht an den Ort erinnern, aber du wußtest, daß die Soldaten auch dort gewesen waren.
»Hast du Feinde gesehen?« fragten sie dich.
Du wußtest nicht, wer die Feinde waren. Du wußtest nicht, ob du sie gesehen hattest.
»Ja«, sagtest du, »manchmal.«
»Wo?«
»Weiß ich nicht mehr.«
»Gestern wußtest du es noch. Gestern hast du uns erzählt, wo du sie gesehen hast.«
»Ja. Ich wurde mit in den Wald genommen, um Erdbunker zu graben.«
»Bunker? Was für Bunker?«
»Wo mein Vater drin lebte. Die Männer hatten dort ihr Essen und ihre Waffen, und in der Erde waren Mulden, in denen sie schlafen konnten.«
»Wolltest du die Bunker bauen?«
»Ja.«
»Bist du auch in die Bunker reingegangen?«
»Ja, wenn ich zusammen mit den anderen Kindern gegraben habe.«
»Hattest du keine Angst?«
»Nein.«
»Aber es war doch dunkel!«
»Das hat mir nichts ausgemacht. Ich hatte nur vor den Würmern Angst.«
»Vor was für Würmern?«

»In den Erdwänden da sind Würmer, ganz kleine, wie Milben. Die bohren sich in die Haut, wenn man die ganze Nacht auf der Erde liegt. Das mag ich nicht.«
»Zeigst du uns die Bunker, die du gebaut hast?«
»Nein, ich weiß ja nicht, wo die sind.«
»Warum nicht?«
»Sie haben uns die Augen verbunden, wenn wir gegangen sind.«
»Warum?«
»Warum? Warum? Warum? Ich weiß nicht warum. Das war eben so.«
»Hattest du keine Angst?«
»Wovor denn?«
»Vor dem Augenverbinden.«
»Nein. Das hat doch mein Vater gemacht. Er war sehr sanft. Die Umgebung des Dorfes war vermint. Er hat uns immer sehr vorsichtig nach Hause geführt. Es ist auch nie jemand verletzt worden.«
»Wer hat die Minen gelegt?«
»Weiß ich nicht. Andere Leute. Aber sie haben immer gesagt, daß die Minen mit einem bestimmten Zeichen, mit gekreuzten Bambusstöcken, gekennzeichnet sind.«

Frauen kamen, und wir wurden in den Spielraum gebracht, wo wir spielen mußten. Eine der Frauen sang Lieder und erzählte uns Geschichten.
Das erste Lied handelte von einem Mann, der einen Unfall hatte. Er war von einer Mauer gefallen. Soldaten kamen, um ihm zu helfen, aber sie konnten nichts für ihn tun, so blieb er verletzt auf dem Boden liegen.

Humpty-Dumpty saß auf einem Wall;
Humpty-Dumpty tat 'nen tiefen Fall;
und all des Königs Männer
und all des Königs Macht
haben Humpty-Dumpty nicht wieder raufgebracht.

Es war ein schlechtes Lied. Ich wollte es nicht hören. Ich mochte keine Lieder über Soldaten und verwundete Männer. Ich glaube, das ging den anderen Kindern genauso, aber Mrs. Frinton ließ uns das Lied immer wieder singen.
»Also gut, wenn Robert nicht mitmachen will, spielt das auch keine Rolle. Wir singen eben ohne ihn. Humpty-Dumpty saß auf einem Wall. Noch einmal!«
Ich versuchte, Mrs. Frinton zu sagen, was ich gerne für Geschichten hören wollte.

»Vor über fünfhundert Jahren, während der Herrschaft von König Tran Thuan Tong, begab sich ein junger Mann namens Tu Thuc auf die Suche nach dem Land der Glückseligkeit. Er suchte den Ort des ewigen Frühlings, wo die Luft nach Lilien und Rosen duftete, wo goldene und silberne Fische in den Flüssen schwammen und wo breite Lotusblätter sanft auf dem schäumenden Meer schaukelten.«

»Und dann ging Goldköpfchen in das Haus der drei Bären und legte sich in eines der Betten.«
Ich wollte von den Pfauen erzählt bekommen, die über den Rasen stolzierten und von der Prinzessin mit den Sternen im Haar. Mrs. Frinton erzählte von einem riesigen Bären, der ein kleines Mädchen aus seinem Haus in den Wald jagte.
»Vor über fünfhundert Jahren, während der Herrschaft von König Tran Thuan Tong, ein junger Mandarin . . .«
Und was kam dann?
»Wurde die Feenkönigin zu Rate gezogen.«
Und was geschah danach?
»Sie sagte: ›Wenn er wünscht, in das Land der Mühsal und der Traurigkeit zurückzukehren, was hat es dann für einen Sinn, ihn hierzubehalten, wenn sein Herz immer noch voll irdischer Erinnerungen ist? Seinem Wunsch soll stattgegeben werden.‹«
Und dann?
Aber ich konnte mich nicht daran erinnern, wie die Geschichte aufhörte.

»Ha, heute kommt dich jemand besuchen. Jemand besonderes.« Du hast gelacht und gekräht.
»Was meinst du wohl, wer das ist?«
»Königin«, sagtest du. »Königin, Königin, Königin, Königin.« Du wußtest, wie gerne sie dich Worte sagen hörten.
»Nein, nicht die Königin. Versuch's nochmal. Sie besucht dich oft, und du verbringst eine schöne Zeit mit ihr!«
»Santa«, sagtest du. »Santa, Santa, Santa, Santa.« Santa war, wenn es den ganzen Tag lang viel zu essen gab. Das fing an mit Apfelsinen und Schokolade, Keksen und Süßigkeiten, die du am Fußende deines Bettes in einem Strumpf fandest. Du wußtest, daß es ein besonderer Tag war, wenn Essen in Kleider gestopft wurde.
»Nein, nicht Santa. Du weißt doch, Santa Claus kommt nur einmal im Jahr durch den Kamin zu dir, zu Weihnachten. Er kommt nicht das ganze Jahr. Nein, deine Freundin kommt. Deine nette Freundin Patti. Sie kommt, um dich zu besuchen, um dir eine Freude zu machen!«
Eine Freude? Was war denn das? Freude hattest du beim Laternenfest oder beim Reisfest und am Feuerwerk. Erinnerst du dich an das Fest der Gräber und an das Fest der Hungrigen Geister? Nein, das ist vorbei. Jetzt gibt es Santa Claus und in Kleidern eingewickelte Schokolade.
Sie wuschen dir das Gesicht, kämmten dein Haar und zogen dir einen sauberen Pullover über dein Hemd.
»Na los, Ha. Jetzt wollen wir mal die Schuhe anziehen.«
Die Schuhe waren schwer, du mochtest sie nicht.
»Nun mach doch schon, Kleiner. Sei vernünftig. Und geh vernünftig. Du weißt, daß du es kannst, wenn du dir Mühe gibst. Nein, du brauchst den Laufwagen nicht. Bring ihn zurück. Du kannst ohne gehen. Du willst doch für Patti wie ein großer Junge aussehen, oder?«
Die Freundin, die Patti hieß, kam öfter als Santa. Aber sie brachte keine Geschenke. Sie saß im Spielzimmer und guckte mit dir Bilderbücher an. Sie saß am Spieltisch und legte Puzzles. Manchmal sprach sie mit anderen Kindern, dann warfst du die Puzzleschachteln auf den Boden.

Manchmal setzte sie dich in den Rollstuhl und fuhr mit dir in den Garten. Einmal setzte sie dich auf die Schaukel und schubste dich von hinten an. Das mochtest du nicht. Du schriest und fielst auf den Boden, und sie hat es nie wieder getan. Du hast ihr Gesicht kennengelernt. Es änderte sich nie. Die Gesichter der anderen wechselten oft. Sie machten immer dieselben Sachen. Sie wuschen dich und zogen dich an, und sie halfen dir die Treppe hinunter. Sie stellten dir dein Essen hin. Aber ihre Gesichter wechselten, und sie hatten keine Namen.

Die Frau, die dich besuchte, war immer dieselbe. Nur einmal, da trug sie einen blauen Mantel und nicht den braunen. Du hast sie den ganzen Nachmittag nicht angeguckt.

Dann kam sie mit einem Mann und einem Auto. Und sie nahmen dich in dem Auto mit und fuhren mit dir die Straßen entlang. Zum Essen brachten sie dich ins Heim zurück.

Sie kam wieder, und da war ein Junge in dem Wagen.

Der Junge kam mit deiner Freundin ins Spielzimmer, und du konntest sehen, daß er zu ihr gehörte. Du hast ihn dir angeguckt, wenn er gerade woanders hinsah. Er schien nicht zu wissen, wer du bist, aber du hattest das Gefühl, ihn zu kennen.

Du mochtest den Jungen nicht. Er war nicht wie du. Er konnte lauter Dinge tun, die du nicht konntest. Er konnte laufen und sprechen und verstehen. Er verfügte über ein Gedächtnis und über Wissen. Und wenn nicht, dann wußte er zumindest, wie er die Dinge herausbekommen konnte, vor denen du dich am meisten fürchtetest. Du wußtest, er würde alles herausfinden, was du nicht mehr wissen wolltest.

Der Junge gehörte zu deiner Freundin Patti. Deine Freundin Patti war seine Mutter.

Alles, was du dir wünschtest, hatte er bereits.

Auch wenn du ihn nicht mochtest, du mußtest mit ihm ins Auto steigen. Sie nannten ihn Simon, und sie sagten, daß er dein Bruder wäre. Du hast nie einen Bruder gehabt. Und du wolltest auch jetzt keinen. Aber du mußtest mit ihm gehen, weil er wissen konnte, wovor du dich fürchtetest.

Patti und Tony sagten dir, daß sie dich mit nach Hause nehmen würden. Du glaubtest ihnen und stiegst in das Auto. Die ewige Jugend im Land der Glückseligkeit langweilte dich, und du wolltest wieder heim in dein Dorf. Aber als sie ankamen, war es nicht das Zuhause, das du erwartet hattest. Es war schon so lange her, daß du zu Hause gewesen warst und du hattest vergessen, wie es gewesen war. Du wußtest aber sofort, daß das nicht dein Zuhause war. Und in der ersten Nacht in dem Haus, das dein Zuhause sein sollte, lagst du in deinem Bett und träumtest dich in dein richtiges Zuhause zurück. Es war eine Wiege in einem langen Raum. Du wußtest aber, daß auch das nicht dein richtiges Zuhause war.

Und in der nächsten Nacht träumtest du, du würdest wieder zu Hause sein. Diesmal liefst du durchs Dorf und fandest ein Heim mit zwei Räumen, die sauber, hell und luftig waren. Auf der Sonnenseite standen zwei Türen offen. Aber du sahst keine Menschen in dem Haus und keine Tiere in dem grasbewachsenen Hof. Nichts. Nur zwei leere Räume.

Aber im Laufe der Zeit, in jeder Woche, sahst du mehr. Du sahst den Wald. Du rochst den Jasminduft in der Luft. Du sahst die Wasserbüffel bis zum Hals im Schlamm wühlen. Aber die Dinge, die du am liebsten sehen wolltest, blieben verschwunden. Die junge Frau, die alte Frau, der junge Mann, das Baby. Dann kamen all die Dinge, die du nicht sehen wolltest. Die Erinnerungen an den Lärm, an die Furcht, an die Dunkelheit, an die Soldaten. Und als die erst einmal da waren, kamen sie immer. Der Junge Simon hatte sie zurückgeholt, weil er das Wissen hatte und du die Erinnerungen.

»Nun mal los! Bitte recht freundlich! Du auch, Ha. In die Kamera gucken und lächeln! Sag ›Cheese‹!«

»Wozu brauchst du denn die Bilder, Patti? Du weißt genau, wie ich Fotografieren hasse.«

»Ich möchte Oma ein paar schicken. Und Claire hat auch gesagt, sie will eins. Und außerdem ist es doch ganz schön, Erinnerungen zu haben. Ihr beide wachst so schnell. Wir könnten vergessen, wie ihr ausgesehen habt, wenn wir nicht ein paar schöne Schnappschüsse fürs Album machen.«

Also standen wir, du und ich, nebeneinander an der Vordertür und ließen Patti eine Reihe von Aufnahmen machen. Wir trugen beide die gleichen gestreiften Pullover, die Patti so gern mochte, weil wir damit wie richtige Brüder aussahen.

Du hattest schon früher gesehen, wie fotografiert worden war. Die Männer hatten die Apparate um den Hals hängen. Sie hatten Bilder von dem auf dem Boden liegenden Giau Huc und von der brennenden Hütte auf der Kautschukplantage und von einem verhungernden Kind in seiner Wiege gemacht. Wenn du daran dachtest, überkam dich ein Gefühl der Verzweiflung, weil du dich nur an die schlechten Dinge erinnern konntest. Das andere wußtest du nicht mehr.

»Patti, ist das jetzt nicht genug? Ich muß meine Hausaufgaben machen, und Ha scheint das auch nicht so besonders gut zu gefallen. Er weint.«

Patti kam angerannt und legte ihre Arme um dich. »Na, was ist denn, mein Schatz?« fragte sie. »Was ist denn los?«

»Er mag nicht fotografiert werden, das ist alles.«

Ist schon gut, Ha – es macht nichts, wenn du dich jetzt noch nicht an alles erinnern kannst. Ich werde versuchen, mich für dich zu erinnern. Auch an die schönen Dinge. Und ich werde dir davon erzählen.

Eigentlich wußte ich nichts von schönen Dingen. Aber ich würde es versuchen. Am liebsten wollte ich glauben, daß die Mutter, Has Mutter, die andere Mutter, die wir hatten, noch lebte. Ich wollte glauben, daß sie nicht gestorben war. Wenn Ha aus dem Graben entkommen konnte, warum sie nicht auch? Ich wollte glauben, daß sie dem Tode entronnen und geflohen war.

»Tony«, sagte ich, »wenn nun Has Mutter ihn hier bei uns findet? Was würdest du sagen?«

»Wenn es wäre, bevor die Adoption durch ist, dann hätte sie natürlich jedes Recht der Welt, ihn zu beanspruchen.«

»Und wenn sie erst käme, wenn er schon adoptiert ist, und sie wollte ihn dann?«

»Da unser Gerichtstermin schon für nächsten Monat angesetzt ist, scheint es mir sehr wenig wahrscheinlich, daß irgendein südostasiatisches Barmädchen . . .«

Sie schienen immer noch zu glauben, daß seine Mutter ein Barmädchen wäre. Sie ist nur einmal zu den Holzhütten gegangen, als sie Geld brauchte.

»Sie war eine hart arbeitende Bäuerin«, sagte ich.

»Ist gut, Simon. Tut mir leid. Aber auch eine hart arbeitende Bäuerin wird wohl kaum an unsere Tür klopfen. Und wenn das doch der Fall wäre, und sie könnte beweisen, daß Ha ihr Sohn ist, dann würden wir tun, was wir könnten, um sie zu unterstützen.«

»Und wir würden hier bei uns Platz für sie machen, ja? Wenn sie bei uns bleiben wollte?«

Oben passierte Ha ein kleines Mißgeschick.

Er war naß und stank. Beides.

»Du solltest ins Bad gehen«, sagte ich scharf. »Ich hole Patti.«

Aber er rührte sich nicht, stand einfach breitbeinig da, so daß ich ihn führen mußte. Ich stellte ihn im Bad auf die Fußmatte, damit nicht alles verschmutzt wurde. »Warte hier, ich hole Patti.«

Ich machte ihm die Hemdknöpfe und Schuhbänder auf, damit er schon mal anfangen konnte, sich auszuziehen. Dann rannte ich die Treppen hinunter. Aber Patti war nicht in der Küche, obwohl auf dem Tisch ein halbfertiger Gurkensalat stand und das Teewasser kochte.

Ich hörte ihre Stimmen, Pattis und Tonys. Sie saßen beide nebeneinander im hinteren Teil des Gartens auf einem kleinen Bänkchen, wo sich die Sonne gerade so an den Wänden des Hauses gegenüber vorbeiquetschte. Pattis Kletterrosen fingen an zu blühen, und das Abendlicht leuchtete in den Blütenblättern.

Zu ihren Füßen stand eine Weinflasche in einem Eiskübel. Sie tranken aus einem Glas und kicherten. Sie waren so miteinander beschäftigt, daß sie mich gar nicht bemerkten. Genau das war es, was ich am meisten verabscheute. Eltern, die zu unangebrachten Zeiten tranken, und Eltern, die mich ausschlossen.

Es war ein rötlicher Wein, und als Tony sein Glas hob, schien die

Sonne durch, daß es so aussah, als schwämme rosa Eis im Glas. Wie kamen sie nur dazu, um diese Zeit zu kichern und zu albern und Wein zu trinken?

Dann erinnerte ich mich an den Hochzeitstag.

Ich wollte zu ihnen rennen und mich entschuldigen. Tut mir leid, Patti, tut mir leid, Tony. Hab's ganz vergessen. Das Geschenk, das ich ihnen sonst immer machte, die Glückwünsche und den Blumenstrauß, den ich sonst immer kaufte, und die Art, wie sie mich immer küßten und sich ausgiebig bei mir bedankten – das hatte ich alles vergessen.

Aber es war *ihr* Hochzeitstag. Ich hatte damit nichts zu tun. Heirat – das betraf nur sie beide. Ich war bei der Hochzeit nicht dabeigewesen, warum wollte ich dann bei ihrem Jahrestag dabei sein?

Aber Patti mußte Ha saubermachen. Er war ihr Kind. Sie wollte ihn in der Familie haben. Es war ihre Pflicht, ihn sauberzumachen, wenn er sich in die Hosen gemacht hatte.

Ich hörte ihnen zu. So hatten sie nicht einmal gelacht, als wir noch eine Dreieinigkeit waren – vor Ha. Hatte ich ihnen immer ihr albernes Gelächter verdorben?

Also rief ich sie nicht. Obwohl ich ausgeschlossen war, war ich doch nicht allein. Ha war oben. Ein bißchen eingesaut. Wenn Patti und Tony zusammengehörten, dann Ha und ich auch.

Wenn ich jemals in meinem Leben eine mutige Tat vollbracht habe, dann war es, als ich mich entschied, Patti nicht zu rufen und ihre Aufgabe zu übernehmen. Der mutigste Schritt in meinem Leben. Ich ließ die beiden da unten sitzen und ging leise durch die Küche, stellte das Feuer unter dem Teekessel aus, und nahm mir ein Stückchen Käse und eine Scheibe Gurke, um mich für die bevorstehende Aufgabe zu stärken.

Ha stand noch genauso da wie vorher, festgeklebt in seinem Dreck. Er hatte noch nicht einmal versucht, sich auszuziehen.

»'tschuldigung, Schimo«, sagte er. »'tschuldigung.« Als ob er das wirklich so meinte.

»Schon gut, Ha.«

»Ich Schmutz machen. Oh, oh, oh, oh.«

Auch Männer hatten schon vor Angst getan, was er gemacht hatte. Bevor sie in die Schlacht mußten oder bevor sie gehängt wurden. Aber wovor sollte Ha jetzt Angst haben?
Du brauchst keine Angst zu haben. Nicht in unserer Familie. Hier bist du in Sicherheit.
Aber wenn jemand einmal Angst gehabt hat, dann kann er sie vielleicht nicht so schnell wieder loswerden.
»Macht nichts. Wir machen alle mal Fehler.«
Ich steckte den Stöpsel in den Abfluß und drehte die Wasserhähne auf.
»Was machst du?«
»Ich lasse Wasser ein. Was denkst denn du? Um dich zu waschen.«
»Ja«, sagte er, als ob er verstünde. »Heute du mich waschen.«
Keine Frage. Eine Feststellung. Vielleicht versteht er ja doch einiges?
Ich zog ihn aus. Es ist eine kitzlige Sache, einen Jungen auszuziehen, der das getan hatte, was Ha getan hatte. Als ich halbfertig war, machte ich erstmal die Fenster auf, um den Gestank hinauszulassen. Trotzdem war ich die ganze Zeit bester Dinge. Ich tat etwas, das ich noch nie zuvor getan hatte. Ha nach seinem Mißgeschick zu waschen, war die zweitmutigste Sache in meinem Leben.
Die Wassertemperatur war richtig, nicht zu heiß, nicht zu kalt. Ich half ihm in die Wanne und kippte zur Sicherheit noch einen Schuß Antiseptikum ins Wasser. Ich wusch ihn mit Seife und spülte ihn hinterher mit klarem Wasser ab.
Sie hatten mir Dinge vorenthalten. Ich werde das auch tun. Ich werde auch meine Geheimnisse haben. Ich werde ihnen nicht erzählen, daß ich Ha saubergemacht habe. Ich werde ihnen nicht erzählen, worüber ich mit Ha spreche. Sie mögen denken, er sei ihr Adoptivsohn. Aber für mich ist er etwas anderes, etwas was wesentlich wichtiger ist und länger andauern wird.
»Heute du tun«, sagte Ha.
»Ja«, sagte ich. »Heute ist Mamas und Papas Hochzeitstag. Sie schwätzen zusammen und amüsieren sich. Ich bade dich.«

»Warum du mich waschen?«
»Weil ich dein Bruder bin.«
»Ja. Buder. Du mein Buder. Ja, ja, ja, ja.«
Irgendwann werde ich seine viermaligen Antworten richtig lieben.
»Und Brüder helfen sich gegenseitig. Wenn du einmal ein Bruder bist, dann bist du es für immer, ja?«
»Ja, ja ja.« Nur dreimal ›ja‹, dabei hatte ich mich gerade an viermal gewöhnt.
»Kannst du das sagen? Bruder? Ich bin dein Bruder? Und mir sagen, was das bedeutet?«
»Immer. Lange Zeit. Buder. Feund.«
»Ja, ganz richtig.«
Ich trocknete ihn ab und puderte ihn. Ich half ihm, saubere Sachen anzuziehen und brachte es sogar fertig, ihn kurz zu umarmen.
Dann gingen wir nach unten. Die Eltern sonnten sich noch im Abendlicht.
»Wir gehen aus, Ha. Wir gehen zum Imbiß und holen uns Pommes!«
Er zerrte an seinem Kinderwagen, der in der Diele stand.
»Nein, Ha. Den Buggy lassen wir da!«
Er zog noch einmal. »Ja, ja. Kann nich laufn!«
»Blödsinn. Ich habe es doch selbst gesehen. Wenn du mit mir mitkommen willst, mußt du zu Fuß gehen. Wie ein Junge.«
Er zuckte die Achseln und kam.
Nach der Hälfte des Weges suchte er meine Hand.
»Nein, Ha, nicht meine Hand.«
»Warum? Warum nich? Ha mag dich.«
»Ja, das weiß ich. Aber selbst wenn du mich magst, kannst du nicht an meiner Hand gehen, weil . . . naja, Brüder machen das eben nicht.« Aber woher wollte ich das wissen? Ich hatte doch noch nie einen Bruder gehabt. »Ich meine, Ha, ich habe noch nie Brüder gesehen, die Hand in Hand gegangen sind, jedenfalls nicht, wenn sie so alt waren wie wir.«
Also hängte er sich in meinen Arm, und wir liefen Arm in Arm

zur Imbißbude. Ha stolperte auf seinen schwachen, wackeligen Beinen vorwärts.
Wir aßen Pommes aus der Tüte und liefen langsam nach Hause. Und dann, auf der Hauptstraße, trafen wir die drei Kerle mit den kurzen, stoppeligen Haaren und den hochgeschnürten DM's aus der Rosehillsiedlung.
»He, Alter! Reich mal was rüber!« rief einer.
Ein anderer pfiff uns hinterher, ein anzüglicher und aufreizender Pfiff, wohl weil wir so eng untergehakt gingen.
»Da kommt ja der schlitzäugige Kanake!«
Sie holten uns ein und gingen neben uns.
Ha hielt meinen Arm etwas fester, aber er lächelte, und ich merkte, daß ich mit ihm an der Seite weniger Angst hatte. Und wenn ich keine Angst hatte, würden sie mich nicht schlagen und keine Steine nach mir schmeißen.
Sie schubsten uns lediglich ein bißchen hin und her. Das schien Ha sogar zu gefallen.
»Gehört der zu dir?«
Ich nickte.
»Den hab ich schon mal gesehen, der geht doch in die Doofenschule, stimmt's?«
»Ja.«
»Wie heißt er denn?«
»Ha.«
»Ha? Ha, ha, ha. Das ist ja'n toller Name für so'n Typen.«
Ha erkannte seinen Namen und lachte, und dann lachten sie alle.
»Er ist plem-plem, stimmt's?«
»Nicht richtig«, sagte ich. »Er wurde in einem Krieg geboren.«
»Ach wirklich?« Der Junge neben mir schubste mich stärker.
»Erzähl! Der ist doch noch gar nicht so alt! Mein Opa war im Krieg. Und der wird siebzig!«
Einer der anderen lachte. »Dein' Opa kenn ich! Und du hast gedacht, der is' so, weil er alt is'. Jetzt weißte Bescheid! Der is' so, weil er im Krieg war!«
Alle schüttelten sich vor Lachen. Ha lachte auch. Ich wollte, daß er aufhörte, weil er ja gar nicht wußte, worüber er lachte.

»In was für'm Krieg war denn dein kleiner Freund, sag?« fragte einer der Jungen.
»In einem ganz gewöhnlichen Krieg, so wie jeder andere. Es hat eine Menge Kriege gegeben.«
»Und auf den wurde geschossen, was?«
»Ja«, sagte ich.
»So richtig volles Rohr? Kindersoldat oder wie?«
»Nein. Kein Soldat. Nur ein Opfer des Krieges.«
»Und da wird man so, wenn auf einen geschossen wird? Wenn man in'n Krieg kommt? Da wird man so komisch?«
»Je nachdem«, sagte ich. »Manchmal jedenfalls.«
»Naja, bis denn mal, Alter.«

Die Eltern hatten ihr Schäferstündchen beendet und waren dabei, langsam und gemütlich das Abendessen vorzubereiten.
»Hochzeitsessen, ihr Lieben!« rief Patti mir zu, als sie uns kommen hörte. »Lachs, Gurkensalat, Mayonnaise, Erdbeeren. Recht so?«
»Prima«, rief ich zurück.
»Dauert aber noch ein bißchen«, rief sie nochmal. »Ich hoffe, ihr seid nicht am Verhungern!«
»Nein, noch nicht«, sagte ich und ging mit Ha nach oben. Er setzte sich auf den Boden, kippte seine Spielzeugschachtel aus und sortierte Legosteine aus.
»Was kann ich für dich tun, Ha?«
»Gib mir Legos«, sagte er und grinste. »Will alle Legos. Alle viele Legos. Will alle Spielzeuge. Viele Spielzeuge. Gib mir alle.«
Es saß schon inmitten aller Legosteine, die wir im Hause hatten: die, die Tante Claire mitgebracht hatte, die, die er in der Schule stibitzt hatte, und dann noch die Legos vom Dachboden, mit denen ich früher gespielt hatte.
Ich setzte die Kopfhörer auf und legte meinen Vivaldi auf. Ha baute auf seine umständliche und unbeholfene Art mit den Legosteinen. Als ich klein war, habe ich Busse, Schulen, Häuser, Läden und stille Landbahnhöfe gebaut. Ha benutzte jetzt dieselben hellen, bunten Steine, die roten, gelben, blauen und weißen

Blöcke, die grünen, rechteckigen Grundsteine, und ich sah genauso deutlich, was er baute, wie er, denn wir waren ja Brüder. Ha baute einen M-42-Panzer, der sieben Räder und an jeder Seite Radketten hatte. Oben saßen drei Männer, und einer war innen im Turm, der zwei lange, schwankende Antennen hatte. Ich sah zu, wie Ha eine Handvoll Legosteine griff und sie so aufsetzte, daß jeder Mann noch eine Fliegerjacke und zwei gekreuzte Munitionsgurte bekam. Noch ein paar bunte Legosteine, und jeder war mit einem G-16-Gewehr und einem Granatwerfer bewaffnet.
»Soldatenauto. Guck Schimo. Guck Soldatenauto hat Räder, hat Gewehr, hat mehr, mehr, mehr, mehr Gewehr, ganz viel.«
Der M-42 rollte in Position, um die Route 1 in der Quang Ngai Provinz unter Kontrolle zu haben.
»Tatsächlich, Ha«, sagte ich und nahm die Kopfhörer ab, »habe ich das doch eher rhetorisch gemeint, falls du weißt, was das bedeutet. Das heißt, daß ich dir natürlich alle meine Legosteine gebe, alles, was ich besitze. Aber das ist nur der Anfang. Was kann ich noch für dich tun?«
Er hörte mir nicht richtig zu, denn jetzt kam eine B-52 mit dreißig Tonnen tödlicher Ladung vom Himmel und schoß auf das Legodorf unter dem Etagenbett zu. Eine 340-Kilo-Bombe traf den gemusterten Teppich und dann noch eine. Eine rote Plastikfigur stürzte herab, und mit ihr wurden 100 000 Mann aus dem Norden getötet. Dann fiel eine blaue Plastikfigur, und mit ihr wurden 400 000 Mann aus dem Süden getötet.
»Ich meine, Ha, wie könnte ich dir für deine Zukunft helfen? Du hast gelebt, und ich habe mein Leben lang bloß geträumt. Auf eine Art beneide ich dich, weil du gelebt hast und viel durchmachen und leiden mußtest, während ich einfach nur hier war. Kannst du mir glauben, daß ich dich wirklich beneide? Also, womit kann uns beiden geholfen werden?«
Ein bewaffneter M-113-Personentransporter rumpelte über die wollenen Teppichquasten, seine Passagiere sprangen heraus, um ein feindliches Ziel anzugreifen, sie machten das ganze Legoland dem Erdboden gleich, um alle Gewehrnester auszuheben, um alles zu durchstöbern, alles zu zerstören.

Als der Überfall vorbei war, sandte Ha den Sanitätswagen, um ein wenig Erleichterung zu schaffen. Dann schob er die Legosteine wieder in den Karton und wandte mir sein Engelsgesicht zu.
»Geschichte Schimo. Geschichte erzählen.«
Ich nahm ein Buch aus dem Regal.
»Nicht Bär.« Er meinte, nicht Goldköpfchen und die drei Bären.
»Ich dachte, du mochtest das? Von dem großen Bär, der sagt, komm ja nicht in mein Haus?«
»Nicht Bär. Meine Geschichte. Geschichte von mir und töten und Soldaten gehen hops. Sie tot, ich nicht tot, großer Bombenknall.« Er griff mit den Händen in mein Gesicht und sah mir direkt in die Augen. »Ja, ja, ja, ja. Mach«, sagte er. Und er wußte, daß ich wußte, welche Geschichte er wollte.

So erzählte ich sie ihm jede Nacht. Jeden Abend kroch ich zu ihm in das untere Bett. Er kuschelte sich in meinen Arm, und ich erzählte ihm ein kleines bißchen von der Geschichte, die er hören wollte. Manchmal erinnerte er sich an Dinge, die ich nicht wußte, und sobald er besser sprechen konnte, fügte er sie hinzu.
»Kannst du dich jetzt an das Dorf erinnern, Ha? Wenigstens ein kleines bißchen?«
»Kaputt«, sagte er. »Kaputt, kaputt, kaputt, kaputt. Alle tot.«
»Ich weiß, daß es so war, aber es ist nie alles ganz tot. Du wirst es vielleicht nicht mehr erkennen, aber es ist immer noch da.«
»Nicht zurückgehen. Zu weit.«
»Wir können nicht richtig zurückgehen, weil du jetzt hierher und zu mir gehörst. Aber wir können beide daran denken.«
So liefen wir in Gedanken durch das Dorf, und ich nahm ihn fest an der Hand, damit er keine Angst hatte. Wir sahen, daß das Dorf verlassen war, die Hütten schon lange nicht mehr standen, aber wir sahen auch, daß aus der kahlen Erde schon wieder Bambus sproß. Der rote Fluß floß immer noch, und dort, wo einst die Gemüsefelder waren, war ein kleines Stück Erde frisch bestellt und mit zwei Reihen Mais bepflanzt.
Als ich uns seine Geschichte zum zweiten Mal erzählte, nahm ich

es auf Kassette auf. Das bedeutete zwar, daß ich meinen Vivaldi löschen mußte, aber jetzt haben wir unsere Geschichte auf neun Kassetten, die wir in der unteren Kommodenschublade aufbewahren, so daß sie immer da sind, wenn wir uns erinnern wollen, wie es war, ein Kind im Krieg zu sein.

Wir haben uns die Geschichte früher sehr oft angehört, aber heute brauchen wir das kaum noch.

Eines Tages werden wir wirklich in sein Land fahren. Ich werde Botaniker werden und mich auf Baumfarne in Südostasien spezialisieren. Auf diese Art wird die Überfahrt bezahlt, Ha wird mich begleiten.

Wir werden versuchen, Has Mutter zu finden.

»Ja, Ha?«

»Ja.«

Patti und Tony meinen, daß sie bestimmt nicht mehr lebt. Aber wenn Ha überlebt hat, warum dann nicht auch sie? Und wenn wir sie finden, dann muß sie uns beide als ihre Söhne annehmen, weil wir jetzt zusammengehören.

Nachwort der Autorin

Die meisten Dinge, von denen dieses Buch handelt, basieren auf wahren Ereignissen, die aber nicht alle von ein und derselben Person erlebt wurden.
Im Jahr 1975, als der Krieg in Vietnam zu Ende war, soll es in Saigon 800 000 verlassene Kinder gegeben haben. Kriege machen immer Kinder zu Waisen. Inzwischen gibt es längst wieder neue Kriege und neue Waisen.

Nachwort

Kriege machen Kinder zu Waisen, vertreiben Familien aus ihrer Heimat und hinterlassen bei den Menschen unauslöschliche Erinnerungen, die sie ihr ganzes Leben lang belasten. Das ist bei allen Kriegen so. Aber der Krieg in Vietnam, von dem in diesem Buch die Rede ist, ist ein Krieg, der uns Amerikaner unmittelbar betraf. Die Tragödie von Vietnam, die sinnlosen Toten, die verstörten und verlassenen Kriegswaisen, die zerstörten Dörfer, das alles war eine Last, die wir tragen mußten, mit der wir uns auseinandersetzen mußten. Aber wie sah diese Auseinandersetzung aus? In den USA, dem Land des Angreifers, löste dieser Krieg Irrsinn und Widerwillen aus. Die übrige Welt konnte die Achseln zukken, protestieren, Verständnis zeigen oder den Krieg einfach ignorieren. Das aber konnte in den USA niemand, weil der Krieg dort alle betraf. Wenn man nicht selber nach Vietnam und dort kämpfen mußte, dann traf es sicher einen Bruder oder Cousin. Entweder man akzeptierte vorbehaltlos die Maßnahmen der amerikanischen Regierung oder man protestierte. Der Krieg säte Haß und teilte das Land in feindliche Lager – aber das waren nicht einfach nur Kriegsgegner und Kriegsbefürworter, die sich da gegenüberstanden. In meiner Familie zum Beispiel, vermutlich eine durchaus typische amerikanische Familie, war es überhaupt nicht so eindeutig. Mein Bruder wurde zum Militärdienst einberufen, aber er konnte dem Kriegsdienst völlig legal aus dem Wege gehen, weil er seine schwangere Freundin heiratete (was er sonst vielleicht gar nicht getan hätte). Er wollte auf keinen Fall nach Vietnam und womöglich dort sterben. Aber trotzdem war er der festen Überzeugung, daß der Vormarsch des Kommunismus nur aufgehalten werden konnte, wenn Vietnam zerbombt würde. In seinen Augen war der Kommunismus schlecht – aber doch nicht so schlecht, daß er im Kampf gegen ihn sein Leben riskiert hätte. Mein Cousin wurde eingezogen, er hatte keine Ausrede gehabt. Natürlich hätte er – wie viele andere – seinen Wehrpaß verbrennen und desertieren können. Denn er wollte nicht in den Krieg

und sah nicht ein, warum Amerikaner in dem fernen Land kämpfen sollten. Aber er konnte sich nicht entscheiden, zu desertieren oder unterzutauchen. Wie ungefähr 80% aller einberufenen Männer folgte er dem Einsatzbefehl nach Vietnam und kämpfte dort. Die übrigen 20% versteckten sich im Untergrund oder desertierten ins Ausland. Als mein Cousin wieder nach Hause kam, war er ein psychisches Wrack.
Ich selbst brauchte mich vor der Einberufung nicht zu fürchten, denn ich bin eine Frau. Während des Krieges war ich die meiste Zeit in Deutschland, aber ich blieb amerikanische Staatsbürgerin. Die erste große Demonstration gegen den Vietnamkrieg war 1966. Ich nahm daran teil und trug ein selbstgemachtes Anti-Kriegs-Poster, das mir allerdings nach kurzer Zeit von einem jungen deutschen Amerikafan aus der Hand gerissen wurde.
Von 1966 an steigerte sich der Protest gegen das Eingreifen der Amerikaner in den Krieg in Vietnam. Ich beteiligte mich an der Protestbewegung und tat, was ich konnte. Ich glaubte, daß ich auf diese Weise helfen könnte, das Leben vietnamesischer Menschen zu retten.
Kriege sind keine Naturkatastrophen, keine unausweichlichen, bitteren Erscheinungen menschlichen Lebens, es gibt für sie immer Anlässe und Ursachen, die aus bewußten politischen oder wirtschaftlichen Entscheidungen entstehen. Warum also waren die Amerikaner in Vietnam einmarschiert und hatten Millionen Männer, Frauen und Kinder getötet? Wie hatte dieser Krieg überhaupt angefangen? Und vor allem: Wie konnte ein so kleines Land die Supermacht USA besiegen?

Wie der Krieg begann

Der Krieg in Vietnam hatte schon begonnen, als die Amerikaner noch nicht einmal im Traum daran dachten, Soldaten oder Bomber dorthinzuschicken. Um die Ursachen dieses Krieges erklären zu können, müssen wir auf das 19. Jahrhundert zurückblicken.
Die mächtigen europäischen Länder eigneten sich die nichtindustrialisierten Teile der Welt in Afrika, Asien und im südlichen

Pazifik an, um die nötigen Rohstoffe für ihre Industrien zu sichern. Die Engländer waren die ersten und nahmen sich den größten Teil. Aber auch die Franzosen schnitten nicht schlecht ab. Vietnam war eine für ihre Zwecke ausgesprochen vielversprechende Kolonie. Die Franzosen profitierten hauptsächlich vom Kautschuk. Sie ließen in den vietnamesischen Wäldern riesige Plantagen mit Kautschukbäumen anpflanzen. Aus Kautschuk wird Gummi hergestellt. Damals gab es dafür noch keine synthetischen Herstellungsmöglichkeiten. Reis und Mineralien waren weitere wichtige Produkte Vietnams, die die Franzosen gebrauchen konnten. Doch nach dem ersten Weltkrieg war Schluß mit der bequemen Ausbeutung der Kolonien: Die kolonialisierten Länder fingen an, Widerstand zu leisten. Sie forderten die politische Unabhängigkeit und wollten selber über den Reichtum ihrer Länder verfügen.

Ho Chi Minh, der später der erste Präsident der Volksrepublik Vietnam wurde, forderte im Jahre 1919 die Unabhängigkeit Vietnams. Das entsprach der Erklärung des Völkerbundes über das Recht der Völker auf Selbstbestimmung, aber Frankreich wollte seine profitable Kolonie nicht aufgeben.

Während des zweiten Weltkrieges wurde Vietnam von den Japanern besetzt. Diese waren mit Deutschland verbündet und Kriegsgegner Frankreichs. Die Franzosen mußten das Land räumen. Aber die neuen Herren waren den Vietnamesen genausowenig recht wie die alten. Sie nahmen den Kampf gegen die Japaner auf, um sie aus dem Land zu vertreiben.

Es war der Anfang eines langen und harten Weges zur Selbständigkeit. So lernten die Vietnamesen zu kämpfen, sie lernten, eine Armee zu organisieren und auszubilden, sie lernten, sich Waffen zu beschaffen und Waffen zu produzieren, sie lernten den Guerillakampf. Und die politischen Wortführer lernten, sich mit den Massen der Bauern zu verständigen. Diese Erfahrungen aus dem zweiten Weltkrieg waren für die Organisation, die Ho Chi Minh zur Befreiung seines Landes aufbaute, außerordentlich wichtig.

Ho Chi Minh hatte schon als junger Mann die Ideale der amerikanischen Revolution kennen und schätzen gelernt. In ihrer Un-

abhängigkeitserklärung (1776) von der britischen Kolonialherrschaft hatten die Amerikaner erklärt, daß es Zeiten gebe, in denen sich die Menschen aus ihren überkommenen politischen Bindungen lösen müßten, wenn es darum gehe, die von ihnen als wahr und selbstverständlich bezeichneten Rechte der Menschen zu verteidigen. Alle Menschen seien gleich geschaffen und hätten gleichermaßen das Recht auf Leben, auf Freiheit, auf das Streben nach Glück und auf die Wahl einer eigenen Regierung, die sie auch stürzen dürften, wenn diese diktatorisch regiert und die deklarierten Menschenrechte mißachtet.
Aber Ho Chi Minh erkannte, daß die Kommunisten diejenigen waren, die den Kampf für die Freiheit am konsequentesten unterstützten. Daher begründete er im Jahre 1930 die Kommunistische Partei Vietnams. Diese Partei wurde dann zur Basis des Befreiungskampfes. Sie forderte politische Unabhängigkeit, soziale und wirtschaftliche Verbesserungen für die Bevölkerung, Enteignung ausländischen Privatbesitzes und der Großgrundbesitzer, was aber keine generelle Enteignung von Privateigentum zur Folge hatte.
Die Kommunistische Partei Vietnams erhoffte sich Hilfe und Unterstützung von der Sowjetunion und deren KP, aber sie wollte in jedem Falle eine Abhängigkeit Vietnams von der Sowjetunion vermeiden.
Im zweiten Weltkrieg wurden die Japaner besiegt und mußten 1945 aus Vietnam abziehen. Es schien, als ob Vietnam nun endlich seine langersehnte Freiheit bekäme. Eine unabhängige Regierung wurde eingesetzt, Ho Chi Minh wurde Präsident des Landes. Aber die Franzosen hatten nicht vergessen, wie nützlich ihnen einst diese Kolonie gewesen war. Die britischen und chinesischen Truppen – Verbündete Frankreichs – hatten am Ende des zweiten Weltkrieges daran mitgewirkt, die Japaner aus Vietnam zu vertreiben und das Land besetzt. Sie sahen keinen Grund, die französischen Interessen zu behindern und verließen das Land.
Obwohl Vietnam inzwischen eine eigene Regierung hatte, versuchten die Franzosen im Jahre 1946, wieder eine koloniale Verwaltungsmacht einzusetzen. Aber sie hatten sich verkalkuliert:

Die Vietnamesen waren nicht bereit, sich wieder kolonialisieren zu lassen. Sie hatten inzwischen eine Armee aufgebaut und darüber hinaus ein organisatorisches Netz, das jedes Dorf im Land mit einbezog. Die Franzosen begegneten entschlossenem Widerstand und konnten in Vietnam nie wieder richtig Fuß fassen. Sie konzentrierten ihre Streitkräfte in den größeren Städten.
Aber auf dem Lande konnte sich der größte Teil der vietnamesischen Bevölkerung dem Krieg gegen die Franzosen widmen. Die Dörfer hatten sich zu Verteidigungseinheiten organisiert. Zwar pflanzten und ernteten die Bauern wie sonst auch, aber gleichzeitig lernten sie zu kämpfen und unterstützten darüber hinaus ihre kämpfenden Landsleute mit Lebensmitteln und militärischer Hilfe: Sie bauten Fallen, eroberten und reparierten französische Waffen. Frauen versorgten Verletzte und Kranke.
Den organisatorischen Rahmen für diese umfangreiche Infrastruktur bildeten die lokalen und nationalen Einheiten der Kommunistischen Partei (Viet Minh).
Acht Jahre lang kämpften die Vietnamesen, bis sie schließlich 1954 in Dien Bien Phu die Franzosen entscheidend schlagen konnten.
Abermals schien es so, als sei nun das Leiden des vietnamesischen Volkes beendet, und auf den militärischen Sieg hätte nur noch die nationale Unabhängigkeit folgen müssen. Doch die Westmächte mischten sich wieder ein. Diesmal nicht Frankreich, sondern die USA.

Warum die USA in Vietnam eingriffen

Nach dem zweiten Weltkrieg entstand in den Vereinigten Staaten von Amerika eine neue Ideologie: Es hieß, der sowjetische Kommunismus sei eine feindliche, teuflische Macht, die sich anschicke, die Welt zu erobern. Ihr Ziel sei es, alle Länder inklusive Amerika zu versklaven. Dafür gab es einige Anhaltspunkte. Der sowjetische Kommunismus hatte schon halb Europa, nämlich die osteuropäischen Länder, übernommen. Außerdem hatten die Sowjets inzwischen auch Atombomben und konnten Amerika damit ernsthaft bedrohen. 1949 übernahmen die Kommunisten in

China die Macht, so daß sich nun das kommunistische Einflußgebiet auf einen großen Teil der Welt erstreckte.
Es war leicht, die Amerikaner davon zu überzeugen, daß die Kommunisten nun auch den Rest der Welt übernehmen wollten. So versetzten amerikanische Politiker die amerikanische Bevölkerung in panische und irrationale Angst vor dem Kommunismus. In den USA selbst begann eine beispiellose Hatz auf alle, die kommunistisch organisiert waren, kommunistisch dachten oder auch nur beschuldigt wurden, Kommunisten zu sein. Diese künstlich geschürte Angst vor dem Kommunismus, der den meisten Amerikanern aber weitgehend unbekannt war, sowie eine massiv vertretene antikommunistische Ideologie waren die Basis für die Einmischung der USA in Vietnam.
Es stellt sich die Frage, warum amerikanische Politiker es für nötig hielten, die Angst vor dem Kommunismus zu schüren. Die USA waren an einer Kolonie in Vietnam nicht sonderlich interessiert, aber sie befürchteten, daß immer mehr Länder ihre Wirtschaft nach kommunistischem Muster organisierten. Die amerikanische Geschäftswelt würde unter diesen Umständen nicht wie gewohnt expandieren können und ihre Profite wären gefährdet. Während des zweiten Weltkrieges war die amerikanische Rüstungsindustrie unglaublich gewachsen. Sie hatte gewaltige industrielle Kapazitäten und damit auch entsprechende Macht entwikkelt. Nach dem Krieg fürchtete sie um ihre Existenz. Deshalb brauchte man einen neuen starken und gefürchteten Feind, um auch weiterhin Waffen produzieren zu können. Der Antikommunismus paßte daher der Waffenindustrie außerordentlich gut ins Konzept.
Seit 1949 hatten die USA mit ausgesprochenem Unbehagen beobachtet, daß die Franzosen erhebliche Schwierigkeiten hatten, sich in Vietnam zu behaupten. Und es war nicht zu übersehen, daß die Befreiungskräfte überwiegend kommunistisch waren. Deshalb mußte man die Kommunisten aufhalten, um zu verhindern, daß die ganze Welt hinter dem eisernen Vorhang verschwand. Wenn die Franzosen diesen Krieg nicht gewinnen konnten, dann mußten eben die Amerikaner selber eingreifen.

1954 fanden in Genf Friedensverhandlungen zwischen Frankreich und Vietnam statt. Die USA, die sich inzwischen als Weltmacht verstanden, verlangten, in die Verhandlungen mit einbezogen zu werden. Auch Großbritannien, die UdSSR und die Volksrepublik China wurden beteiligt. Die USA verlangten, daß Vietnam geteilt werde, um wenigstens in einem Teil des Landes ihren Einfluß geltend machen zu können. Alle anderen Länder – mit Ausnahme Vietnams – akzeptierten diesen Vorschlag. Also wurde Nordvietnam eine unabhängige Republik mit Ho Chi Minh als Präsidenten. Südvietnam wurde zur amerikanischen Einflußsphäre. Die USA machten Ngo Dinh Diem zum Premierminister und schrieben ihm seine Politik weitgehend vor. Dementsprechend stellten sie Geld und Material zur Verfügung.

Etwa fünf Jahre lang herrschte relative Ruhe in Südvietnam. Die unterdrückerische Politik schien Erfolg zu haben. Diem erstickte die Opposition religiöser Gruppen (hauptsächlich der buddhistischen). Er entzog der liberalen und konservativen Opposition den Boden, indem er alle Veröffentlichungen verbot, die nicht ausgesprochen regierungsfreundlich waren. Politische Gegner wurden eingesperrt. Er baute einen riesigen Geheimdienstapparat auf. All das allein wäre vielleicht noch nicht entscheidend gewesen, denn die Masse der Südvietnamesen waren Bauern und deshalb von solchen Maßnahmen kaum betroffen. Aber Ngo Dinh Diem machte sich auch diese Bevölkerungsgruppe zum Feind, indem er eine sogenannte Landreform durchführte. Und genau in den Gebieten, wo er diese Reform durchsetzte, begann dann auch der bewaffnete Widerstand gegen sein Regime. Landeigner durften bis zu 100 Hektar Land besitzen – das ist ein großes Stück Land. Viele Landbesitzer, die geflohen waren, als die Franzosen den Krieg verloren hatten, kamen jetzt zurück und beanspruchten jeweils ihre 100 Hektar Land, die inzwischen aber von armen Bauern übernommen worden waren. Dadurch besaßen diese Bauern nun überhaupt kein Land mehr.

Das war allerdings noch nicht der schlimmste Angriff auf die Bauern. Ngo Dinh Diem und sein Regime herrschten relativ sicher in den Städten, aber viele der ländlichen Gegenden wurden immer noch – so wie während des Krieges gegen Frankreich – von den Befreiungskräften der Viet Minh verwaltet. Um das endgültig zu unterbinden, entwickelte Diem zwei Maßnahmen. Er schickte Armee und Polizeieinheiten in diese Gebiete, um dort »aufzuräumen« – das hieß, jeder, der hinreichend verdächtig schien, wurde verhaftet. Bei diesen Aktionen wurden auch viele Unbeteiligte getötet. Und außerdem begann Diem, Lager einzurichten, in die er die Menschen aus den vom Viet Minh kontrollierten Gebieten umsiedeln ließ. Die Menschen wurden aus ihren Häusern getrieben, mußten ihre Dörfer, ihr Land und die Gräber ihrer Vorfahren verlassen. Diems Truppen sprengten – genau wie später die Amerikaner – die Häuser und zerstörten die Anpflanzungen. Diese Aktionen schürten den Haß der Landbevölkerung und schufen damit sicher auch einen Teil der Massenbasis für den Widerstand.

Im Jahre 1960 wurde die südvietnamesische Befreiungsfront, die FNL (Front National de Libération, gegründet. Die Menschen wollten sich vom Joch der Diktatur Diems befreien.

In den folgenden vier bis fünf Jahren verlief die Entwicklung stetig und immer nach demselben Muster: Die FNL erhielt zunehmend Unterstützung, bekam immer größeren Zulauf von Menschen, die bereit waren, zu kämpfen – während auf der anderen Seite die Truppen von Diem immer weniger in der Lage waren, die Rebellion aufzuhalten. Und die USA schickten immer größere Summen Geld, immer mehr Waffen mit immer größerer Zerstörungskraft, Flugzeuge, Piloten, Bomben.

1964 wurde Diem gestürzt. Mit dem Abgang dieses grausamen Diktators verbanden vor allem die liberalen politischen Gruppen in Südvietnam die Hoffnung auf eine friedliche Lösung des Konfliktes. Aber den USA war klar, daß sich die Dinge nicht in ihrem Interesse entwickelten. Frieden paßte nicht in ihr Konzept, weil dies einen Zuwachs des Einflusses der FNL bedeutet hätte. Wenn sie nicht sofort entschieden eingriffen, würden sich die Dinge für die USA katastrophal entwickeln. Sie begannen deshalb mit massiven Bombenangriffen auf Nordvietnam.

Die Volksrepublik Vietnam hatte bis zu diesem Zeitpunkt in dem

Konflikt keine größere Rolle gespielt, aber die USA glaubten, daß sie Nordvietnam zwingen könnten, die FNL zum Aufgeben zu bewegen. Das allerdings war eine sehr abwegige Vorstellung, denn die FNL war schon immer von Nordvietnam unabhängig gewesen (deshalb ist es in dem Roman irreführend, wenn im Zusammenhang mit der Befreiungsfront von »den Männern aus dem Norden« die Rede ist).

Für die USA gab es drei Möglichkeiten. Entweder sie konnten die Bombardierungen weiter verstärken und Vietnam mit Atombomben beharken. Oder sie konnten sich still und leise aus Vietnam zurückziehen und die Vietnamesen ihre Konflikte selber lösen lassen. Oder aber sie konnten eigene Truppen schicken, die die südvietnamesische Armee unterstützten. Sie entschieden sich für die letzte der drei Möglichkeiten. 1966 kamen 180 000 amerikanische Soldaten nach Vietnam. 1968 waren es bereits 550 000. Und trotzdem gelang es der FNL 1968 beinahe, die südvietnamesische Hauptstadt Saigon einzunehmen. Die direkte amerikanische Intervention hatte sich als vergeblich erwiesen. Im Grunde blieben den USA jetzt nur zwei Möglichkeiten: Abzug oder Atombomben. Die Befürworter und Gegner des Einsatzes von Atombomben hielten sich beinahe die Waage. Doch dann setzte sich schließlich die Politik des Abzugs durch. Aber es wurde ein sehr langsamer, zerstörerischer Rückzug. Und er dauerte insgesamt fünf Jahre.

Im Jahre 1973 unterzeichneten Henry Kissinger für die USA und Le Duc Tho für die Volksrepublik Vietnam den Friedensvertrag. Die FNL akzeptierte stillschweigend, daß die VR Vietnam sie mitrepräsentierte. Nur so war es möglich, das Land von den amerikanischen Bombenangriffen zu befreien. Südvietnam sollte unter der Führung von Nguyen Van Thieu ein selbständiger Staat bleiben. Thieu war seit 1967 Präsident gewesen – ein ebenso brutaler Diktator wie seine Vorgänger. Auch er hatte keinerlei Absicht, irgendwelche Reformen zur Verbesserung der Lebenssituation der Bevölkerung durchzuführen. Daher veränderte sich die Situation nach dem Abzug der Amerikaner kaum. Für viele Vietnamesen bedeutete dieser Rückzug sogar eine ökonomische Kata-

strophe, weil die amerikanischen Soldaten viel Geld ins Land gebracht hatten.
Die FNL hatte nicht die Absicht, den Friedensvertrag zu brechen, solange sich die andere Seite daran hielt. Deshalb stellten sie die Kämpfe ein und nahmen sie erst wieder auf, als die Übergriffe von Thieus Soldaten unerträglich wurden. Nach und nach eroberte die FNL das Land. Sie begann im Norden an der Grenze zu Nordvietnam und arbeitete sich von dort aus bis in den Süden vor. Innerhalb von fünf bis sechs Monaten hatte die FNL fast ganz Südvietnam erobert, und am 30. April 1975 fiel Saigon.
Die Thieu-Regierung und die letzten amerikanischen Berater setzten sich Hals über Kopf mit den letzten amerikanischen Hubschraubern ab. Damit war der Krieg endgültig zu Ende.

Wie war es möglich, daß ein so kleines Land wie Vietnam einen Krieg gegen die Großmacht USA gewinnen konnte?
In den USA wird auf die Frage, warum Vietnam den Krieg gewinnen konnte, mit Feindseligkeit und Wut reagiert. Die Leute haben das Gefühl, betrogen worden zu sein, wissen aber nicht genau wie. Weil sie auf diese Frage keine befriedigende Antwort wissen, weigern sie sich, entweder überhaupt darüber nachzudenken, oder sie verweisen auf die Grausamkeiten der heutigen kommunistischen Regierung und machen aus den Vietnamesen gewalttätige Ungeheuer. Letzteres ist sicherlich die verrückteste Reaktion, aber der Versuch, diesen Krieg, der den Amerikanern so wenig Ruhm eingebracht hat, einfach zu vergessen, ist genauso unsinnig. Denn diese Haltung läßt Millionen von Kriegsteilnehmern psychisch gewissermaßen in der Luft hängen, und sie verhindert vor allem jede Bewertung der Politik. Diejenigen, die nach Gründen für die amerikanische Niederlage suchen, aber eine Auseinandersetzung scheuen, behaupten, der Krieg sei verloren worden, weil die US-Regierung niemals wirklich die Absicht gehabt habe, den Krieg zu gewinnen und daher nicht alle ihr zur Verfügung stehenden Möglichkeiten ausgeschöpft habe. Wenn es nach den Generälen gegangen wäre, sagen sie, und Vietnam in Stücke gebombt worden wäre, hätten die USA gewonnen.

Die Amerikaner sind betrogen worden. Die politisch Verantwortlichen hatten ihnen eingeredet, sie hätten ein armes, kleines Land vor der sowjetischen Aggression geschützt. Diese Politiker hatten allerdings genügend Informationen, die ihnen das Gegenteil bewiesen. Aber sie waren offensichtlich borniert genug, sich nach ihrer eigenen Propaganda zu richten und machten deshalb entscheidende taktische Fehler.

Die Vietnamesen wußten, wofür sie kämpften, was bei den amerikanischen Soldaten in der Regel nicht der Fall war. 84% der südvietnamesischen Bevölkerung unterstützte die FNL, die meisten von ihnen aktiv. In den USA war die Mehrheit gegen die Kriegspolitik der Regierung, wenn auch aus unterschiedlichen Gründen. Die einen glaubten, die Regierung wäre viel zu lasch, die anderen aber meinten, die Amerikaner hätten in Vietnam nichts zu suchen. Millionen von Kriegsgegnern gingen auf die Straße und protestierten. Das allgemeine Unbehagen erfüllte auch die amerikanischen Soldaten, die in Vietnam kämpfen sollten. Sie waren verwirrt. Sie wußten nicht einmal, wogegen sie eigentlich kämpften. Sie töteten Frauen, Kinder und alte Männer, und das waren für sie allesamt Vietcong, also Feinde.

Vietcong bedeutet Vietnamesische Kommunisten, abgekürzt VC, was im Funkalphabet Victor Charlie heißt. Und so wurde der Feind einfach Charlie genannt.

Die amerikanischen Soldaten hatten keine Möglichkeit, herauszufinden, wer nun wirklich zur FNL gehörte. Mehr als die Hälfte der Soldaten glaubte nicht an den Krieg. Viele desertierten, weil sie den amerikanischen Kriegseinsatz ablehnten und nicht unterstützen wollten. Diejenigen, die es nicht wagten, zu desertieren, versuchten, wenigstens mit Drogen zeitweise einer Realität zu entkommen, die sie nicht ertragen konnten. Und so konsumierte die Mehrheit der Soldaten Mengen von Heroin und Marihuana. Während die Amerikaner also äußerst verunsichert waren oder den Krieg entschieden ablehnten, wußten die Vietnamesen genau, was sie wollten: die Unabhängigkeit. Aber sie unterstützten auch das politische Programm der FNL, das eine Landreform zugunsten der ärmeren Bauern versprach. Außerdem standen Autonomie für Minderheiten, Steuererleichterungen, Schulen und Krankenhäuser für alle in dem Programm. In der Volksrepublik Vietnam wurden diese Dinge bereits realisiert, aber in Südvietnam erhöhte die Regierung die Steuern und schloß Schulen und Krankenhäuser.

Die weitgehend unabhängige Presse in den westlichen Ländern ermöglichte es, der amerikanischen Behauptung von der sowjetischen Aggression in Vietnam entgegenzutreten. Vielleicht war die weltweite Öffentlichkeit, die dieser Krieg hatte, auch ein wesentliches Element für den Sieg der Vietnamesen. Die Leute konnten sehen, was sich in dem Land abspielte. Bilder von brennenden Kindern, von zerbombten Dörfern und von Folterungen durch südvietnamesische und amerikanische Soldaten flimmerten über den Fernseher in die Wohnstuben, und das erhöhte nicht unbedingt die Sympathien für den Einsatz der Amerikaner in Vietnam.

In Westeuropa entstand eine Protestbewegung, die für die USA immer bedrohlicher wurde. Außer grausamen Bildern des Krieges füllten nun auch noch Berichte von massenhaften antiamerikanischen Demonstrationen in Deutschland und anderen Ländern die Nachrichten. Hunderte, Tausende von Menschen schrieen »Ho, Ho, Ho Chi Minh« und »USA raus aus Vietnam«. Das schadete dem Image der USA erheblich. Außerdem erschütterte es die Stabilität der USA in Europa. Die US-Regierung glaubte, in Europa unbedingt wieder Ruhe herstellen zu müssen. Das war unter Umständen noch wichtiger als ein Sieg in Vietnam. All dies half sicherlich dem kleinen Land gegen die Supermacht und gegen ihr modernes Kriegsgerät zu gewinnen, aber letztlich war es das vietnamesische Volk, das mit seinem gut organisierten, gut geplanten, von der breiten Masse unterstützten Kampf den Krieg gewann.

Folgen des Krieges

1975 war der Krieg zu Ende, aber es war kein wirkliches Ende – weder für die USA noch für Vietnam. Ein total zerstörtes Land kann nicht an einem Tag wieder aufgebaut werden. Die Toten, die psychischen Schäden, der Haß – all dies überdauert. Während des Einsatzes der amerikanischen Truppen in Vietnam starben 58 000 Amerikaner. 30 000 kamen ins Gefängnis, weil sie sich weigerten, in Vietnam zu kämpfen. 500 000 ehemalige Soldaten litten oder leiden immer noch an psychischen Störungen, ca. 60 000 begingen Selbstmord. Während des amerikanischen Einsatzes in Vietnam wurden 1 500 000 Vietnamesen getötet und 50 000 verkrüppelt. 45% des Landes war durch den Einsatz von Bulldozern dem Erdboden gleichgemacht oder durch Giftgas entlaubt worden. Das von den USA eingesetzte Gift Agent Orange verursacht bei den Menschen, die dem Gift in Vietnam ausgesetzt waren oder in den USA damit gearbeitet haben, Erbschäden. Millionen Menschen sind davon betroffen. Agent Orange hat die Fruchtbarkeit des Bodens in Vietnam erheblich herabgesetzt. Unzählige Menschen haben während des Krieges ihr Zuhause, ihre Angehörigen, ihre Freunde verloren.

Gretchen Klotz

Alle Zahlen nach Walter Capps, The Unfinished War, Boston 1982

Rachel Anderson lebt mit ihrer Familie in Norfolk, England, wo sie als Journalistin für Presse und Rundfunk tätig ist.
Sie hat eine Tochter, zwei eigene Söhne und einen Adoptivsohn aus Vietnam. Er war ungefähr zehn Jahre alt, als er im Jahr 1980 von der Anderson-Familie aufgenommen wurde.

In der Reihe **Spectrum** *spontan* ist erschienen:

Inger Edelfeldt

JIM IM SPIEGEL

220 Seiten
Paperback

»Ich war so ein empfindliches Kind. Das behauptete meine Mutter immer, und das mußte für alles herhalten.«
Der Vater möchte aus Jim einen Mann machen, die Mutter verzärtelt ihn. Der Junge ist ein Einzelgänger. Seine Klassenkameraden mögen ihn nicht, er ist in ihren Augen ein Streber. Als er in das Alter kommt, in dem er sich für Mädchen interessieren sollte, lernt er Ulf kennen. Und Ulf interessiert ihn mehr, als er selbst verstehen kann. Mit fünfzehn Jahren begreift er, was mit ihm los ist: Mädchen lassen ihn kalt. Er beginnt, sich mit seiner »Veranlagung« auseinanderzusetzen, aber erst, als er vier Jahre später bei der Abiturfeier Mats kennenlernt, beginnt die offensive Auseinandersetzung. Durch Mats erkennt er, daß die Liebe zwischen Männern nichts Verwerfliches ist, und Jim wagt den Aufstand gegen die Eltern. »Jim im Spiegel« ist die Geschichte eines ganz normalen Jungen, offen und sachlich erzählt. Das »Außenseiterproblem« wird zum Alltag und verliert seine Exotik.
Inger Edelfeldts anrührendes kritisches Selbstbekenntnis eines jungen Mannes sucht einen Weg, unspektakulär über ein Phänomen zu berichten, für das es in der Kinder- und Jugendliteratur keine Vorbilder und keine Tradition gibt. Ihr Buch ist ein vielversprechender Anfang. *Birgit Dankert, Die Zeit*

In der Reihe **Spectrum** *spontan* ist erschienen:

Gerhard Eikenbusch

JAHRHUNDERTGLÜCK

220 Seiten
Paperback

Holly ist abgehauen. Nach wochenlanger Tour begegnet er Hermann Griefer, der ihn mit nach Hause nimmt in die Schlotstraße 30. Dort wohnen sagenhafte Typen: Rolli, die Verlobte von Griefer, mit ihrem Bodybuildingkörper; Bredder, der Student, der nachts mit einem Farbeimer an Fabrikmauern entlangschleicht; und nicht zu vergessen: Atta und Dachs, die merkwürdigen Geschäften nachgehen. Hier kann es Holly aushalten, hier wird er gebraucht. Dann macht er eine Erbschaft und wird vor die Wahl gestellt, »sich anzupassen« oder sein Leben wieder selbst in die Hand zu nehmen.

In der Reihe **Spectrum** *spontan* ist erschienen:

Gerhard Ullmann

ASPHALTTRÄUME

200 Seiten
Paperback

Christoph ist so normal, daß es wehtut. Und Benny ist sein Freund, er ist fast wie er, nur hat er immer die Nase vorn.
Dann kommt der Tag, an dem Christoph den verrückten alten Mann kennenlernt. Der Mann ist von vorgestern und hat Ideen von übermorgen. Christoph ist fasziniert, und seine Welt verändert sich. Er schaut tief in das Auge einer Kröte und geht nachts spazieren. Christoph begreift plötzlich, was heute als Fortschritt verkauft wird. Er sucht Leute, die das begreifen. Aber auch bei den Buchweizensoftis findet er keinen Rückhalt. Sie löffeln zufrieden ihr Müsli, während für den alten Mann die Welt untergeht. Sein Haus soll wegen einer Natostraße fallen, und das ist noch nicht alles. Normal sein wäre jetzt feige. Benny verdrückt sich auf die andere Seite und büffelt für die Karriere. Christoph pfeift darauf und geht ins Exil. Danach ist er nicht mehr normal, daß es wehtut, sondern so anders als vorher, daß es guttut. Nur nicht für ihn.

In der Reihe **Spectrum** *spontan* ist erschienen:

Klaus Peter Wolf

NEONFISCHE

180 Seiten
Paperback

Rainer Römbell fühlt sich einer nutzlosen Generation zugehörig, die sich in Schüler- und Studentenbergen ausdrückt. Er kann sich keine Berufskarriere vorstellen. Die entscheidenden Positionen sind an Leute vergeben, die diese noch gut zwanzig bis dreißig Jahre ausfüllen werden.
Rainer träumt von einem ganz anderen Leben: Abenteuer, jemand sein, Mädchen imponieren, etwas zu erzählen haben.
Aber hinter Rainer steht der Vater mit seinen Forderungen und Grundsätzen. Für ihn ist klar, welchen Weg sein Sohn einzuschlagen hat.
Eines Tages besucht Rainer seinen Vater in der Bank. Was nur ein Streich sein sollte, wächst sich zu einem Bankraub aus.

Feine Küche für Diabetiker

Mit Rezepten von Martin Bräuer

Herausgegeben von

Thomas Fuchsberger

und Michael van Almsick

ZABERT SANDMANN